KB262726

세상에서 제일 행복한 사람들의 이야기

화성 신흥사 청소년 수련원 수련 · 불교대학 체험기

오성일 편저

불광출판부

세상에서 제일 행복한 사람들의 이야기

- 화성 신흥사 청소년 수련원 수련·불교대학 체험기 -

머리말

　이 책 "세상에서 제일 행복한 사람들의 이야기"를 다시 한번 읽으면서 눈시울이 뜨거워졌다. 지난 30여 년 동안 수련을 끝내고 그 때 그 때마다 수련생들이 남기고 간 소감문을 읽으면서, 그들의 마음을 읽으면서 얼마나 뿌듯하고 얼마나 격려가 되고 얼마나 큰 힘이 되었던 소중한 글들인가.

　나는 가끔 소감문 읽는 보람으로, 기쁨으로 수련한다고까지 말한다. 겨울이면 겨울대로 제일 추울 때, 여름이면 여름대로 제일 더울 때 수련을 하게 되는데 수련기간 중에 힘이 드는 것이야 이루 다 말할 수 없다. 하지만 그 교육을 시키기 위하여 사전준비와 사후 뒷정리, 마무리 일들이 더 많다. 그래도 많은 날을 즐겁게 할 수 있는 것은 크나큰 보람과 기쁨이 있기 때문이다.

　2박 3일, 3박 4일 수련 한 번만 하고 나면 이 소감문들의 내용처럼 모두가 생각이 바뀌어진다. 이제까지 알고 있었던 불교가 이렇게 위대한 종교인 줄 처음 알았고 부처님이 참으로 거룩하시고 그 가르침이 훌륭하신 걸 처음 알았다는 내용, 그 위대한 불교를 믿는 불자가 된 것을 자랑스럽게 생각한다는 것, 그리고 부모님의 은혜에 대해서도 알게 되고 모든 사람들에게 감사하는 마음도 갖게 되었다는 내용, 또한 바르고 밝게 살아갈 수 있는 부처님의 가르침을 만나게 된 것이 자신의 인생에 제일 행복하다는 마음들이 소감문에 잔잔히 담겨 있다. 그래서 이 글을 쓴 사람들은 모두다 행복한 사람들인 것이다.

이 책은 어린이, 청소년, 성인의 소감문을 연대별로 정리해 보았고, 근래에 활발한 불교대학 졸업 소감문을 실었다. 어린이, 청소년들의 글은 예전 아이들의 글이 훨씬 더 감동적이고 내용이 좋은 데 비해 해가 갈수록 아이들이 풍부한 감정을 잃어 가는 것 같아서 안타깝다. 또한 근래에 활발한 불교대학 졸업생들의 글은 많은 감동을 주고 좋은 내용들이어서 우리 사찰들이 불교대학 교육을 장려해야 함을 시사해 주고 있다.

한편 현대에 사는 우리 불자들은 어떠한 생각을 가지고 있고 불교에, 스님에게 무엇을 바라고 있는가도 이 소감문들을 통해서 알 수 있다. 부처님께서는 타심통(他心通:남의 마음을 훤히 꿰뚫어 아시는 신통)을 하셨기 때문에 중생들의 마음을 환히 아시고 그에 맞게 교화하셨지만, 우리는 그렇지 못하니까 그들의 마음을 알 수 있는 이런 소감문을 통하여서라도 그들의 소리를 듣고 그들의 바람을 알아서 부처님의 가르침을 적절하게 전해야 한다.

30년 동안 모아 둔 소감문 보따리 다섯 뭉치를 다 읽고 정리하여 책이 나오기까지 애써준 불광출판부 사기순 부장과 직원 여러분의 수고에 감사드리며, 이 소중한 글들을 쓸 수 있도록 수련 때마다 열의와 정성으로 자원 봉사한 많은 지도교사, 간사님들, 후원(정재소)에서 공양 준비, 봉사하신 신행단체 불자님들께 감사드리며, 비가 오나 눈이 오나 묵묵히 많은 수련과 법회를 위해 헌신하는 제자 스님들의 노고도 마음 속 깊이 고맙게 생각한다. 이 공덕으로 모두 함께 성불하고 불국정토 이루기를 서원한다.

불기 2548년 부처님 오신 날 며칠 앞두고
5월의 신록이 가득한 신흥사 보광실에서
편저자 오성일 합장

차례

우리도 부처님같이 | 어린이 불교학교

불기 2529(1985)년 여름불교학교

부처님 고맙습니다 | 이한수 … 31

개구쟁이가 마음잡았대요 | 박정현 … 32

하루종일 들어도 좋을 것 같다 | 이윤정 … 33

고마운 설법 | 박태연 … 34

불기 2535(1991)년 겨울불교학교

부처님이 될 거야! | 양소예 … 35

큰스님이 정말 좋아요 | 심재림 … 36

참선은 생각이 중요하다 | 강경화 … 36

자랑스러운 부처님 | 설원영 … 37

집보다 절이 더 좋다 | 강대경 … 38

부처님을 생각하면 정말 기뻐요 | 차지현 … 39

새롭게 태어난 나 | 이영신 … 40

불기 2535(1991)년 여름불교학교

오길 정말 잘했다 | 양민경 ⋯ 41

불심을 키운 여름 불교학교 | 최정주 ⋯ 42

부처님과 스님 | 박송이 ⋯ 43

불기 2536(1992)년 겨울불교학교

할머니 감사합니다 | 예혜미 ⋯ 44

부처님이 되기 위해서 지키는 규칙 | 심별이 ⋯ 45

힘들었지만 그만큼 뿌듯했던 겨울불교학교 | 고승준 ⋯ 46

불기 2537(1993)년 여름불교학교

꼭 다시 오고 싶다 | 박은국 ⋯ 47

새로운 미지의 세계 | 이혜정 ⋯ 48

부처님을 믿는 착한 어린이가 될 것이다 | 진봉진 ⋯ 49

신흥사에서의 2박 3일 | 김은정 ⋯ 50

알찬 방학으로 만들어준 여름불교학교 | 박정민 ⋯ 51

우리도 부처님같이 | 임수미 ⋯ 52

스님이 되어 우리나라를 빛내고 싶다 | 신상욱 ⋯ 53

즐거웠던 여름불교학교를 마치며 | 임치홍 ⋯ 53

재미있고 보람찼던 2박 3일 | 음미선 ⋯ 55

불기 2537(1993)년 겨울불교학교

내 마음속에 영원히 남을 겨울불교학교 | 금혜경 ⋯ 56

부처님의 큰 일꾼 | 이미정 ⋯ 57

부처님 제자가 되어 기쁘다 | 유동아 … 58

법문이 제일 재미있어요 | 예혜영 … 59

스스로 굳게 한 약속 | 이해미 … 60

불기 2538(1994)년 여름불교학교

세상에서 가장 위대한 것 | 박규남 … 62

여름불교학교에서 얻은 소득 | 최재혁 … 63

하늘을 날 것같이 좋았다 | 송미경 … 64

법명처럼 '크게 깨달은 꽃' 이 되리라 | 윤나 … 66

불기 2539(1995)년 여름불교학교

참 재미있는 불교학교 | 홍수경 … 67

모든 게 그리워질 것이다 | 손은규 … 68

내 마음을 푸른 물같이 맑게 해주신 부처님 | 김단비 … 68

미소로써 반겨주신 부처님! | 김수정 … 69

불기 2539(1995)년 겨울불교학교

여자 주지스님 | 심민선 … 71

이제부터 부처님을 믿겠습니다 | 문검두 … 72

큰스님 이야기를 잊지 못할 것 같다 | 홍효경 … 72

저는 즐겁게 생활하고 있어요 | 임화양 … 73

불기 2541(1997)년 여름불교학교

교회보다 불교학교가 더 좋다 | 신동윤 … 75

세상에서 가장 거룩한 이야기 | 김동현 … 76

부처님! 들으셨어요? | 정선영 … 76

마음만 먹으면 얼마든지 할 수 있다 | 손정환 … 77

내 친구 진희에게 | 최부경 … 79

불기 2543(1999)년 여름불교학교

열심히 노력한 장기자랑 | 김진영 … 80

800년 된 은행나무 목신 이야기를 듣고… | 곽미정 … 81

잊지 못할 수계식 | 박세희 … 81

많은 것을 마음의 바구니에 담아왔다 | 김광 … 82

예불과 참선으로 마음이 편해졌다 | 정다미 … 83

불기 2543(1999)년 겨울불교학교

큰스님이 들려주신 재미있는 이야기 | 최재승 … 84

부처님 사랑해요 | 최승하 … 84

불기 2544(2000)년 여름불교학교

존경하는 큰스님께 | 한나라 … 86

우리에게 제일 좋은 날 | 김혜윤 … 87

불기 2544(2000)년 겨울불교학교

생명을 살려주면 복이 온다 | 김현지 … 89

아귀 귀신 이야기를 듣고… | 안예선 … 90

친구들에게 부처님을 알려주기로 결심했어요 | 이민주 … 91

불기 2545(2001)년 여름불교학교

추억은 꼭 간직하자 | 김은비 ··· 92

절에는 마음이 따뜻한 사람만 있다 | 임현정 ··· 92

습관을 고치다 | 서정재 ··· 93

불기 2545(2001)년 겨울불교학교

신나는 일들로 가득한 불교학교 | 박선미 ··· 94

많은 지식과 교훈을 얻었다 | 이민숙 ··· 95

앞으로는 음식을 버리지 않겠다 | 이혜인 ··· 96

수계식이 인상깊었다 | 황유정 ··· 96

스님들처럼 훌륭한 사람이 됐으면 좋겠다 | 명은선 ··· 97

혜수야, 다음에 나와 같이 와보자 | 정다미 ··· 98

부처님의 제자로 정확히 찜 당한 날 | 하정원 ··· 99

눈물이 왈칵 쏟아진 이유 | 김경수 ··· 99

부처님의 제자가 된다니 너무 기분 좋다 | 홍효영 ··· 100

제 꿈 이루어지게 해주세요 | 박경미 ··· 101

주인공에 따라 목소리가 바뀌어지는 스님께 | 박성준 ··· 101

북, 종을 친 것도 재미있었다 | 이영진 ··· 102

'펑' 터지는 폭죽처럼… | 김민정 ··· 102

부처님이 아빠처럼 포근해요 | 이다혜 ··· 103

불기 2547(2003)년 겨울불교학교

마음을 착하게 가져야 좋은 일이 생긴다 | 최정임 ··· 104

다음에도 또 참여해야겠다 | 권용민 ··· 105

이 땅의 희망 그대 청소년, 불타의 가르침과 함께… | 청소년수련대회

불기 2537(1993)년 여름청소년수련대회

부처님의 가피로 씩씩해졌다 | 방중권 … 111

'나는 누구인가?' | 김미현 … 111

바른 몸가짐, 마음을 배우다 | 조영숙 … 112

협동생활에서의 나의 작은 깨달음 | 박미선 … 112

부처님 얼굴 | 성미숙 … 113

부처님 고우신 미소 | 이지연 … 114

참선의 진리 | 이지철 … 116

자랑스런 나의 종교 | 김지혜 … 117

불자로 다시 태어나게 된 수련회 | 무명 … 118

불기 2537(1993)년 겨울 청소년수련대회

야사가 너무나도 부러웠다 | 이지연 … 120

삶이 힘들 때 부처님을 생각하면… | 박수진 … 120

찬불가 연습을 하며 협동심을 기르다 | 김진숙 … 121

생동감 있는 스님 설법 | 박현애 … 122

불기 2538(1994)년 여름 청소년수련대회

우리 청소년들이 꼭 알아야 할 도리 | 유상희 … 123

여름 피서는 신흥사 수련회가 최고 | 김태윤 … 124

신흥사처럼 불교학교를 많이 열었으면 좋겠다 | 이윤미 … 126

정다운 사람들 | 박윤정 … 126

다른 아이들도 나처럼 행복해졌으면… | 조경희 … 127

친구들에게 적극 전법하리라 | 강도원 … 127

스님들의 또 다른 모습 | 나유미 … 128

불기 2539(1995)년 여름 청소년수련대회

참선, 반성의 시간으로 안성맞춤 | 김혜영 … 129

친밀감을 느꼈던 촌극 연습 | 김종숙 … 129

이렇게 재미있을 줄이야… | 허민철 … 130

극락세계에 와 있다는 착각 | 최민경 … 130

이젠 부지런한 사람이 될 수 있을 것 같다 | 홍종민 … 131

절로 시작하여 절로 끝나는 듯… | 서하영 … 131

좌절에 빠졌을 때 이겨낼 수 있는 힘 | 박두경 … 132

자신감을 갖게 된 수련대회 | 송기환 … 132

늦잠 자는 버릇도 없어졌다 | 김성곤 … 133

우리는 부처님의 아들 딸 | 이병곤 … 133

주지스님이 우리 할머니같이 좋다 | 김영준 … 134

불기 2539(1995)년 겨울 청소년 수련대회

정말 사람다운 사람이 되었다 | 이지철 … 135

영원히 기억에 남을 3박 4일 | 정태석 … 136

힘들 때마다 부처님을 생각하리라 | 안문옥 … 136

몸과 마음을 갈고 닦을 수 있는 수련대회 | 손현배 … 137

불기 2540(1996)년 여름 청소년 수련대회

가슴 깊은 곳에 스며드는 불심 | 이은희 ··· 138

의문점을 믿음으로 바꾸어 놓는 계기가 되다 ··· 139

불기 2540(1996)년 인성수련대회

타종교인이라 처음엔 조금 겁났지만··· | 최수미 ··· 140

너무 짧아서 아쉽다 | 정지현 ··· 140

스님의 말씀이 감명깊었다 | 조은미 ··· 141

아주 소중한 것을 배운 하루 | 정은정 ··· 142

불교에 대한 선입견이 바뀌었다 | 김혜진 ··· 142

다시 또 오고 싶다 | 안인규 ··· 143

간부수련회에서 | 한일여고 2년 ··· 143

불기 2540(1996)년 1겨울 청소년 수련대회

매년 수련대회에 오게 되는 이유 | 신재경 ··· 145

부처님에 대한 믿음의 힘 | 이경희 ··· 146

평생 잊혀지지 않을 좋은 추억 | 오승식 ··· 146

불기 2541(1997)년 여름 청소년 수련대회

친구와 헤어지는 아쉬움을 달래며 | 조영일 ··· 148

내가 자랑스러워지는 수련회 | 김영화 ··· 149

하면 할 수 있다는 것을 배웠다 | 박경호 ··· 150

큰 행운을 잡았나 보다 ··· 151

불기 2541(1997)년 겨울 청소년 수련대회

부처님께서 위대하신 이유 | 김민자 … 152

절에 가라 가라 하지 않아도… | 홍효경 … 152

발우공양은 지구상 최고의 식사법 | 김보현 … 153

카톨릭 신자가 불교에 흠뻑 빠진 이유 | 표선욱 … 153

마음에 와닿은 부모은중경 | 박경애 … 154

존중, 배려, 사랑을 잊을 수 없다 | 류형선 … 154

평생 잊지 못할 수련회 | 채송화 … 155

불기 2542(1998)년 겨울 청소년 수련대회

내 모습이 처음으로 멋져 보였다 | 이경희 … 157

나를 이긴 느낌! | 전윤경 … 158

마음만 먹으면 무엇이든지 할 수 있다 | 장영준 … 158

별들이 너무 예뻤다 | 이정길 … 159

신심 깊은 청소년 불자가 이렇게 많다니… | 이영화 … 159

차 예절을 배운 기쁨 | 원정숙 … 160

너무 뜻깊은 시간 | 김은경 … 160

좋은 친구를 많이 사귀어서 행복하다 | 양도연 … 161

다양하고 새로운 체험이 인상적이었다 | 이윤석 … 161

괴로움을 다 이겨냈을 때 느낀 그 성취감! | 노형희 … 162

부처님의 미소를 보고 절을 더 열심히 하다 | 송현우 … 162

1080배는 자기 자신과의 싸움 | 천미영 … 163

불기 2543(1999)년 여름 청소년 수련대회

나의 종교를 갖게 되어 기쁘네 | 하시원 … 164

조금씩 달라지는 나를 보면서… | 안보라 … 165

부모은중경 독송시간이 가장 좋았다 | 박재원 … 166

불기 2543(1999)년 겨울 청소년 수련대회

3박 4일간의 happy time | 정나영 … 167

나의 성장을 느끼며… | 신소민 … 168

스님이 되고 싶다 | 이화정 … 169

사람들이 다 너무 좋았다 | 유인영 … 170

불교를 마음에 심어준 계기가 되다 | 김은혜 … 170

6개월을 손꼽아 기다렸다 | 평영재 … 171

천진하신 스님의 모습에 마음이 따뜻해졌다 | 송은주 … 172

스님만의 개성이 돋보이는 설법 | 김아란 … 173

거룩하신 부처님께서 부모님의 은혜를
그렇게 높이 여기시니… | 이원미 … 174

불교에 대한 새로운 사실을 알고 감동하다 | 이지은 … 175

주지스님 말씀은 정말이었다 | 김성환 … 176

공부하는 것보다 훨씬 많은 것을 얻다 | 임영주 … 177

나에게 박수를 보내고 싶다 | 김미선 … 178

이젠 나에게도 법명이 생겼다 | 안정아 … 178

내가 왜 살아야 하는가에 대한 해답을 찾다 | 김재현 … 179

추리판타카처럼 열심히 노력하리라 | 김미란 … 180

태어나서 처음으로 법복을 입고 보니… | 오선주 … 180

나도 선생님이 되어 봉사했으면 좋겠다 | 정미현 … 181

불기 2544(2000)년 여름 청소년 수련대회

좀더 성숙해지다 | 임보람 … 182

앞으로 뭐든지 할 수 있을 것 같다 | 신효선 … 182

잊지 못할 1080배 | 김예원 … 183

작은 일이라도 실천하는 사람이 되리라 | 고보형 … 184

차 예절을 배운 아주 좋은 기회 | 정미진 … 184

약방의 감초 | 권영철 … 185

1080배를 했다는 것이 너무 기쁘다 | 이신영 … 185

불교는 아주 좋고 훌륭한 종교 | 김송지 … 185

나를 찾아서 | 중3 남학생 … 186

불기 2545(2001)년 여름 청소년 수련대회

불교신자로서의 자부심을 갖게 된 수련회 | 김지영 … 188

불기 2546(2002)년 여름 청소년 수련대회

수련의 의미를 알고 나서 | 최수형 … 189

불기 2547(2003)년 겨울 청소년 수련대회

나의 자랑스런 종교 불교 | 박보라 … 191

보현행원으로 보리 이루리 | 성인수련대회

불기 2537(1993)년 겨울성인 수련대회

불법 만나 수행하기도 바쁜데… | 양병옥 … 197

삼보께 귀의합니다 | 신민수 … 198

마음을 넓게 이끌어주신 스님께 감사 드린다 | 노승란 … 198

새로운 삶을 위하여… | 김광용 … 199

'정말 잘 왔구나' | 오수경 … 200

올 1년 농사 풍작을 이룰 것 같다 | 김관진 … 201

두드려야 문이 열린다 | 양응자 … 202

불기 2537(1993)년 여름 성인수련대회

내 마음 속 깊은 곳에 있는 불심을 끌어낸 수련 | 엄기준 … 203

스님의 원력과 자비행이 아니 계셨다면… | 최형배 … 205

흐려지는 자신을 다시 가다듬으며 | 이선한 … 206

불기 2538(1994)년 겨울 성인 수련대회

이 환희심 어찌 표현할 수 있을까 | 법광 정재현 … 208

아름다운 인연 | 김주란 … 209

신흥사보를 도둑질해 보았더니… | 이제원 … 210

그래도 수련대회는 참가해야 된다 | 우애숙 … 211

가장 반갑고 섭섭할 때 | 양병옥 … 212

불기 2538(1994)년 여름 성인 수련대회

사람이 바뀌어진다 | 이금선 … 214

새로운 각오로 새해를 맞이하다 | 이은영 … 215

도를 닦으면 아이 같아진다 | 윤민순 … 216

나는 참 복이 많다 | 김학임 … 218

잊을 수 없는 수련회 | 최윤임 … 219

다음 수련회는 집사람과 동참하리라 | 이상범 … 219

'나도 성일 스님같이 하리라' | 해득(解得) … 221

기독교인으로 참석했으나… | 함혜순 … 222

너무 아쉽다 | 안정자 … 224

포교 열정으로 가득한 스님을 따라가고 싶다 | 김현숙 … 225

불기 2539(1995)년 겨울 성인 수련대회

나의 희망 사항 | 양봉희 … 227

올해 제일 큰 일을 하다 | 홍광희 … 228

불기 2539(1995)년 여름 성인수련대회

이 생을 마칠 때까지 | 보현심 … 230

세상에 불교 아닌 것이 없다 | 이동원 … 230

기도를 생활화할 것이다 | 김영순 … 231

자기 성찰의 기회 | 박경숙 … 232

아주 특별한 행운 | 조인순 … 232

우리 자식들은 신심이 없어 서글프다 | 백풍현 … 234

범국민적인 차원에서 보급되어야 할 발우공양 | 김중영 … 235

어릴 적 출가의 원을 이루었다 | 신복균 ··· 235

신흥사 불자들이 부러웠다 | 김기덕 ··· 236

처음 불자가 된 날 | 한상용 ··· 237

또 한번의 시발점 | 심무 ··· 239

며칠 만에 너무 정들었다 | 김경숙 ··· 240

불기 2541(1997)년 여름 성인 수련대회

남도 하는데 내가 못하랴 | 유선자 ··· 241

가슴 깊은 희열 | 심종석 ··· 242

잊을 수 없는 수련회 | 박형만 ··· 243

불기 2542(1998)년 겨울 성인 수련대회

진짜 불제자가 된 것 같다 | 박진영 ··· 244

자녀들에게 물려줄 값진 유산 | 유현석 ··· 245

불기 2543(1999년)년 여름 성인수련대회

인간다운 삶을 찾아서 | 정주택 ··· 246

부처님 나라로 가는 문 | 신승우 ··· 247

불교를 새롭게 이해하게 되었다 | 박건화 ··· 248

불기 2544(2000)년 여름 성인수련대회

불심의 씨앗이 터지다 | 최미애 ··· 250

정말 뜻깊었던 나 혼자만의 외출 | 이상숙 ··· 251

'아, 이래서 절을 하는 것이구나!' | 박병우 ··· 252

잡생각과 싸우기도 하였지만… | 손선자 … 253

부처님께 다가가는 법 | 이지연 … 254

일석이조의 휴가 | 김미영 … 255

나의 발원 | 이성근 … 256

나 자신과의 싸움 | 정지현 … 257

불기 2545(2001년) 겨울 성인수련대회

부처님의 힘으로… | 수연주 … 259

'보현행원으로 보리 이루리' | 명지행 … 259

부끄럽지 않은 삶을 위하여… | 심재승 … 260

부처님 품안에서 새해를 맞이한 보람 | 한효정 … 261

생동하는 포교도량 신흥사 청소년 수련원 | 기타

불기 2537(1993)년 동국대학교 불교학생회 수련대회

불법이 만고의 진리임을 다시금 느끼며… | 박형균 … 265

잃어버린 나를 찾기 위하여 | 황영환 … 266

수련대회를 마치며 서원을 세우다 | 조용호 … 267

극락세계에 입성한 기쁨 | 배재수 … 268

스님, 정말 고맙습니다 | 임상희 … 269

행하는 불자가 되리라 | 이소현 … 270

불기 2543년 1월

시대에 부응하는 포교활동 | 최필영 … 272

생동하는 포교도량 신흥사 | 김제환 … 273

불기 2544년 11, 12월

모든 프로그램은 백퍼센트 모두 좋았고… | 김진석 … 276

수련회 간사를 맡고 나서 | 이경화 … 277

나의 든든한 후원자 신흥사 부처님 | 홍희숙 … 278

불기 2541년 10, 11, 12월

오성일 스님께!
– 청소년 수련대회를 다녀간 고3 남학생이 보내온 편지 | 황석찬 … 280

석찬이에게 | 성일 스님 … 282

불기 2544년 7월

부처님 저는 바르고 착하고 행복하게 살기를 원합니다
- 집단폭행을 한 여중생들 특수수련을 마치고 | 성일 스님 … 283

청소년 수련대회 설문지 | 이준우 … 285
수련회에서 잔뼈 굵었죠 | 한준구 … 286
일일출가 수련에 참가하고 | 정재현 … 287
발우공양과 현대 식품학 | 전재근 … 290
생활 속의 발우공양 | 김계숙 … 293
분임 토의에 대한 소감 | 이영재 … 295

세상에서 제일 행복한 사람들 | 신흥사 불교대학

불기 2541(1997)년 신흥사 불교대학 제1기

"여보 고마워요" | 고현자 … 301

불교대학에서 배운 것을 모두에게 회향하리 | 양승희 … 303

자신을 돌아보며 | 이원자 … 304

연꽃 | 조길연 … 304

길은 멀고 목은 마른데 졸업이라니! | 양경희 … 305

많은 것을 보고 배우고 느낀 불교대학 | 이신자 … 306

작은 변화의 출발점 | 방애경 … 307

오직 감사할 뿐… | 정미연 … 308

뻐꾹새 울음 소리와 풍경 소리의 차이 | 남기석 … 308

이젠 자신있게 말할 수 있다 | 송희윤 … 309

불기 2541(1997)년 신흥사 불교대학 제2기

나도 우리 스님처럼 살아야겠다 | 강태진 … 311

내 인생이 새롭게 열린 해 | 김미령 … 312

마음 편안하니 극락이 따로 없다 | 이명재 … 313

불자의 도리를 배우다 | 한은순 … 314

가족과 함께할 수 있도록 노력하리라 | 옥민자 … 315

포교 원력을 세우다 | 강행숙 … 315

행복한 삶을 위하여… | 정의순 … 316

오로지 부처님만을 바라보며 살아가리라 | 홍정자 … 317

세상에서 제일 행복한 사람 | 배현철 … 317

성불할 때까지 정진할 것이다 | 한상용 … 318

불기 2542(1998)년 신흥사 불교대학 제3기

가슴이 트인다 | 지형순 … 320

새로운 발심을 하다 | 최후식 … 320

화 안 내는 연습을 하게 되다 | 최금순 … 321

현대의 절은 신흥사 같아야 한다 | 조지영 … 322

마음이 차분해지고 걱정이 없어졌다 | 윤경자 … 323

불기 2542(1998)년 신흥사 불교대학 제4기

나무 관세음보살 | 박병근 … 324

자신감이 생겼다 | 황경녀 … 325

아름다운 시간들 | 오세환 … 325

늦은 인연 안타까워 말자 | 김은주 … 326

보람있고 값진 기회 | 김현순 … 327

불기 2544(2000)년 신흥사 불교대학 제5기

이 곳이 바로 극락 | 보현행 이향숙 … 329

더욱더 깊이있는 신행생활이 되도록 노력할 것이다 | 진성 김민호 … 330

나 자신을 반성하고 깨달음을 향하여… | 도일 진병하 … 331

평생 불교대학 학생이고 싶다 | 한정아 … 333

얼마나 다행한 일인가 | 강금자 … 334

깨달음, 확신을 가지고 생활하리라 | 이기원 … 335

부처님의 가피로… | 허길섭 … 336

다시 초발심으로 돌아가 정진하리라 | 한영우 … 337

불기 2545(2001)년 신흥사 불교대학 제6기

업장에서 벗어나는 졸업 | 김민정 … 338

이 나이에 불법을 배울 수 있으니 얼마나 행복한가 | 홍재의 … 339

인생 항로에 꼭 필요한 길잡이 | 유재흔 … 340

내가 너무 힘이 들 때… | 송영지 … 341

인생의 근본 문제를 해결하다 | 김옥임 … 342

부처님을 섬기는 마음의 자리를 넓혀가며… | 최윤경 … 342

불기 2546(2002)년 3월 3일 신흥사 불교대학 제7기

불교는 우리 사회의 길잡이 | 혜법 이한욱 … 344

그들을 더 나은 자로 받들게 하소서 | 수명 황의진 … 345

절이 좋아 절을 찾았다 | 이상우 … 348

진리의 보고(寶庫)를 발견한 기쁨 | 왕종만 … 349

참 불교인이 되는 길을 알았다 | 장병하 … 350

아내 가방만 지키다가… | 김길선 … 351

불기 2547(2003)년 신흥사 불교대학 제8기

온 세상에 법음 전하고파 | 원광 김남용 … 352

불국정토 이루는 그날까지 화이팅! | 덕운행 최현미 … 353

불자로서의 기본을 갖출 수 있는 불교대학 | 대혜 윤기중 … 354

참 기쁘고 행복하다 | 정정애 … 355

자랑스러운 불자가 되기 위해 기도하고 실천하리라 | 김명숙 … 356

아니 이 집은 불교 붐이 일었나? | 한정아 … 356

고통과 절망 속에 위로가 되어준 불교대학 | 이상분 … 357

스님 말씀이 법이다 | 박정미 … 358

그 무엇과도 비교할 수 없는 후원자 | 전경환 … 359

이타정신의 진정한 승화를 위하여… | 최병두 … 360

신심을 더 내라고 입학시켜 주시다 | 박영준 … 361

배움을 깊이 깊이 뿌리내리리라 | 박미희 … 362

바다 같은 마음으로 살고 싶다 | 김미희 … 363

나를 되돌아보는 생활을 하게 되었다 | 남도영 … 364

이 자리에 있게 해준 어머니께 감사 드리며… | 고승덕 … 365

불교대학 발전을 위해 힘이 되고 싶다 | 한상우 … 366

지혜로운 삶을 위하여… | 민부영 … 367

불기 2548(2004)년 신흥사 불교대학 제9기

불교를 상세하고 재미있게 배웠다 | 조선기 … 368

나에게 바른 정신과 삶의 의욕을 준 신흥사 불교대학 | 박운섭 … 369

24살에 어느 지식보다 더 값진 마음의 지혜를 얻으며… | 박선영 … 370

부처님의 커다란 선물 | 박진영 … 371

한국 불교의 미래가 보인다 | 최복자 … 372

나도 언제 불교대학에 들어 갈 수 있을까? | 권송순 … 373

바른 길로 이끌어주신 스님께 감사 드린다 | 김현순 … 375

우리 참으로 인연을 잘 맺었다! | 김현숙 … 376

내 인생에 가장 보람 있는 한 해 | 고순영 … 377

나는 행복하다 | 김순복 … 378

이제 겨우 뒤집기를 했지만… | 김수자 … 378

자재하는 힘이 생겼다 | 김영화 … 380

부처님 해바라기가 될 것이다 | 현명희 … 381

내가 대견스러운 이유 | 이봉남 … 381

이제 자신있게 권할 수 있다 | 이성순 … 382

세상 사는 지혜를 알게 되었다 | 전용옥 … 383

절에 오는 것이 설레인다 | 윤성수 … 384

하나씩 익혀나가는 기쁨 | 김광포 … 385

부처님 앞에 서면 마음이 편안하다 | 양병률 … 385

친구 따라 강남 갔더니… | 전길자 … 386

우울증이 없어지다 | 김궁자 … 387

신흥사에 들어서면 착한 마음이 된다 | 김경란 … 388

이제 마음이 따뜻하다 | 양근녀 … 389

우리도 부처님같이

부처님 고맙습니다

이한수 · 서신초등 6년

우리 신흥사 어린이 불교학교는 생긴 지 12회나 된다. 나는 12회 모두 다니고 있다. 어렸을 때 어머니가 절에 가라고 하셔서 절에 왔다. 처음 절에 올 때는 부처님 오신 날과 성도재일 등 행사가 있는 날만 왔다. 내가 절에 정기적으로 다니게 된 이유는 따로 있다. 내가 어렸을 때 관절염에 걸려 아버지와 어머니가 나를 살리려고 무슨 약이든 모두 써도 낫지 않아서 절에 와서 부처님께 나의 병이 낫도록 기도를 드렸는데, 그 후에 내 병이 나았다고 한다. 그래서 어머니께서 절에 다니라고 하셔서 처음에는 그 이유를 몰랐지만 어머니의 말씀을 듣고 부처님께 고맙게 생각하여서 정기법회와 어린이 불교학교에 다니고 있다.

정기법회에 와서 주지스님의 말씀을 들으면 기분이 좋았다. 내 동생은 이상하게 절에 오기 전에는 절에 가지 않는다고 고집부리고 울면서도 막상 절에 와서 스님의 설법을 듣고 나면 집에 올 때는 웃으면서 나하고 같이 뛰어온다.

어린이 정기법회에서는 불교에 대한 것은 잘 알지 못했는데 불교학교에서는 스님이 불교에 대한 것을 많이 가르쳐 주셔서 기분이 좋았다. 절에서 어려움이 있다면 아이들이 많아서 더운 게 싫었다. 내년부터는 회관을 짓기 때문에 덥지 않을 것이다. 그러니 새 법우를 많이 데리고 와서 부처님의 가르침을 들려주어야겠다.

개구쟁이가 마음잡았대요

박정현 · 덕천초등 6년

내가 절에 다닌 지는 얼마 안 된다. 절에는 4학년 때부터 다녔으나 여름불교학교는 이번이 두 번째다.

아이들 말에 의하면 절에는 무서운 것들이 많다고 한다. 그래서 절에 다니기 전에는 엄마가 절에 가자고 하여도 항상 꽁무니를 뺐다. 그래서 그런지 엄마는 집에서 나를 부를 때 바보라고 한다. 나는 하도 이 소리가 지겨워서 하루는 아빠에게 엄마 모르게 여쭈어보았다.

"아빠 나 같은 바보도 절에 갈 수 있어요?"

"그럼 가고 말고."

항상 이러신다. 나는 이럴 때마다 가보고 싶은 의욕도 생겼다. 그리고 나는 학교에서 개미를 잡아죽이고 잠자리를 잡아 장난치고 아주 잔인한 사람이다. 그러나 작년 여름 불교학교에 다니기 시작하면서부터 살생을 금하였다. 그래서 학교에서도 친구들이 나를 보고 이런 소리를 한다.

"야, 개구쟁이가 마음 잡았어."

나는 이런 소릴 들으면서 이번 불교학교에 또 찾아왔다. 작년에 못 사귀었던 친구들도 사귀고 새로 온 친구들과도 친하게 놀고 절에 오면 참 좋은 것들이 많다. 그 중에서 주지스님의 설법과 지도 선생님들의 말씀, 율동놀이 등 참 재미있는 일들이 많다. 이제 불교의 참뜻을 조금씩 알 것 같다. 내년에도 꼭 와 이런 기회를 다시 가지고 싶다.

하루종일 들어도 좋을 것 같다

이윤정 · 방배초등 6년

"야, 드디어 신흥사 수련원에 도착했다."

서울에서 출발, 신흥사 마당에 내려 이렇게 외치던 일이 한 시간도 채 안 된 것 같은데 벌써 집에 갈 날이 되었다. 나는 이번처럼 부처님 공부를 많이 하고 또 좋은 선생님들을 만나보기도 처음이다. 2박 3일간의 짧은 시간이었지만 나의 마음은 무척 흡족하고 반면 아쉬움이 남는다. 훌륭하신 스님들과 선생님들께 부처님 공부를 배웠고 이런 곳을 이렇게 빨리 떠난다고 생각하니 말이다.

내가 무엇보다도 재미있었던 것은 주지스님 설법을 듣는 일이었다. 우리 절에서는 설법을 많이 안 들어봐서 재미가 없는 줄 알았는데, 여기 와서 재미있는 동화 형식으로 얘기해주시니 무척 배울 것이 많고 재미있었다. 주지스님 설법을 듣고 있으면 이상하게도 마음이 가벼워지고 기분이 좋아졌다. 이런 설법은 하루종일 듣고 있어도 좋을 것 같았다.

그리고 힘들었던 일은 절하는 것이었다. 절을 많이 해서 지금까지 다리가 좀 아프다. 어떤 때는 짜증이 나서 주저앉아 버린 적도 있었지만 지금 생각해 보니 추억이 될 것 같다. 이 신흥사 여름불교학교를 마치면서 나는 많은 것을 배웠고 내가 커서도 이 곳에 온 일은 가장 큰 추억으로 남아 있을 것이다. 마지막으로, 몇 시간 후면 집으로 가지만 내 마음은 이 신흥사의 꿈과 추억을 영원히 간직할 것이다.

고마운 설법

박태연 · 안양초등 6년

"따르릉" 전화벨이 울렸다. "여보세요." 엄마는 맑은 목소리로 전화를 받으셨다. 그 전화 속의 주인공은 이모였다. 이모가 하는 말이 신흥사에 가서 아이들 교육좀 시키자는 얘기셨다. 나는 단번에 "싫어."하고 엄마에게 말했다. 엄마는 나의 못된 버릇을 고치기 위해서라도 보내야 한다고 섭섭하게 말씀하셨다.

나는 엄마의 손에 끌려 할 수 없이 신흥사에 오게 된 것이다. 아이들은 저마다 밝은 얼굴로 2박 3일을 설계하고 있었다. 나는 처음 와서 조금 어색하긴 했지만 아이들과 곧잘 어울릴 수 있었다.

스님의 설법을 들으며 나는 다리도 무척 아팠지만 아주 중요한 말을 가슴에 품을 수가 있었다. 그것은 부모님께 효도해야 한다는 것이다. 나는 부모님께 지금까지 어떻게 대해 왔는가 생각하니 나 스스로가 미웠다. 어머니께 말 대답한 죄를 이제야 뉘우쳤다. 나는 속으로 "부처님, 저를 한번만 용서해 주신다면 어머니께 효도하겠어요."라고 말했다. 한편 스님의 설법이 너무나도 고맙게 느껴졌다. 이제부터 엄마가, 아니지 어머니가 힘들지 않게 열심히 도와드리고 효도해야겠다.

— 불기 2529(1985)년 여름불교학교

부처님이 될 거야!

양소예 · 서울 은석초등 4년

자비롭고 높으신 부처님 곁에서 2박 3일이란 시간을 보내었다. 선생님 두 분께서 친절하고 재미있으셔서 웃으며 지냈다. 또 반장 언니가 참 잘해주었다.

동그란 주지스님, 설법도 잘해 주시고 우리들의 마음도 잘 아시는 햇님 같은 분이시다. 스님께서는 우리가 건강하게 자라서 부처님의 자비로움을 모르는 아이들에게 가르쳐줄 것을 원하시는 것 같다. 실은 나도 어쩌다가 나도 모르게 거짓을 말하는데 그러면 혀 빼는 지옥에 간다고 한다. 생각만 해도 무섭다.

'나는 부처님이 될 거야!'

지금은 참선시간. '윽, 허리가 간지럽다. 긁을까? 안돼!' 자꾸 다른 생각이 든다.

앞으로 조금 있으면 집에 간다. 식구들도 조금씩 그립다.

"주지스님, 선현 스님, 선관 스님 안녕히 계셔요."

큰스님이 정말 좋아요

심재림 · 서울 은석초등 2년

큰스님, 저는 어린이 불교학교에서 배운 것이 너무도 많아요. 교리 퀴즈대회에서도 배웠고, 큰스님한테서도 배웠고, 선생님한테서도 배웠어요.

저는 큰스님의 법문이 참 좋다고 생각했어요. 큰스님과 함께 하니까 참선도, 예불도 재미있어요. 얘기 중에서도 큰스님 얘기가 제일 재미있었어요. 저는 큰스님이 정말 좋아요.

큰스님! 도를 열심히 많이 닦아 돌아가시면 사리가 나오길 바랍니다.

참선은 생각이 중요하다

강경화 · 서울 은석초등 5년

'참선 10분'

지금부터는 여러 스님과 아이들이 10분 동안 참선을 한다.

'으휴'

나는 참선을 하는 게 좀 지겨웠다. 참선이 시작되었다.

'딱! 딱! 딱! 딱!'

죽비 소리가 났다.

나는 3분 정도 지난 후 살짝 눈을 떴다. 다른 아이들은 참선을 했다. 부처님께서 내게 '이 놈!' 하고 호통을 치시는 것 같았다. 나는 그 다음부터는 꾹 참고서 열심히 하였다. 주지스님께서 하신 이런 말씀이 생각났다.

"힘들면 부처님을 생각해라. 부처님은 6년 동안이나 이렇게 힘든 고행을 하셨다."

그러나 나는 그 10분을 못 참은 게 무척이나 부끄러웠다. 그리고 주지스님께서 또 이런 말씀을 하셨다.

"참선은 생각이 중요하다. 나는 부처님이 된다."

이런 생각으로 해야 한다고 하셨다.

'부처님 다음부터는 열심히 할 게요.'

이 생각을 절대로 잊지 않겠다.

자랑스러운 부처님

설원영 · 안산 중앙초등 4년

이번 불교학교는 정말 정말 재미있었다. 저번 여름에는 친구도 없고 그래서 너무 쓸쓸했었다. 그런데 이번에는 다정한 친구들이 너무너무 많아서 몰려다니며 지내다보니 벌써 시간이 지나가 버렸다.

나는 평상시에는 부처님을 믿는 것이 부끄럽기도 했었다. 교회 가는 아이들을 부러워하기도 했다. 그런데 이번 겨울불교학교를 보내고 나니 내가 왜 그랬을까 후회가 된다. 나는 전부터 친구들과 많이 싸웠다. 내가 잘못해서 싸운 적도 많다. 하지만 이제부터는 무조건 친구들만 잘못했다고 하지 않고 내 잘못부터 생각해 보아야겠다. 그리고 부처님을 믿는 것을 부끄러워하지 않고 당당하게 여러 아이들에게 법보시를 해야겠다.

집보다 절이 더 좋다

강대경 · 서울 은석초 5년

학교 봉고차 타고 신흥사를 향해 출발, 노래도 부르고 놀다보니 도착하였다.

이곳에서 선생님을 만나고 율동도 배우고 나니 하루가 지나갔다. 나는 집보다 이곳이 더 좋다는 것을 느꼈다. 특히 재미있었던 것은 주지스님의 설법이었다. 내가 워낙 이야기를 좋아하기 때문이다. 부처님의 이야기와 설법은 언제 들어도 좋다.

이제 가야 하는데 섭섭하다. 또 올 텐데 왜 이리 섭섭하지? 하지만 난 2박 3일의 불교학교가 너무 재미있었다. 빨리 지나간 2박 3일, 또 와서 법문 들어야지. 꼭 다시 올 거야.

부처님을 생각하면 정말 기뻐요

차지현

부처님 안녕하세요. 저는 신흥사 어린이에요.

저는 원래 부처님을 잘 모르는 아이였어요. 그런데 신흥사에 와서 스님의 설법과 또 법우들을 통해서 부처님에 대해 알게 되었어요.

부처님 저의 마음 속에서 무엇을 하고 계셔요. 아, 제가 부처님을 잘 믿고 있나, 또 공부는 열심히 하나, 스님 설법시간에는 조용히 하나 지켜보고 계신다구요. 또 저에게 희망과 용기를 심어주고 계신다구요.

부처님, 부처님, 부처님을 생각하면 정말 기뻐요. 부처님, 부처님은 항상 남을 위하고 봉사하시는 착한 마음씨를 갖고 계시죠. 저는 정말 본받고 싶어요. 우리 가족은 불교를 믿지만 저는 사실 불교가 매우 부끄러운 종교라고 생각했어요. 우리 학교에서 소풍을 갈 때도 아이들이 저를 보고 어느 종교를 믿느냐고 물어보았거든요. 전 불교를 부끄럽게 여겨 기독교라고 했어요. 부처님, 용서해 주세요. 정말 죄송해요. 이제부터는 여러 어린이들에게 법문을 들려줄 거예요. 부처님 마음을 흐뭇하게 해 드릴 거예요.

새롭게 태어난 나

이영신 · 수원 화홍초등 5년

'딩동 딩동' 초인종이 울렸다. 나는 누군가 하고 밖으로 나가보았다. 나가 보니 우리 어머니와 같이 절에 다니시는 내 친구 어머니였다. 내 친구 어머니께서는 우리 어머니와 무엇에 대해 상의를 하시는 것 같았다. 바로 지난 여름방학 때 갔었던 신흥사 수련회에 보내자는 말씀이셨다. 나는 기뻐서 망설이지 않고 찬성하였다.

신흥사 수련원에 와보니 아는 얼굴, 모르는 얼굴 등 100여 명의 수련생들이 와 있었다. 나는 지난 여름불교학교 때 여러 법우들과 잘 어울렸기 때문에 겨울불교학교를 손꼽아 기다려 왔다. 차를 타고 오면서 2박 3일 동안의 생활을 그려보니 무척 즐거울 것 같았다.

첫날부터의 생활이 흥미로웠다. 목련존자에 대한 비디오는 나를 효도하는 어린이로 바꾸는 데 큰 도움을 주었다. 그리고 스님의 재미있는 설법을 들을 때는 다리가 무척 아팠지만 부처님의 중요한 진리를 온 몸에 품을 수가 있었다. 그리고 내가 부모님과 친구들에게 대한 일들을 생각하니 나 스스로가 정말 미운 짓을 많이 했다는 것을 알 수 있었다.

나는 마음속으로 '부처님, 앞으로 효도 잘하고 친구에게 잘 하는 어린이가 될 테니 한 번만 용서해 주십시오.' 라고 말씀드렸다. 이번 수련회를 겪으면서 다시 태어나는 나 자신이 되어야겠다고 마음먹었다.

불기 2535(1991)년 겨울불교학교

오길 정말 잘했다

양민경 · 남양초등 3년

저는 여름불교학교에 오길 잘했다고 생각합니다. 왜냐하면 불교학교에 오면 잘 모르는 친구도 사귀고 부모님과 떨어져 살 수 있는 능력이 길러지기 때문입니다.

여름불교학교에서 어제는 교리퀴즈, 찬불가 대회, 캠프파이어를 했습니다.

저는 교리퀴즈에 나갔는데 한 문제도 못 맞추었습니다. 찬불가 대회에서는 우리 반이 1등을 했습니다. 그 때는 기분이 매우 좋았습니다. 밤 10시 30분쯤 되자 수련원 앞마당에서 캠프파이어를 했습니다.

캠프파이어를 할 때는 신나게 노래를 부르면서 즐겁게 춤을 추었습니다. 캠프파이어를 마치고 주지스님을 따라 연꽃 속에 촛불을 넣고 석가모니불을 부르면서 수련원과 절 주위를 돌았습니다. 나는 어제 있었던 일이 즐거웠고 여름불교학교에 오길 잘 했다는 생각도 들었습니다.

불심을 키운 여름 불교학교

최정주 · 산남초등 6년

"정주야! 빨리 일어나."

엄마의 반 짜증 섞인 목소리가 들렸다. 열세 살이나 먹은 것이 여지껏 스스로 못 일어난다는 뜻이 섞였을 것이다.

"오늘은 절에 가는 날이지."

나는 얼른 준비를 서둘러 간신히 신흥사 버스를 놓치지 않고 탈 수 있었다. 절에 도착해 보니 아이들 모두 밝은 표정이었고, 왠지 친근감이 느껴졌다. 처음에는 찬불가에 맞추어 율동을 했다. 못하지만 열심히 따라서 했다.

반도 정했는데, 나는 보시반이 되었다. 뜻이 남에게 베푼다는 것이어서 참 좋았다. 왜냐하면 남에게 베푼다는 것은 참 즐거운 일이기 때문이다. 선생님도 참 멋있고 훌륭한 분이셨다.

이틀째 되는 날에는 죄를 없애고 부처님의 아들딸이 되는 수계식을 했다. 예불은 힘들었다. 염불을 외우고 스님을 따라 절을 열심히 했다. 발우공양을 할 때는 뭐가 뭔지 몰랐다.

저녁이 되니 부모님이 보고 싶다고 우는 아이들이 더러 있었다. 나는 울지는 않았지만 그리운 건 마찬가지였다.

"엄마 아빠, 정주는 잘 있어요."

저녁에는 반별교리퀴즈, 찬불가 대회를 했다. 정말 즐거웠다. 우리 반은 교리퀴즈 대회에서는 1등을 하였지만 찬불가는 절반밖에 부르지 못했다. 정말 안타까웠다. 밤에는 캠프파이어와 촛불제를 했다.

　　이번 불교학교에서는 즐거운 일도 많았지만 힘들기도 했다. 그러나 부처님에 대해 많은 것을 알 수 있었고, 불심도 키울 수 있었다. 겨울 불교학교에도 꼭 오겠다.

부처님과 스님

박송이 · 수원 영화초등 1년

　　주지스님은 지혜가 많다고 생각합니다. 부처님에 대한 설법을 많이 알고 계시기 때문입니다. 나는 매일마다 부처님의 설법을 많이 듣고 싶어요. 지장보살님에 대한 이야기가 너무 재미있어서 매일 듣고 싶어요. 주지스님의 많은 재미있는 이야기를 다 듣고 싶어요. 부처님께 제가 소원 한 가지를 빌었는데 결국 소원이 이루어져서 너무 기뻤어요. 나도 얼른 자라서 부처님이 되고 싶어요. 그래서 스님과 부처님처럼 설법을 많이 알려줘서 지혜가 생겼으면 좋겠어요. 그래서 빨리 부처님이 되어 지옥에서 벌받는 사람들을 하늘로 가게 해주겠습니다.

불기 2535(1991)년 여름불교학교

할머니 감사합니다

예혜미 · 서울 상계초등3년

아침부터 기분이 상쾌했다. 오늘은 부처님과 신흥사 여러 법우들, 또 유익하고 즐거운 설법을 들려주시는 스님들을 만나러 가는 날이기 때문이다. 창밖에는 흰 눈이 펄펄 내리고 있었다. 그리고 하얀 솜옷을 입은 나무들이 깜찍해 보였다. 드디어 신흥사에 도착했다. 스님과 부처님 또 신흥사 법우들이 나를 맞이해 주었다. 나는 큰법당과 여러 법당에 가 큰절을 하고 내려왔다.

점심 공양을 하니 집에서 먹는 밥보다 더 맛있고 꿀맛 같았다. 마지막 날에는 촛불제와 캠프파이어를 하였는데 여러 법우들과 간사님들의 손을 잡고 하니 더욱 재미가 붙었다.

할머니께서 신흥사의 재미있는 불교학교 이야기를 많이 해주셨다. 할머니가 아니었으면 이렇게 좋은 절을 못 오게 되었을 것이다.

"할머니 감사합니다."

앞으로 이렇게 재미있고 즐거운 불교학교에 아이들도 많이 데리고 오며 꾸준히 다닐 수 있도록 노력해야겠다.

부처님이 되기 위해서 지키는 규칙

심별이 · 인계초등 2년

신흥사 불교 학교에 들어온 이유는 친척 오빠가 재미있고 신난다고 해서 오게 되었다. 오니까 무서운 옛날 화장실도 아니었다. 첫날부터 주지스님의 설법이 왠지 관심이 가기 시작했다. 매일매일 빠지시지도 않고 우리들을 위해 나오시는 주지스님이 매우 훌륭하게 생각된다.

스님 설법 중에서 가장 기억에 남는 이야기는 아귀 귀신, 아수라 귀신 이야기였다. 주지스님 설법을 들으니 나도 자꾸자꾸 부처님이 되고 싶다.

부처님이 되기 위해서 지키는 규칙은 다 알고 있다.

1. 산 목숨을 죽이지 않겠습니다.

2. 거짓말을 하지 않겠습니다.

3. 친구와 싸우지 않겠습니다.

4. 남의 물건을 훔치지 않겠습니다.

5. 부모님께 효도하겠습니다.

이 정도면 부처님이 될 수 있다는 생각이 든다. 어린이 불교학교는 어린이에게 참 필요하다.

힘들었지만 그만큼 뿌듯했던 겨울불교학교

고승준 · 서울 은석초등 5년

12월 23일 방학 하고 나서 며칠이 지나고 그리운 집을 떠나 신흥사 어린이 불교학교에 오게 되었다. 이 어린이 불교학교를 오게 된 동기는 학교에서 선생님께서 신청서를 나누어 주셨는데, 겨울방학을 뜻 깊게 보내기 위해서 왔다.

"와, 드디어 신흥사에 도착했다."

우리는 소리를 질렀다. 신흥사는 경기도 화성에 있는 절이다. 내가 전에 이 절에 왔을 때는 아주 조그만 수련원이었지만 지금은 아주 거대한 규모의 절, 아니 불교학교 수련원이 되어 있었다.

가장 힘들었던 것은 세 번씩 아침, 점심, 저녁 때 하는 예불 시간이었다. 예불 시간 처음에 하는 것은 책을 보고 천수경을 읽는 것이다. 무려 17쪽이나 되는 것을 말이다. 다음에는 반야심경을 낭독하는 것이다. 나는 반야심경을 다 외운다.

"마하 반야 바라밀다 심경…."

이 소리가 조용한 도량을 울린다. 드디어 108배 하는 시간이다. 나는 그 추운 속에서 108배를 하면 몸에서 후끈후끈 열이 난다.

"아이고 힘들어."

그래도 나는 스님 말씀을 듣고서 억지로라도 했다. 그 말씀은 절을 많이 하면 건강에도 좋고 복도 생긴다고 하셨다. 비록 아주 힘든 예불 시간이었지만 나는 아주 마음이 뿌듯했다.

불기 2536(1992)년 겨울불교학교

꼭 다시 오고 싶다

박은국 · 서울 삼천초등6년

"기상! 빨리 일어낫!"

오늘도 변함 없이 선생님의 큰소리가 우리들을 깨운다.

"조금만 더요."

아이들은 불평의 말을 한다.

여기에 온 지 벌써 삼 일째, 아이들은 불평을 많이 하였지만 나는 기분이 참 좋았다. 나는 도시에 빽빽이 들어선 아파트 속에 갇혀 살았기 때문에 이렇게 맑고 시원한 공기와 푸른 숲을 늘 기다려 왔었다. 그런데 이 소원이 이제야 이루어진 것이었다. 신흥사는 내가 원했던 일이 다 보여지고 있다. 맑은 공기, 산새들의 노래소리…한편으로는 화장실, 공양 등이 낯설기도 했다.

지금 생각하면 재미있는 일도 참 많았다. 참선 시간에 어떤 아이가 방귀 뀐 일, 에어로빅을 배운 일….

나는 이번 일을 계기로 많은 것을 배웠다. 불교에 대한 애착은 물론 혼자 떨어져서부터 단체 생활의 모든 것을.

여길 떠난다니 좀 아쉽기도 하고 섭섭하지만 다음에 기회가 만들어진다면 꼭 다시 오고 싶다. 선생님, 스님, 신흥사여, 안녕! 부처님전에서 다시 만나자!

새로운 미지의 세계

이혜정 · 서현초등 5년

이 곳 신흥사에 들어오기 전날 밤 얼마나 울었던가?

"나 안 가! 가기 싫어! 싫다니까, 엉엉!"

23일 아침, 짐을 챙겨서 차를 탔다. 제법 맑은 공기와 푸른 잎이 기분을 좋게 했다. 따뜻한 아침 햇살에 비친 엄마, 동생, 신흥사 모두 다정스러웠다. 첫째 날은 선생님과 스님께 의지해 하루를 보냈다. 언니들 틈 사이에서 움직이지도 못했다. 하지만 언니들이 토닥토닥 등을 두드려 주면서 재워주었다. 따뜻한 정을 느낄 수 있었다.

아무래도 둘째 날이 가장 즐거웠다. 아침공양, 예불, 레크리에이션….

어리광만 부리던 내 모습이 아니라, 혼자서도 해낼 수 있다는 나의 모습을 발견했다. 하지만 부모님에 대한 그리움은 가슴 한 구석에 그림자로 드리워져 있었다. 스님의 법문은 내게 이 세상을 살아가는 도리를 깨우치게 해주었다. 그 동안 투정을 부리고 효도 안 했던 일이 후회되었다. 레크리에이션, 찬불가 대회는 정말 즐거웠다. 모든 근심을 잊고 놀 수 있어서 즐거운 시간이었고….

이 곳에 오기를 잘 한 것 같다. 엄마의 말씀대로 새로운 미지의 세계에 부딪쳐 본 셈이다. 많은 아이들 속에서 생활하면서 또 선생님들과 만남을 가지며 난 부처님께 한 발자국 더 가깝게 다가섰다. 이젠 더 성숙하고 착한 부처님의 제자가 되어야겠다.

부처님을 믿는 착한 어린이가 될 것이다

진봉진 · 만안초등 4년

나는 처음에 2박 3일간 수련회를 한다고 하여서 3일 동안은 엄마와 떨어져 생활할 수 있다고 생각했습니다. 하지만 막상 와서 엄마 아빠를 생각하니 눈물이 났습니다. 저번에 엄마에게 심통을 부리고 잘못했던 점이 자꾸 후회되었습니다. 그렇지만 매일 아침 일찍 일어나 부처님께 예불 드리면 기분이 좋아집니다. 지금 이렇게 3일째 되는 오늘 생각해 보면 그동안 있었던 나쁜 일과 좋았던 일이 자랑스럽게 느껴집니다.

저는 앞으로 부처님을 믿는 착한 어린이가 될 것입니다. 이렇게 보람 있고 즐거운 절에 다시 한번 더 왔으면 하는 생각을 집에 가면서 모든 어린이들이 생각할 것입니다.

나쁜 일이 있을 때는 부처님이 도와주십니다. 온 세계의 어린이들이 부처님 믿는 착한 어린이가 되었으면 좋겠습니다. 커서 또 이 절에 한번 더 오고 싶습니다.

신흥사에서의 2박 3일

김은정 · 서울 서래초등 5년

단체생활은 처음이다. 어쩐지 차를 타고 올 때부터 너무 좋아서 기분이 설레였고 1일 전에 잠잘 때도 잠이 잘 오지 않았다. 차가 신흥사에 왔을 때 공기도 좋았고 풍경도 아름다워 내 맘에 꼭 들었다. 다른 절에서도 많이 와서 낯선 아이도 많았다. 또 쉽게 사귈 수 있는 아이도 있었다. 차에서 내려 점심공양을 하려고 할 때 선생님을 잃어버려서 무섭기도 했고, 큰일나면 어떡하나 하고 걱정도 했다.

처음에 들어가 이름표를 받고 짐을 챙겼다. 각 반끼리 찬불가 대회 때문에 2일간 연습을 틈틈이 했다. 선생님께서 너무 재미있고 친절하게 가르쳐주셔서 비 맞고 찬불가 연습할 때도 즐겁고 재미있었다. 잠을 잘 때 잠이 오지 않아 선생님이 계시지 않을 때는 밖에 나가서 놀고, 선생님께서 오시면 자는 척하는 신흥사 아이들이 귀엽고 웃겼다. 처음에는 낯설었던 아이들도 점점 친하게 지내게 되었다.

찬불가 대회날에는 박수를 제일 많이 받은 것 같아서 더 힘차게 불렀다. 신흥사에 가서 많은 것을 배웠지만 그 중에서도 부처님께서는 항상 보살펴주시고 우리들을 도와주신다는 것을 배웠다. 처음으로 재미있고 보람있었던 캠프였던 것 같다.

알찬 방학으로 만들어준 여름불교학교

박정민 · 상월초등 6년

2박 3일 캠프를 간다는 이유로 나는 이곳 신흥사에 오게 되었다. 차를 타고 신흥사에 도착했을 때 건물들이 크다는 생각을 했다. 또 산 속에 있어 공기가 맑다는 것도 느낄 수 있었다. 푸르른 나무들이 여기저기 줄지어 서있었다. 아! 아름다운 경치, 조금 있자 심장 박동 소리가 내 귀에 선명하게 들려왔다. 우린 공양미를 부처님께 올리고 식당에서 주는 점심밥을 맛있게 먹었다. 점심공양을 끝내고 위에 있는 수련원 안으로 들어갔다. 밥을 먹기 전에 반을 다 정해놓아서 우리 반을 찾으려고 애를 썼다. 겨우 반을 찾아서 앉아 있었다. 난 '타심반' 이었는데 친구를 사귀게 되었다. 그 후로 우리 타심반은 함께 모여 다녔다. 물론 다른 반도 그렇지만….

아침 일찍 큰법당에서 부처님께 예배를 드리기도 하고, 108배를 하기도 했다. 108배를 하고 나니 다리가 무척이나 말할 수 없을 만큼 아파서 잘 앉지도 못했다. 또 집에서 하는 식사보다 절에서 하는 식사가 더 맛있다. 왜 그럴까? 게임, 예불, 절, 장기자랑 등 여러 많은 어린이들과 같이 지내면서 단결이 되었던 것이 정말 기쁘다. 그 동안 수고하셨던 많은 선생님들과 스님께도 감사하게 생각된다.

힘들고 고된 생활이었지만 한편으론 즐겁기도 했던 신흥사에서의 2박3일캠프! 다시 한번 이런 좋은 기회를 가졌으면 하는 바람이다. 또 이런 좋은 경험을 갖게 해주신 부처님께 무척이나 감사하다. 이 캠프로 인해서 이번 여름방학이 알찬 방학이 될 것이라고 나는 믿는다.

우리도 부처님같이

임수미 · 서울 당현초등 6년

사천왕사에서 출발하여 드디어 신흥사에 도착하였다. 멀리서 보아도 보이는 큰법당과 하얀 건물이 제일 먼저 눈에 들어왔다. 버스 안에서 친구들을 많이 사귄 덕분에 즐겁게 지낼 수 있었다. 먼저 반 배정을 하였다. 다른 절에서 온 아이들과 함께 지낸다는 말에 조금 낯설고 걱정이 되었다.

나는 타심반이 되었다. 그런데 타심반에 들어가는 아이가 나와 어떤 아이 한 명밖에 없어서 친구가 되었다. 수련원에 가니 "우리도 부처님같이"라는 글자가 쓰여 있었다. 그 글자를 보고 '나도 정말 부처님이 될 수 있을까?' 하는 생각이 머리에 떠올랐다. 나중에 큰스님께서 열심히 수련하면 부처님이 될 수 있다고 하셨다. 여기 와서 스님들이 모두 비구니스님이라는 걸 알았다. 무뚝뚝한 스님, 재미있는 스님, 처음 본 스님들인데 웬지 낯설지가 않았다.

여기서 제일 생각이 남는 것은 새벽예불이었다. 새벽 5시에 일어나서 예불하고, 참선하고, 아주 큰 부처님 앞에서 절하고 108배도 하고… 새벽에 일어나기도 힘들었고 절하고 참선하는 것도 힘들었지만 부처님같이 되기 위해 꾹꾹 참았다. 그리고 큰스님의 설법은 아주 재미있었다.

신흥사에 와서 레크리에이션도 하고 친구들도 많이 사귀고 무엇보다도 부처님같이 되기 위한 수련에 보람을 느꼈다. 우리도 부처님같이 되기 위해 화이팅!

스님이 되어 우리나라를 빛내고 싶다

신상욱 · 남수원초등 2년

나는 여름불교학교에 와서 느낀 점이 많다. 친구도 많이 사귀고 노래도 즐겁게 부르고 부처님의 아들 딸이 되고 부처님의 제자도 되었다. 그런데 부모님을 떠나 절에 오니 부모님 생각을 해보기도 했다.

어제 어머니와 아버지께 전화를 하려다가 공중전화가 고장이 나서 전화도 못 드렸다. 부처님과 스님은 정말 우리 나라의 소중한 분이라는 걸 신흥사에 와서 알았다. 캠프파이어가 제일 재미있었고, 스님 법문과 경전 읽기도 재미있었다. 아직 나는 빨리도 못 읽고 박자도 잘 못 맞춘다. 이 다음에 커서 나도 부처님과 스님 같은 분이 되어 우리 나라를 빛낼 것이다. 우리 모두 부처님을 믿어서 커서 훌륭한 사람이 되었으면 좋겠다는 생각도 많이 들었다.

즐거웠던 여름불교학교를 마치며

임치홍 · 개포초등 4년

7월 23일 우리 구룡사에는 아주 많은 어린이들이 왔다. 우리 반 아이들도 오고 새로 온 친구들도 많았다. 이렇게 어린이들이 많이 온 것은 바로 큰 사찰인 신흥사에서 은석초등학교 등과 공동으로 불교학교를 열기 때문이다.

아침 9시, 우리는 구룡사에서 출발하였다. 서울을 지나니 농사짓는 논밭이 있었다. 논에는 고개 숙인 벼가 황금물결을 일으키고 있었다. 꼭 벼들이 "여름불교학교에서 스님, 선생님 말씀 잘 듣고 착한 부처님의 일꾼 되세요." 하는 것만 같았다. 벼들 뒤에는 멋있는 산과 하늘이 있었다. 차를 타고 산의 모습이 변화되고 구름이 변화되는 것을 보고 멀리서 우릴 쫓아오는 것같이 느꼈다.

약 12시 경 우리는 신흥사에 도착하고 여러 친구와 "앞으로 사이 좋게 지내자." 하고 인사를 하였다. 그날은 공양을 아주 맛있게, 부처님께 감사하는 마음으로 먹었다. 그리고 발우공양실에서 율동, 춤, 노래 등을 배웠다. 그날 나는 형으로서 느낀 것이 하나 있다. 화장실에 가는데 우리 숙소에 유치부 저학년 어린이가 있었는데 우리들보다 우렁차게 함성을 질렀다. '우리가 동생만도 못하다니.' 앞으로는 모든 일을 동생들에게 모범이 되도록 해야겠다.

나는 여름불교학교에서 부처님의 재미있는 이야기를 스님께 듣고, 그것을 조금이나마 실천하기 위해 참가하게 되었다. 하지만 어쩔 땐 이야기 하고 스님과 선생님 말씀을 잘 듣지 않았다. 지금 이 글을 쓰면서 부처님 앞에 고개 숙여 반성한다. 즐거웠던 불교학교, 여러 좋은 친구들과 이제 작별할 시간이 얼마 남지 않아 서운하다. 그 동안 힘들게 애쓰신 스님, 선생님께 감사하다고 전하고 싶다.

재미있고 보람찼던 2박 3일

음미선 · 서면초등 6년

나는 요번 여름불교학교에서 아주 많은 것을 배웠다. 또 생전 처음 보는 아이들과 사귀고 말하며 놀았는데도 처음 만난 기분보다는 아주 친숙한 기분이 들었다. 그리고 요번 여름불교학교를 통해 자신감이 생겼다. 나는 동생이 와서 같이 잠을 잤다. 그런데 친척동생이 엄마가 보고 싶다고 하는 것이다. 그 때 나도 부모님이 보고 싶었다. 큰스님의 설법 또한 마음속에 남는 것이다. 아주 재미있으면서도 유익해서 나는 한 번도 빼먹지 않고 들었다.

신흥사의 첫 인상은 아주 좋았다. 그것은 이런 시골에 이런 큰절이 있다는 게 믿어지지 않았기 때문이다. 그 중에서도 제일 인상에 남는 것은 수계식이었다. 수계식 할 때 내 짝 윤경이가 처음 하는 것이라서 인상을 이상하게 지어서이다.

나는 이번 불교학교를 통해 여태까지 안 들어왔던 부모님 말씀을 더 잘 들어야겠다고 생각했다. 그러기 위해서는 고생하시는 부모님을 기쁘게 해드리는 것이라고 생각했다. 남자 선생님들이 아주 재미있게 불교학교를 꾸며 주시고 레크리에이션이라는 것도 아주 재미있어서 너무 웃어 눈물이 나올 정도였다. 여태까지 해본 불교학교 중에서 요번 신흥사에서 보낸 2박3일 불교학교가 제일 인상에 남았다. 아주 보람찬 2박3일이었다. 이번 겨울에 또 오고 싶다.

"주지스님과 여러 스님들 안녕히 계세요."

불기 2537(1993)년 여름불교학교

내 마음속에 영원히 남을 겨울불교학교

금혜경 · 원미초등 5년

나는 부천에서 신흥사까지 왔다. 전철과 전동차, 직행버스까지 동원해 도착한 이곳 신흥사는 나에게 많은 이익을 주었다. 엄마, 아빠를 떠나서는 하루도 있지 못하는 나에게 담을 키워 주었다. 또 각 지역의 어린이들과 함께 놀고, 때론 다투기도 했다. 하지만 각기 색다른 성격과 맞부딪쳐 보는 것도 좋은 기회라고 생각했다.

큰스님께선 우리에게 좋은 이야기를 들려 주셨다. 부처님의 대자비와 스님들의 인자하심을 쉽게 풀이하여 설명해 주시니 그 동안 멀리했던 불경에 조금씩 가까워지기 시작했다. 보살님들의 지극한 정성으로 맛있는 공양을 할 수 있었다. 집보다 반찬은 적었지만 부처님의 대자비와 크나크신 사랑을 머리 속에 떠올려 보면 꿀을 먹는 듯 맛있게 먹게 된다.

가장 수고하신 분은 선생님들 같다. 우리를 위해 목이 터져라 외치셔서 목이 쉬어버리신 우리 지계반 깡다구 선생님과 예쁜이 선생님께 진심으로 감사하는 마음이 든다. 또 수련 전날 함께 지냈던 선생님께도 고맙다는 이야기를 전해드리고 싶다.

불교학교에 참가한 후 가장 인상 깊었던 일은 어젯밤에 열린 찬불가 대회였다. 그 동안 피나는 노력으로 목이 터지도록 연습한 우리들의 재주를 한껏 내보일 수 있었기 때문이다.

이번 불교학교를 통해 이제까지 모든 죄를 참회하며 앞으로 더 바르게 살아가리라는 다짐을 했다. 또 열심히 가르쳐 주신 여러 보살

님과 선생님, 스님들께 깊이 감사 드린다. 이 불교학교는 내 마음속
에 영원히 남을 것이다.

부처님의 큰 일꾼

이미정 · 안산 선부초등 6년

감히 쳐다보지 못할 정도로 싱그럽고도 푸른 밭과 하늘빛 투명한
강, 마지막으로 웅장함 그 자체인 산을 보며 얼굴에 맞닿는 신선한
바람을 맞으며 신흥사로 온 게 바로 조금 전만 같은데 눈 깜짝할 사
이에 수련회는 끝나고 지금 이 시간 글을 쓰고 있다.

2박 3일 그 동안 내가 보지도 하지도 않은 일에 설레는 가슴을 걷
잡을 수 없었다. 처음 본 신흥사를 한층 새롭게 보여주는 산이며 하
얀 공양실, 그리고 싱그러운 법당 나에게는 모든 게 아름답게만 보
이고 멋있게만 보였다. 2박 3일 수련회는 내게 어떠한 거룩한 힘이
랄까, 부처님에 대한 자부심과 절에서의 즐거운 생활을 마음속 깊이
뿌리를 내리게 했고 개인이 아닌 단체 활동으로 단결심과 협동심은
물론 남을 먼저 생각하게 하는 자비를 맛보게 하였다. 새벽예불 저
녁예불 그리고 신나는 부처님 이야기와 앞으로 내가 부처님의 큰 일
꾼이 될 수 있는 기회를 만들어 주신 모든 것이 은혜와 감사로만 느
껴졌던 것이다.

아이들이 너무 많아 가끔 화장실 문제로 불편한 점도 있었지만 말

이다. 수련회를 마치며 나는 수련회에서 있었던 일들을 생각하며 지금까지의 모든 죄는 잊고 부처님의 지혜로운 제자가 되어 어리석은 행동은 금지하고 영원히 잊지 못할 뜻깊은 이 수련회를 통해서 나는 물론 내 주위의 중생을 구하여 부처님의 큰 일꾼이 되겠다.

부처님 제자가 되어 기쁘다

유동아 · 안산 군사초등 4년

　기다리고 기다리던 신흥사에 왔다. 우리들은 모두 들뜬 마음으로 신흥사에 발을 한 발 한 발 조용히 들여 놓았다. 우리들은 맨 처음 큰 법당에 들어갔다. 인자하신 얼굴의 부처님께서 나를 반겨주시는 것 같았다. 기분이 좋았다. 나는 마음속으로 생각하며 부처님을 위해 법회를 정성껏 하였다. 잘 되지는 않았지만 부처님의 얼굴을 보니 나의 마음속에 있던 악한 마음들이 빠져 나가는 것 같았다. '나도 부처님의 제자가 될 수 있어.' 하고 생각하니 기분이 더 좋았다. 하루 하루가 지나가는 것이 너무 빠른 것 같았다.

　우리들은 주지스님의 법문도 들으면서 노지 장자처럼 너무 욕심을 부리지 말자는 것도 느꼈다. 모든 아이들에게 조그만 보탬이 될 것 같다. 나도 이 이야기를 모르는 아이들에게 이야기를 해줄 것이다. 아무튼 나는 부처님의 작은 제자가 되어서 기쁘다는 것을 느꼈다.

법문이 제일 재미있어요

예혜영 · 서울 상계초등 6년

짧은 여행을 하고 이 곳 신흥사에 도착하였다.

큰법당에서 부처님께 "저 왔어요." 하고 말하니 빙그레 웃으시며 한 마디 말없이 반겨 주셨다. 시간이 차츰 지나자 많은 법우들이 왔다. 작년에 만난 법우도 많이 왔다. 2박 3일 동안 큰스님의 법문은 언제 들어도 더 재미있었다. 몇 시간을 해도 지루하지 않게 들었다. 언제나 스님 법문에서 떠나기 싫었다.

이 곳 신흥사 공양은 어떨 땐 싱겁고 어떨 땐 짜다. 그러나 부처님을 생각하니 내가 좋아하는 초콜릿 맛 같았다.

겨울불교학교에 와서 제일 재미있는 것은 법문, 다음은 캠프파이어이다. 불꽃이 튀기고 불이 타오르는 것이 재미있기 때문이다. 그 중에서도 큰스님의 법문이다. 큰스님은 어디서 그렇게 좋은 법문이 술술 나오는지 신기했다. 나도 큰스님과 같이 좋은 생각을 갖고 언제나 부처님을 생각하여 꼭 큰스님같이 인자하고 착한 사람이 되어야겠다.

스스로 굳게 한 약속

이해미 · 서산초등 5년

12월 23일 아침, 오늘따라 햇살이 나를 비추었다. 참새들도 신나게 노래를 불렀다. 알고 보니 신흥사에 가는 날이다. 그래서 빨리 세수를 하고 가방에다 공양미, 세면도구, 필기도구 등을 챙기고 집을 떠났다. 신흥사에 올라오면서 많은 생각을 하였다. '친구는 많이 사귈까? 친구랑 친하게 지낼까? 어떻게 생활할까?' 하는 생각이 끊이지 않았다.

드디어 신흥사에 도착했다. 사무실에서 접수를 하였는데 인욕반이 되었다. 혼자 쓸쓸하게 노는데 혜경이 언니와 혜미를 만났다. 정말 반가운 언니 동생이었다.

제일 먼저 수련원에서 입제식을 하였다. 입제식을 하고 스님의 설법을 들었다. 스님의 설법은 즐거우면서 재미있기도 하고 교훈을 주기도 한다. 주지스님은 우리들을 위해 밤부터 '오늘은 무슨 재미있는 얘기를 해줄까?' 하며 생각했을 것이다. 아귀 귀신이야기, 노지 장자 이야기, 신일 장자 이야기, 99명을 죽인 앙굴리 말라 이야기 등을 해주셨다. 다 재미있었지만 아귀 귀신 이야기가 제일 재미있었다.

그 이튿날 우리는 부처님의 아들딸이 되기 위해서 수계식을 하였다. 어린이 오계와 삼귀의를 하며 부처님께 약속하였다. 그 뒤 연비를 하였다. 향으로 우리의 팔을 찍으셨다. 조금 따끔했지만, 부처님의 아들딸이 되기 위해서 꾹 참았다. 드디어 부처님의 딸이 되었다. 기분이 뜀 뛸 정도로 기뻤다. 수계증도 받고 어린이 오계도 하였다. 수계식을 한 뒤 내 마음은 갑자기 차분해지고 멍한 기분도 들었다.

부처님의 딸이 되니 스님의 설법 기도를 더 열심히 할 생각이 머리를 스쳤다. 밤에 찬란한 불꽃놀이를 하면서 다른 종교는 절대 믿지 않고 어린이 법회도 잘 나올 것을 내 스스로 굳게 약속하였다.

불기 2537(1993)년 겨울불교학교

세상에서 가장 위대한 것

박규남 · 동일초등 5년

이번 수련회는 내가 겪었던 캠프, 수련회 중에서 가장 기억에 남는 날로 기억하고 싶다. 내가 가장 존중하고 최고로 생각하는 부처님께 예불을 드리고 절을 하여서 내가 이 세상에서 가장 위대하다는 생각을 하였다.

스님의 설법도 듣고 맛있는 공양, 친구들과 선생님들과의 즐거운 만남, 간식시간, 예불 등 이런 것을 할 때마다 상쾌하고 기분이 매우 좋다. 그리고 여기서는 내가 모르던 이야기와 불교에 관한 이야기, 이런 것들이 얼마나 나에게 큰 도움을 주었는지 모른다. 그래서 그 힘으로 열심히 생활하며 자비하신 부처님께 예불을 많이 드릴 것이다.

부모님이 나를 보고 싶으시겠지만 기다리시라고 말씀드렸다. 부모님을 보고 싶은 마음을 억누르면서 수계식을 거행하였다. 수계하면서 이제부터는 '착한 일을 하고 열심히 공부하며 부모님 걱정 안 시키게 해 드려야지' 라고 내 마음속으로 굳게 다짐을 하였다.

신흥사의 수련회를 마치며 하고 싶은 말은 다음에도 이런 자리를 마련했으면 좋겠고 내가 지금까지 겪어온 수련회 중에서 가장 기억에 남는 날로 기억을 하고 싶다. 그리고 여기서 사귄 친구들도 꼭 다시 만나고 싶다. 신흥사 안녕!

여름불교학교에서 얻은 소득

최재혁 · 창경초등 6년

나는 스님의 편지로 불교학교가 있다는 소식을 들었다. 6학년이라서 어린이 불교학교는 마지막 기회이기 때문에 왔다. 여기 오기 전날 밤 '밥이 맛있을까?' 하는 생각을 했다. 왜냐하면 나는 편식을 조금 하는데 맛이 있었던 적이 없었기 때문이다. 하지만 여기는 내 생각과는 딴판이었다. 밥이 너무 맛있었기 때문이다.

나는 아침 일찍 일어나 절에서 차를 탔다. 그리고 차에서 노래를 부르는데 재미있어서 큰 소리로 노래를 불렀다.

절에 도착하여 보니 절은 멋있고 신식건물이라 좀 놀랐다. 원래 절은 나무로 만든 기와집인 줄로만 알았는데 벽돌로 건물을 지어서 놀라웠다. 그리고 옆에 자비 유치원이란 차가 있었다. 그 차를 보니 옛날에 다니던 절의 유치원이 있었는데 이름이 비슷해서 나랑 제일 친하던 친구가 왔을 수도 있을 것이라 생각했다. 아니나 다를까 역시 그 친구를 공양을 먹으러 식당에 가다가 만났다. 무척 반가웠다.

반이 배정되었는데 나는 '숙명반'이 되었다. 선생님은 여자 선생님이셨는데 매우 예쁜 선생님이어서 좋았다. 반장은 6학년을 두 명 시켜 주셨는데 그 때는 기분이 더 좋았다. 스님 법문을 들었는데 내가 음식을 잘 남기는 건 어떻게 아셨는지 음식을 남겨서 아귀 귀신이 된 이야기를 해주셨다. 그 이야기를 들으니 나는 가슴이 뜨끔했다. 내가 아귀 귀신이 될 것 같아서였다. 그래서 이제부터는 밥을 맛있게 먹기로 다짐했다.

이번 여행을 통해 나는 밥을 남기지 않고 잘 먹을 것을 다짐하게
되었는데 이것이 가장 큰 소득인 것 같다. 이번 여름불교학교는 기
억 속에 길이 남을 추억이 될 것이다.

하늘을 날 것같이 좋았다

송미경 · 서울 창경초등 5년

이번 신흥사의 여름불교학교는 반야정사 선생님의 소개로 많은 친
구들과 단체로 오게 되었다. 원래는 아람단 캠프를 가려고 했지만
선생님께서 나누어주신 여름방학 불교학교의 프로그램을 보고 나서
생각이 바뀌었다. 큰스님의 법문, 캠프파이어, 불꽃놀이, 글짓기 시
간들이 내 마음에 기대감을 불어넣어 줬기 때문이다.

선생님과 보살님 몇 분, 각도 스님 그리고 많은 친구들과 함께 고
속버스 2대를 타고 신흥사로 향했다. 고속버스와 도로는 기대감에
부푼 내 마음을 아는지 씽씽 달려주었고 도로는 고속버스를 힘껏 밀
어주었다.

드디어 신흥사! 하얀 꿈을 칠해 놓은 수련원 건물, 바닥에 깔려 있
는 자갈들, 푸른 희망을 칠해 놓은 나무들, 부처님 사랑을 담은 큰 법
당 등이 나를 감탄케 하였다. 짐을 내려놓은 나는 공양미를 부처님
께 올리고 삼배를 했다. 부처님께서 나에게 "오느라고 수고했구나.
그 동안 스님 말씀 잘 듣고 열심히 생활해라."라고 말씀해 주시는 것

만 같았다.

점심을 먹고 연꽃이 그려진 분홍색 티셔츠로 갈아입었다. 저녁 예불 시간이 되었다. 처음엔 좀 낯설었지만 큰스님의 낮은 음성의 염불소리, 부처님의 인자한 웃음, 목탁 소리가 그런 기분을 남김없이 쓸어 주었다. 정근 시간에는 비상금으로 가져온 천 원을 부처님께 올렸다. 비록 내 주머니 속에서 꼬깃꼬깃 접혀있던 돈이지만 왠지 기분이 하늘을 날 것같이 좋았다.

그 날 밤은 잠이 통 오질 않아 거의 새다시피 하고 친구와 이야기를 하였다. 이야깃거리는 수도 없이 많았다. 하지만 그 다음날 새벽 예불은 잠을 자지 못한 까닭으로 졸려 후회가 되었다.

큰스님의 법문 중 가장 재미있었던 것은 아귀동자의 이야기였다. 이 법문의 교훈은 점심을 먹지 않고 남겨 버리는 나에게 무척 중요하였다. 법문을 들으면서 벌을 받는 아귀동자처럼 아귀가 되면 어쩌나 하는 생각도 들었다. 그 때 소말리아 어린이들의 배고픈 눈빛이 생각나 내 자신이 한심하게 느껴졌다.

여름불교학교가 끝나니 모두에게 감사하고 싶어졌다.

"좋은 말씀해주시던 큰스님, 자비를 베풀어주신 부처님, 그 동안 보살펴 주신 선생님 감사합니다. 사이좋게 지내던 친구들아 고마워."

이제부터는 부처님 말씀대로 실천하며 친구들과 이웃에게 자비를 베풀도록 노력하겠다.

법명처럼 '크게 깨달은 꽃'이 되리라

윤나 · 창경 초등 5년

이번 어린이 불교학교 소식을 부모님께 들었다. 프로그램을 보니 무척 재미있을 것 같아서 신청하였다. 하나님을 믿는 아이들은 교회에서 캠프 간다고 좋아하였던 것이 부러웠는데 잘 되었다고 생각했다. 불교학교에 오기 전날은 무척 떨려 잠이 오지 않았다. 다음 날 부모님과 이별을 했다. 눈물이 나오려고 하는데 부모님께 걱정을 끼쳐 드리지 않으려고 꾹 참았다.

절에 도착했을 때, '와 저렇게 멋진 절도 있구나!' 하고 놀랐다.

큰스님께서 우리에게 많은 법문을 해주셨는데 그 중 수계식 전에 해주신 설법이 가장 재미있었다. 나는 전래 동화나 신화를 좋아하기 때문에 열심히 들었다. 그리고 5가지 지켜야 할 일을 지키겠다고 했으니 꼭 지키도록 노력해야겠다. 수계식 때 우리가 만든 연꽃을 부처님께 올렸다. 불품은 없었지만 겉모양보다는 정성이 중요하다는 생각이 들었다. 내 법명은 대각화였다. '크게 깨달은 꽃'이라고 선생님께서 말씀해 주셨다. 내 법명처럼 크게 깨달은 내가 되어야겠다.

힘들었던 것은 새벽 예불이었다. 아침잠이 많던 나에게는 무척 힘들었다. 하지만 나만 힘들지 않았을 것이란 생각도 든다. 밤에 잘 때는 눈에 부모님의 자상하신 모습이 선했다. 평소엔 잘 몰랐는데 부모님은 참 고마운 분이라는 것을 알았다. 이번 캠프로 부처님의 아들딸이 되어 부처님의 자비로운 말씀을 널리 온 국민에게 전하고 싶다.

불기 2538(1994)년 여름불교학교

참 재미있는 불교학교

홍수경 · 서신초등 1년

불교학교에 오게 된 건 엄마가 다녀오라고 해서다. 신흥사 불교학교에 오면서 '저번 여름불교학교 때는 친구를 못 사귀었는데, 이번에는 친구를 많이 사귀어야 하겠다.' 이런 생각을 했다. 불교학교에 오며 느낀 게 하나 있다. 신흥사는 산에 있어서 춥구나, 이런 느낌이 들었다. 불교학교에서 불꽃놀이를 하였는데 참 재미있었다. 불교학교에 와서 힘들었던 게 있다. 아침예불, 절하는 것, 스님 법문시간에 졸음이 오는데 참는 것, 공양 시간에 줄서서 기다리는 것, 이런 게 힘들었다. 불교학교를 마치며 나의 소감은 참 재미있었다.

모든 게 그리워질 것이다

손은규 · 범계초등 5년

7월 23일 꿈에도 그리던 신흥사 여름불교학교가 열렸다. 가는 동안 마음이 설레이고 기대감이 많았다. 나로서는 처음 와보는 여름불교학교이기 때문이다. 차를 타고 오면서 나무, 산, 논밭, 꽃, 약수터, 계곡 등이 많이 있었다. 그 때문인지 모르지만 신흥사에 와서 가장 먼저 느낀 것이 공기가 매우 맑은 것이었다.

우리 신흥사 큰스님의 법문은 너무나 뜻 깊었다. 그 중 공양과 아귀귀신 이야기는 우리에게 재미와 스님의 깊은 뜻을 안겨 주었다.

이번 여름불교학교를 마치고 느낀 점이 많다. 부모님의 사랑이 절로 생각났고 부처님의 아들이 되어 기쁘다는 점이다. 이제 부처님의 아들로 부처님을 더욱 잘 믿고 따라야겠다. 이 절을 떠나면 친구들과 선생님이 그리워질 것이다. 그럼 빨리 내년에 와서 친구들과 선생님을 만나야겠다. 이번 신흥사 여름불교학교는 내 생전의 좋은 추억이 될 것이다.

내 마음을 푸른 물같이 맑게 해주신 부처님

김단비 · 서울 성원초등 5년

나는 이번 여름 방학을 즐겁고 알차게 보내고 싶었다. 그래서 친구의 소개를 받아 오게 되었다. 처음엔 재미가 없을 것 같아서 오기가 싫었는데 어머니께서 5학년 방학 동안 좋은 추억이 될 것이라고 말씀하였다. 막상 절에 와보니 무엇보다 눈에 확 뜨인 것은 바로 내 앞에 우뚝 서 있는 큰 절이었다. 바로 법당에 들어갔다. 인자하게 생기신 부처님께서 어서 오라고 손짓하시는 것 같았다. 부처님은 내 마음을 푸른 물같이 맑게 해주셨다.

첫날 우리들은 부처님께 절을 하고 교육관에서 노래를 부르고 춤을 추고 신나게 놀았다. 신나게 놀다보니 시간 가는 줄도 몰랐다.

꼬끼오! 닭은 안 울었지만 선생님께서 깨우시는 목소리가 들려왔
다. 깨끗이 씻고 부처님께 예불을 드렸다. 부처님께서도 한층 더 인
자하게 보이셨다.

저녁에 장기자랑을 하고 캠프파이어를 하였다. 불꽃이 활활 튀어
오르는 것이 무척이나 아름다웠다. 잠자리에 들어 이틀 동안의 정리
를 하고 잠이 들었다. 신흥사에 오기를 잘했다고 생각했다. 불편한
점도 있지만 서로 친해질 수 있어서 기뻤다.

미소로써 반겨주신 부처님!

김수정 · 포항 중앙초등 5년

신흥사에 올 때 새벽 5시에 일어나서 5시 30분에 차를 탔다. 아이
들 모두 차에서 잤다. 많은 휴게소를 지나 드디어 신흥사에 도착했
다. 아이들은 절이 너무 커서 놀랐는지 '우와' 하며 소리 질렀다. 큰
법당에 가니 은은한 웃음을 띤 부처님이 보였다.

수련회장에서 스님께서 아귀귀신 이야기를 들려 주셨다. 밥을 남
기면 아귀귀신이 된다는 이야기를 들으며 이제는 밥을 남기지 말아
야겠다는 생각이 들었다. 다음날 아침 5시에 일어나서 예불을 하였
다. 너무나 아파서 울고 말았다. 선생님께서 쉬라고 하셨다. 아파서
빠졌는데 나말고 다른 아이가 있었다. 그 애랑 친구가 되었다. 우린
많은 이야기를 나누었다. 밤에 연꽃을 들고 '석가모니불' 하며 절을

한 바퀴 돌았다.

 수련회를 마칠 때 예불을 게을리 해서 안타까웠다. 또 이런 기회가
있으면 그 때는 무릎이 다 나아서 예불을 할 때 열심히 해야겠다.

불기 2539(1995)년 여름불교학교

여자 주지스님

심민선 · 매송초등 3년

여자 주지스님

여자 스님이셔서
눈이 말똥말똥한 우리들

하지만 설법은
기가 막히지

예불 시간에 목소리도
기가 막히지

불교에는 천재이신
우리 신흥사 여자 주지스님

이제부터 부처님을 믿겠습니다

문검두 · 매송초등 4년

높고 높은 자비와 훌륭한 지혜로 한 평생을 많은 사람들을 위해 살다 가신 석가모니 부처님 안녕하세요?

저는 짧지만 길게 느껴졌던 2박 3일 동안 많은 자비와 지혜, 또 어린이 오계와 부처님에 대한 이야기, 노래 많이 듣고 수계도 하여 진짜 부처님의 제자와 아들딸이 되었습니다. 부처님 저는 부처님을 안 믿고 기독교의 하느님을 믿어왔습니다. 그러나 이번 불교학교에 와서 부처님의 많은 자비심과 지혜를 듣고 이제부터 부처님을 믿기로 마음이 바뀌었습니다.

부처님 저는 어제 수계식에서 죄를 씻고 부처님의 아들이 되었습니다. 그러니 앞으로 착한 일을 하게 마음 속에서 도와주시고 저희 가족 모두 건강히 오래 살게 해 주십시오. 안녕히 계십시오.

부처님의 아들 문검두 올림.

큰스님 이야기를 잊지 못할 것 같다

홍효경 · 서신초등 6년

나는 이번 수련회가 초등학교의 마지막 수련회이다. 그래서인지

예전의 불교학교 때보다 더욱 와야겠다고 생각했고, 부모님께서도
권하셨다.

　동생들과 신흥사에 천천히 걸어오면서 다른 때보다 더욱더 잘해야
겠다는 생각이 들었다. 매주 오는 신흥사인데 왠지 더 크고 거룩하
게 보였다. 부처님께 공양미를 올리고 접수를 했다. 이번 수련회에
서는 수계식과 큰스님 이야기를 잊지 못할 것 같다. 부처님께서 바
보 추리판타카를 똑똑한 사람으로 만드셨다는 말에 무척 놀랐다. 또
아귀귀신 이야기를 들으며 그 동안 나의 잘못을 깊게 뉘우쳤다. 그
전까지만 해도 먹기 싫은 것은 남기고 버리곤 했는데 다음부터는 그
러지 않을 것이다.

　이번 수계식을 바탕으로 다시는 나쁜 짓을 안 할 것이며 부처님의
아들딸이 된 것을 자랑스럽게 생각한다. 그리고 수련회를 열심히 나
와서 부처님의 거룩하신 가르침을 많이 배워 자랑스런 아들딸이 되
겠다.

저는 즐겁게 생활하고 있어요

임화양 · 매송초등 6년

어머니께

어머니 안녕하세요? 저는 화양이에요.

　여기는 경기도 화성의 신흥사인데 즐겁게 법문을 배우고 있어요.
처음에는 크리스마스 연휴에 절에서 지내라는 어머니를 원망하고

신흥사에 와서도 한참 지루하다고 생각했지만 나중에는 저도 선생님들의 친절한 배려와 지도로 잘 적응할 수 있었어요.

어머니께서는 낮에는 제가 즐겁게 지내도 밥 먹을 때 반찬이 맛있는 것이 없어서 안 먹고 남기며 밤에 잘 때는 고생하지 않을까 걱정하셨죠?

걱정 마세요. 여기에서는 우리들의 즐거운 겨울불교학교를 위해서 안락한 잠자리와 맛있는 공양을 준비해주셨어요. 참 고마우신 불자님들이시죠?

때로는 엄숙히 아침과 저녁 예불도 보고 점심에는 큰스님의 설법도 들으며 또한 계를 받는 수계식을 하며 부처님의 착한 아들딸이 되어 가는 뜻 깊은 시간도 보냈어요.

어떠세요? 이 글만 읽으시어도 저의 즐겁고도 뜻 깊은 시간을 아실 수 있겠지요?

나머지 이야기는 나중으로 미루고 저는 오늘도 부처님의 자비로우신 도량 안에서 즐겁게 생활하고 있어요.

불기 2539(1995)년 겨울불교학교

교회보다 불교학교가 더 좋다

신동윤 · 오현초등 3년

내가 이 절에 오기까지 오랜 시간이 걸렸다. 3시간이 걸려 머리가 아프기도 하였다. 도착하기 전 많은 풍경을 보았다. 꼭 그림을 그리고 싶었다.

도착해 먼저 큰법당에 올라가 절을 하였다. 부처님이 나를 보고 웃는 것 같았다. 절을 하고 내려와 멋진 셔츠를 입었다. 나한테 꼭 어울렸다.

스님들이 부처님에 대한 이야기를 해주셨다. 그 때 스님이 친절한 것을 알게 되었다. 여러 가지 프로그램에서 찬불동요가 제일 재미있었다. 왜냐하면 찬불동요를 부르면 머리에 부처님의 생각이 들기 때문이다. 난 솔직히 교회에서 필통을 준다고 해서 한번 가봤더니 재미가 없었다. 지금 내가 있는 불교학교가 더 좋았다. 밤이 되자 장기자랑을 하였다. 우리 차례가 되자 열심히 하였다. 춤도 추었다. 다음 겨울방학에 또 왔으면 좋겠다.

세상에서 가장 거룩한 이야기

김동현 · 서울 용산초등 6년

7월 23일, 친구들과 함께 원광사에서 출발하여 오랜 시간 끝에 신흥사에 도착했다. 스님께서 들어오셔서 세상에서 가장 거룩한 이야기를 해주셨다. 그 다음 찬불가를 부르고 우리반끼리 모여 구호와 찬불가를 정해 연습을 하였다.

7월 24일, 새벽 5시에 일어났다. 잠이 덜 깬 것 같았지만 세면실에 가서 세수를 해보니 별로 졸리지 않았다. 스님께서 수계 설법을 해주셨다. 그 중에서 부모님에 대한 공경이 제일 감동적이었다.

7월 25일, 세수를 하고 큰 법당에 가서 예불을 한 다음 사리탑을 돌았다. 아침 공양을 했다. 그리고 대청소를 한 다음 글짓기를 썼다. 지금 쓰는 것이 이 글짓기이다. 다음 여름불교학교 때도 꼭 올 것이다.

부처님! 들으셨어요?

정선영 · 인천 부평초등 5년

안녕하세요? 부처님. 저는 부처님 품속에서 3일 동안 지낸 선영이라고 합니다.

저는 여기 불교학교에 와서 많은 것을 배웠어요.

첫째는 공양 시간에 편식하는 것을 고쳤어요. 처음에 절의 음식을 먹을 땐 편식을 많이 했는데 불교학교에 와서 아귀귀신의 이야기도 알고 또 골고루 먹는 습관을 들여서 지금은 남기지 않고 골고루 다 먹어요.

둘째는 친구를 많이 사귀었어요. 처음엔 서먹서먹했지만 모두 부처님의 아들, 딸들이 된 후로 사이좋게 지내게 되었어요.

부처님께 예불 드릴 때 우리 가족이 건강하게 해주시라고 부탁드렸는데 들으셨어요?

저는 큰스님의 부모은중경 이야기를 듣고 쉬는 시간에 화장실에서 문 잠그고 울었어요. 부모님이 보고 싶어서 자꾸만 눈물이 났어요. 그래서 부모님께 전화할 때가 제일 좋았어요.

마음만 먹으면 얼마든지 할 수 있다

손정환 · 성동초등 4년

내가 이 어린이 불교학교에 오게 된 것은 부모님의 권유 때문이다. 부모님께서는 형제간의 우애를 다지고 가족의 중요성을 알고 나의 버릇을 고치고 오라고 하셨다.

나는 엄마, 아빠, 이모, 사촌동생, 동생과 함께 아침 9시에 집에서 출발하였다. 신흥사로 가면서 '내 옛 친구들도 있을까, 동생이 울지는 않을까?' 걱정되었지만 한편으로는 재미있을 것 같은 기대로 마음이 들떴다.

신흥사에 도착하여 둘러보니 마음이 상쾌해지고 즐거웠으며 법당의 규모가 웅장한 것이 정말 아름다웠다. 그래서 부모님께 "재미있을 것 같으니까 안심하고 돌아가세요."라고 말했다.

부모님이 돌아가시자 처음엔 엄마가 많이 보고 싶었지만 불교학교가 점점 재미있고 친구도 많이 사귀게 되어 잘 지낼 수 있었다.

큰스님이 해주신 이야기 중 '세상에서 가장 거룩한 부처님 이야기'가 기억에 남는다. 부처님께서는 신통력이 많고 훌륭하시기 때문에 악한 사람도 제자로 삼아 착한 사람으로 만드신다고 하셨다.

또 어제 밤에 했던 캠프파이어가 제일 인상 깊었다. 신나게 춤을 추는 시간이 많았고 촛불제와 불꽃놀이를 하며 나무토막을 불태우는 것이 재미있었다.

3일 동안 즐거운 수련회를 하며 동생과의 우애도 더 돈독해지고 부모님의 고마움도 새삼 깨닫게 되었다. 게을렀던 나의 나쁜 버릇도 고쳤으니 마음만 먹으면 얼마든지 할 수 있다는 것도 알게 되었다. 다음 신흥사 겨울수련회에도 꼭 참가하여 그 동안 사귄 형, 누나, 친구들을 다시 볼 수 있었으면 좋겠다.

내 친구 진희에게

최부경 · 인천 선학초등 4년

진희야, 무더운 여름 날 어떻게 지내니? 나는 지금 신흥사 수련회에 와서 너에게 편지를 쓰고 있어. 오늘이 마지막 날인데 너와 같이 꼭 오고 싶었어. 그래서 대신 편지로 설명을 할게.

먼저 나는 절에서 선생님을 따라서 친구들과 함께 관광버스를 타고 왔어. 수련회는 처음이라 차에서 많은 걱정을 했는데, 한편으로는 설레고 기분도 즐거웠어.

신흥사에 도착해서 옷을 갈아입고 큰법당에 가서 법회를 했어. 처음엔 솔직히 꾸벅꾸벅 졸기도 했는데 이제는 그렇지 않아. 큰스님 설법도 재밌었고 인내심도 키워진 것 같아. 큰스님 말씀 중에 가장 기억에 남는 건 '부모은중경' 인데, 부모님의 은혜에 깊이 감사드리고 효도해야겠다는 생각을 했어.

어제는 장기자랑대회를 열었는데 우리 반은 에어로빅을 했어. 너무나도 신나고 재미있어서 다음에 너에게도 가르쳐주고 싶어. 밤에는 캠프파이어와 불꽃놀이를 했는데 밤하늘에 수놓은 화려한 불빛을 보며 환호성을 지르기도 했어.

내가 여기에 오지 않았더라면 많은 후회를 했을 정도로 좋은 수련회였어. 겨울에도 수련회를 한다고 하니 꼭 또 오고 싶어. 그 때는 너와 같이 와서 부처님께 인사드리고 즐거운 시간을 보냈으면 좋겠다.

자세한 얘기는 우리 만나서 하고, 이만 줄일게. 잘 있어.

불기 2541(1997)년 여름불교학교

열심히 노력한 장기자랑

김진영 · 상도초등 4년

불교학교에 온 지 이틀째 조금 이른 저녁 예불 전이었다. 우리 '천 안반'은 장기 자랑인 소고를 잘하는 사람이 없어서 옆반인 '천이반' 선생님께 부탁해서 소고를 쳤다.

"덩더쿵 덩더쿵 쿵덕쿵덕?"

'이거 소고도 치기가 어렵고 힘들구나!'

나는 평소에 '쿵쿵쿵' 치던 소고가 이렇게 어려운 줄은 몰랐다. 그 러나 기초를 조금 배우니 소고 치는 것이 즐겁고 경쾌해졌다.

그래서 우리는 늦게까지 연습을 하고 저녁 공양을 번개와 총알보 다 빨리 먹고 소고 연습을 했다. 드디어 장기 자랑이 시작되었다. 여 러 반이 훌륭하고 예쁜 것을 많이 해서 기가 죽었다. 하지만 '노력' 이라는 글자만 생각했다.

드디어 우리 차례가 왔다. 우리는 열심히 노력했지만 다른 반의 실 력에 미치지 못했다. 하지만 우리를 믿는 아이들 덕에 힘을 냈다. 결 과는 나빴지만 그 동안의 노력에 큰 뿌듯함을 느꼈다.

800년 된 은행나무 목신 이야기를 듣고…

곽미정 · 서당초등 4년

우리 집은 불교를 믿어서 일요일마다 장안사에 간다. 그런 어느 날 신흥사에서 캠프를 한다는 소리를 듣고 왔다. 스님의 설법은 쉬다가 들으면 정말 재미있다. 800년 된 은행나무 목신이야기가 제일 재미있었는데 그 이야기는 천수경을 읽으면 800년 된 은행나무 목신도 손쓸 방법이 없다는 이야기이다. 그 이야기를 듣고서 왜 매일 우리 엄마가 천수경을 읽으시는 줄 알게 되었다.

이번 불교학교에서 고칠 점을 발견했다. 바로 참선할 때 가만히 있는 것이다. 다음에는 부처님이 되어야지….

다음 캠프도 꼭 와서 바른 모습으로 참선을 열심히 할 것이다.

잊지 못할 수계식

박세희 · 금촌초등 4년

아침에 내 동생이 와서 오늘 수계식을 한다고 했다. 그러면서 수계식은 타고 있는 향을 살에 대고 지진다고 겁을 주었다. 난 놀라서 시간표를 보았더니 9시가 수계식이었다. 시간이 점점 흘러서 수계식이 시작되었다. 먼저 스님의 설법으로 시작되었다. 설법 내용은 수계식

을 받으면 지켜야 할 삼귀의 오계였다. 설법이 끝나고 선생님이 나
누어주신 앞치마 같은 만의 가사를 입고 선생님과 스님들이 향으로
팔을 찍어 주셨다. 나도 찍어 주셨는데 아프지 않았다.

스님께서 이제 우리는 부처님의 아들딸이 되었다고 말씀하셨다.
나는 이렇게 마음이 편해지는 수계식을 무서워한 내가 부끄러웠다.

많은 것을 마음의 바구니에 담아왔다

김광 · 청솔초등 4년

비록 3일 동안이지만 부처님의 제자가 될 수 있다고 생각하니 어
깨가 으쓱해졌다. 하지만 일정표를 보니 새벽 5시에 일어나 예불을
1시간이나 하고 저녁에도 예불해야 한다고 생각하니 힘이 다시 쭉
빠졌다.

그러나 나는 나 자신에게 용기를 불어넣어 설법을 들었다. 그 중에
산 목숨을 죽이지 말라는 이야기가 기억에 남는다. 이야기를 듣고
내가 곤충을 얼마나 괴롭혔나에 대해 반성해 보았다. 너무 허무하게
죽인 것 같다.

반성으로 하루 보내고 두 번째 날이 시작되었다. 두 번째 날은 분
위기가 달랐다. 벌써 천수경도 재미있고 처음에는 꾸중하는 것 같던
부처님 얼굴이 웃는 것 같았다.

수계식이 되었다. 정식으로 부처님 제자가 되었다고 생각하니 너

무 기뻤다. 절로 '관세음보살' 하고 외워졌다.

　이제 조금 있으면 집으로 간다. 이제부터 반찬 투정을 하지 않겠다. 생명을 죽이지 않겠다. 눈에 보이지 않지만 많은 것을 마음의 바구니에 담아 가는 것 같다.

예불과 참선으로 마음이 편해졌다

정다미 · 삼일초등 4년

　외할머니의 권유로 이 곳에 온 내게는 3일 동안 잘 버틸 수 있을지가 걱정이 되었다. 그러나 재미있는 이야기를 듣고 나서 걱정과 불안함은 사라지고 오히려 언제 그랬냐는 듯 신나게 놀았다. 그리고 스님이 해주신 이야기는 참 많았는데 그 중에서 신흥사의 유래가 가장 신기하고 재미있었다. 이야기를 듣고서는 남을 도와주며 살아야 한다는 것을 알았다. 또 프로그램 중에서는 찬불가 활동이 가장 재미있었지만 나의 기억에 남는 것은 아침, 저녁마다 하는 예불이었다. 매일 덜렁대며 물건을 자주 잃어버리고, 5분도 자리에 못 앉던 내가 차분해진 것은 참선을 하니 마음이 편했기 때문이다.

　집에 가면 어린이 오계에 있는 대로 산 생명을 죽이지 않고 친구들과 싸우지 않으며 남의 물건을 훔치지 않고 부모님께 효도하고 거짓말을 하지 않는 생활을 해야겠다.

불기 2543(1999)년 여름불교학교

큰스님이 들려주신 재미있는 이야기

최재승 · 전북 이리 동남초등 6년

내가 보낸 이번 불교학교는 그 어느 때보다 즐겁고 재미있었다. 바로 큰스님의 재미있는 이야기 때문이었다. 어머니의 권유로 왔지만 후회 없이 참 재미있었다.

첫 번째 설법 시간에는 우리가 하지 말아야 하는 일을 말씀해 주셨는데, 어린이 5계라는 것이었다. 또 아귀귀신에 대해 말씀해 주셨는데 정말 재미있고 신기하였다.

나는 언제나 설법시간이 기다려졌다. 왜냐하면 큰스님이 재미있고 신기한 이야기를 해 주시기 때문이다. 들은 이야기 중에서 가장 재미있었던 이야기는 800년 된 은행나무 목신이 상처를 입어 상처 입힌 가족을 죽이려 했는데 주인 영감님이 천수경 기도를 해서 막을 수 있었던 이야기다. 이번 불교학교는 큰스님의 이야기 때문에 정말 즐겁고 재미있었던 것 같다.

부처님 사랑해요

최승하 · 사강초등 1년

부처님 저는 부처님을 처음 만났을 때 절하는 법도 몰랐고 반절 하는 것만 알았습니다. 그런 제가 이제 수련대회를 간 것입니다. 그 때야 절하는 법을 알았던 저는 제가 너무 부끄러워서 어쩔 수가 없었습니다. 저는 부처님만 믿어오겠다고 결심했습니다. 부처님은 누가 따라온다고 해도 따라오지 못할 것입니다. 부처님 사랑해요.

불기 2543(1999)년 겨울불교학교

존경하는 큰스님께

한나라 · 인천 연성초등 6년

스님, 안녕하세요. 저는 인천에 사는 6학년 한나라입니다.

새하얀 눈이 소복소복 쌓이는 계절, 스님 건강은 어떠하신지요.

처음에 할머니 손잡고 따라와 아는 사람도 없고, 모든 것이 낯설기만 했지만 스님의 설법도 듣고, 여러 가지 프로그램을 하면서 친구들도 사귀고 어린이 겨울불교학교가 즐거웠습니다.

스님께서 해 주셨던 아귀 귀신 이야기나 은행나무 목신 이야기는 정말 재미있었어요. 아귀 귀신 이야기를 듣고서 밥을 남겨서는 안 된다는 것을 다시 한번 느꼈고, 은행나무 목신 이야기를 듣고서 아무리 하찮은 생물이라도 다 같은 존재이기 때문에 함부로 죽여서는 안 된다는 생각이 들었어요.

수계식을 할 때 무서웠지만 스님의 설법을 들으면서 하니까 정말 재미있었어요. 이젠 정말 부처님의 제자가 되는구나 하는 생각이 들었고 앞으로 더 부처님을 잘 따라야겠다는 생각이 들었어요. 장기자랑을 할 때, 스님께서 저희들의 재주를 보시고 흐뭇하고 즐거워하시는 모습을 보니, 저도 마음이 즐거웠어요.

스님! 저는 지금까지 부처님의 뜻에 따르고, 기도도 열심히 해야 하는데 그렇지 못한 적이 많았거든요. 그러나 불교학교에 왔으니까 달라져야 할 것 같아요. 이제는 기도도 열심히 하고 참선도 하고 부처님을 항상 생각하고 있을 거예요.

스님은 부처님처럼 훌륭하시니까 지켜봐 주세요. 그리고 항상 건강하시고 앞으로도 계속 재미있는 설법을 해 주셨으면 해요.

한나라 올림.

우리에게 제일 좋은 날

김혜윤 · 군산대부속초등 6년

새천년 새로운 세계가 열린 2000년! 여름불교학교가 열린 7월 23일, 나는 우리 가족들과 함께 놀러 가는 것도 팽개치고 여기 여름불교학교에 왔다. 우리 가족들과 같이 놀러 갔다면 나에게 이렇게 많은 도움이 되지 않았을 것이다. 짧은 동안이었지만 친구들과도 친해지고 여기 와서 친구도 부쩍 늘었다.

지금 현재 제일 기억에 남는 것은 주지스님과 은행나무 목신, 아귀 귀신, 아난존자 이야기다. 주지스님께서는 말씀도 아주 조리 있게 잘 하신다. 그래서인지 다른 스님께서 말씀하시는 것보다 이해가 더 잘 되는 것 같다.

은행나무 목신은 도둑질은 하였지만 부처님께 용서를 빌고 잘못을 뉘우쳐서 정말 착한 목신이 되었다. 무엇보다 감명이 깊었던 것은 참을성과 자기 발등에 장작을 패는 사람을 죽이지 않고 용서를 해주는 그 마음을 본받고 싶다.

아귀 귀신은 정말 불쌍하기도 하지만 남의 탓으로 미루는 것은 정말 좋지 못한 행동이라 생각한다. 나는 아귀 귀신처럼 되기 싫으므로 지금이라도 밥알 하나도 남김없이 먹어야겠다.

둘째 날은 우리에게 제일 좋은 날이었다. 불꽃놀이도 하고 춤도 추었으며 이 날은 수계식을 하여 부처님의 참 제자도 되고, 정말 좋은 하루였다.

불기 2544(2000)년 여름불교학교

생명을 살려주면 복이 온다

김현지 · 금정초등 3년

불교학교에 와서 한 일을 생각해 보았다. 낯설었지만 친구들도 많이 사귀고 부처님의 자비심도 알게 되었다. 또 예전에는 내가 불교를 믿는다는 것을 부끄러워했지만 이제는 절대로 부끄러워하지 않을 것이다. 그리고 부처님에 대한 이야기를 친구들에게 많이 해줄 것이다.

1960년도에 있었던 이야기인데, 저 태평양 항해를 하던 배가 큰 파도를 만나 조난 당해 선원들이 거의 다 죽고, 딱 한 사람만 살았다고 한다. 29살된 그 사람은 큰 거북이 등에 업혀 구조되었는데, 그 사람 어머니가 아들을 위해 일주일에 한 번씩 부산 앞바다에 거북이를 놔주어 살려주었다고 한다. 어머니가 거북이를 바다에 놓아주었는데, 그 아들이 바다에 빠지니 거북이가 아들을 구해 주었다는 말씀이 재미있었다. 나는 또 느꼈다. 생명을 살려주면 복이 온다는 것을 말이다.

사실은 나는 오기 싫어했는데 어머니께서 내가 요즘 나쁜 짓을 많이 한다고, 또 공부는 안 하고 놀기만 한다고 했다. 그런 행동을 반성해야겠다. 엄마, 보내주셔서 감사합니다.

아귀 귀신 이야기를 듣고…

안예선 · 군포 태을초등 6년

안녕? 나 예선이야.

나는 이번 불교학교에 아빠가 가라고 해서 왔지만 무척 재미있었어.

스님이 하신 설법 중에서 가장 기억에 남는 설법이 있어. 한 동자승이 밥도 버리고 반찬도 먹기 싫은 것도 먹지 않고 버려서 죽은 후에 아귀 귀신이 되었지만 스님의 정성어린 기도로 아귀 귀신에서 풀려났다는 거야. 아귀 귀신은 배가 남산처럼 크고 목구멍은 아주 작아서 음식을 못 먹지. 먹기만 하면 입에서 불이 뿜어 나온다는 아주 고통스러운 귀신이야. 나는 이야기를 듣고 지금까지 반찬 투정을 하고 그런 것이 좀 무서웠어.

내가 지금까지 거짓말도 많이 하고 친구들과 싸우기도 하고 나쁜 일을 많이 한 것을 이번 기회로 반성하고 고치고 싶어. 이제부터는 반찬 투정도 안 하고 나쁜 짓 안 하는 예선이가 될 거야.

친구들에게 부처님을 알려주기로 결심했어요

이민주 · 원동초등 4년

부처님께,

부처님 안녕하세요? 저는 민주예요.

저도 어렸을 때는 교회에 나가려고 했었죠. 그 때마다 할머니, 어머니께서 절에 대한 믿음을 심어 주셨죠. 만약 엄마와 할머니께서 가만히 계셨더라면…. 저는 상상하기가 싫어요.

불교학교에 올 때는 나도 꼭 부처님이 되어야겠다고 생각했어요. 저는 수계식을 할 때 부처님의 아들딸이 되어서 부처님의 거룩함과 자비심을 모르는 친구들에게 알려주기로 결심했어요. 앞으로는 규칙적으로 생활해야겠다고 다짐했고 불교학교도 열심히 나올 것입니다.

불꽃놀이를 할 때 눈 내려 주셔서 감사합니다. 꼭 부처님이 되고 싶어요.

불기 2544(2000)년 겨울불교학교

추억은 꼭 간직하자

김은비 · 달안초등 4년

저는 어머니가 소개해준 덕분에 이 즐거운 신흥사 어린이학교에 들어 왔습니다. 스님과 선생님들의 가르침, 그리고 친구들의 환호 덕분에 즐겁게 2박 3일을 보냈습니다. 그런데 이제 헤어진다는 가슴 아픈 말을 들어서 슬펐어요.

"우리 비록 헤어지더라도 마음은, 추억은 꼭 간직하자."

오늘 이 즐거운 나날을 끝내는 시간입니다. 슬프지만 추억들을 간직하고 있습니다. 저도 이 시간을 영원히 간직하겠습니다. 집에서도 날마다 슬플 땐 신흥사에서 있었던 일을 떠올리며 기쁘게 하고 절에서 배운 것도 기억하고 부처님께 감사할 것입니다. 기쁘고 보람찬 시간이었습니다.

절에는 마음이 따뜻한 사람만 있다

임현정 · 양진초등 6년

수련회를 다녀오고 마음이 착해지고 많은 것을 느꼈다. 스님들께 많은 것을 배워서 고마웠고 예절, 효도를 알게 되었다. 절에는 마음이 따뜻한 사람밖에 없다고 생각한다.

다음 방학 때도 오고 싶은 마음이 생길 것이다. 절하는 것도 배우고 앉아서 참선하는 것도 배우고 스님께서 많은 이야기를 해주셨다. 새벽 5시에는 못 일어날 것 같았는데 이젠 혼자 일어날 수 있게 되어 기쁘다.

습관을 고치다

서정재 · 유안초등 6년

나는 이제 2박 3일의 짧은 수련을 끝냈다. 주지스님의 설법은 아주 인상에 남았고 어린이 수계식으로 부처님의 제자가 되었다는 게 너무 기뻤다. 그로 인해 부모님께 효도해야겠다는 생각이 들었으며 거짓말을 안 하고 산 목숨을 죽이지 않고 친구끼리 사이좋게 지내는 등 여러 가지 결심을 하게 되었다.

하지만 힘든 점도 있었다. 일찍 일어나는 습관이 맞지 않아 아주 고생했고, 편식을 해서 밥을 다 먹기도 어려웠다. 그러나 지금은 신흥사에서 수련을 하여 그런 습관을 고쳤다.

그러니까 통틀어 말하지만 신흥사의 모든 것이 마음에 들었다. 꼭 신흥사에 다시 와서 수련을 하여 더욱더 발전한 모습을 부모님께 보여주고 싶다.

불기 2545(2001)년 여름불교학교

신나는 일들로 가득한 불교학교

박선미 · 광주 운남초등 4년

한 달 전부터 방학에 끼여 있는 불교학교를 손꼽아 기다렸다. 불교학교에 다녀오면 내가 진짜로 책에서 나오는 부처님의 제자가 된 듯한 기분이 들었다. 평소에 공양할 때는 반찬을 남겼지만 주지스님의 설법 '아귀 귀신' 이야기를 듣고 공양을 하니 쌀 한 톨 하나 하나가 소중하다고 생각되었다.

작년 해인사 수련회보다 재미있었고, 스님들도 친절하셔서 좋았다. 더욱이 지도하시는 분이 엄마가 말씀하신 비구니스님이셔서 수련회가 더욱 기다려졌던 것이다. 처음 보는 비구니스님이 마냥 신기하였다. 또 어제는 새벽예불도 드렸다. 비록 비는 왔지만….

수련하는 동안 선재동자 성불놀이, 찬불가 대회, 장기 자랑, 캠프파이어 온갖 신나는 일들이었다. 그 중 제일 뜻 깊었던 건 불교학교에 와서 수계식을 했을 때였다. '내가 이제 부처님의 불제자가 되는구나.' 생각하니 기쁜 마음도 들고 콧등이 시큰한 기분도 들었다. 주지스님의 설법도 뜻깊고 재미있었다. 이젠 거짓말도 하지 않고, 부모님께 효도하고, 아무튼 착하게 살아야겠다는 생각이 든다. 선재동자 성불놀이에서는 각 코스를 돌아다니면서 깨달음을 이룰 수 있다고 생각하였다.

2박 3일이라는 짧은 시간이었지만 친구들, 언니들, 동생들, 스님들, 선생님을 만나서 기뻤고 보람차고 재미있었다. 내년에 또 올 수 있다면 새로운 모습으로 오겠다. 신흥사 수련회 정말 재미있다. 친구들을 내년에 또 보면 좋겠다. 앞으로도 불교를 열심히 믿겠다.

많은 지식과 교훈을 얻었다

이민숙 · 공주 개성초등 6년

역시 절도 우리 학교에서 한 야영과 비슷하다. 일어나서 씻고 자기 전에 씻고 먹고, 자고 활동하고 캠프파이어 하고 폭죽 터뜨리고… 소감문 쓰는 것도 똑같다. 하지만 친절한 선생님도 있고, 또 우리들에게 많은 지식과 교훈을 주려고 이야기를 들려주신다.

밥 먹을 때 먹기 싫은 것 버리고, 남기고 투정하던 아이가 아귀 귀신이 되었다. 그 아이와 같이 살던 스님이 계셨는데, 함께 살던 스님이 아이가 죽은 뒤 여행을 갔다가 10년 뒤 다시 절에 왔는데 아이가 아귀 귀신이 되어 있었다. 그래서 스님이 아이를 구하기 위해 부처님께 기도해서 결국 아이를 구하였다는 아귀 귀신 이야기 등 재미있는 이야기를 많이 해주셨다.

맛있는 간식과 체험놀이도 좋았다. 아참, 아침 저녁으로 탑돌이도 하고 노래하고 불경도 읽었다.

앞으로는 음식을 버리지 않겠다

이혜인 · 수원 세류초등 2년

아귀 귀신 이야기를 들으면서 음식을 조금이라도 버리면 아귀 귀신이 된다는 이야기, 나는 집에서 음식을 수채에 많이 버렸는데 이제부터 절대 버리지 않아야겠다는 깨달음이다. 나는 부끄러웠다. 맛없는 음식은 잘 버린다. 그런데 어쩔 수 없다. 난 버리기 싫어도, 맛없는 걸 먹어보아야 되는데 입에 맞질 않아 먹기가 싫다. 하지만 이제부터는 음식을 버리지 않아야겠다는 그것을 깨달았다.

수계식이 인상깊었다

황유정 · 서울 상경초등 4년

어렸을 때 세성유치원에서 캠프를 많이 와서 조금은 기억이 납니다. 어렸을 때보다 조금 달라진 것 같습니다. 이번 프로그램은 재미있고, 즐겁고 알쏭달쏭했습니다.

그 중에서 인상깊었던 것은 수계식이었습니다. 향불 때문에 뜨거웠으나 부처님의 제자, 딸이 된다는 것을 생각하니 기뻤습니다. 다른 사람들은 향 끝을 댔지만 저는 향불 붙인 곳에 대서 진짜 수계식을 했습니다. 그래서 더욱더 기뻤습니다. 다른 사람들도 부처님의 제자, 딸, 아들이 된 것을 고맙게 생각합니다.

오계를 잘 지키고 성실하고 알차게 보낼 것입니다.

스님들처럼 훌륭한 사람이 됐으면 좋겠다

명은선 · 서울 누원초등 2년

신흥사에 도착했다. 조금은 무서웠었다. 하지만 경치도 좋고 맑은 공기도 마시니 기분이 좋았다. 법문도 배웠다. 부처님에 대해서 이야기를 들려주신 스님, 선생님이 참 고마웠다.

밖에 나가보니 밭이 있었다. 거미, 메뚜기, 방아깨비, 실잠자리, 개미, 사마귀, 벌들이 참 많이 있었다. 오빠들은 곤충을 잡고 죽이려고 했는데, 나는 부처님의 아들 딸이 되기 위해서 놓아주었다.

스님들께서는 새벽에 일어나 아침 예불을 하고 밤 10시까지 예불할 때 얼마나 힘드실까? 처음 도착했을 때 친구들이 너무 낯설었다. 하루 밤을 자고 친구들을 많이 사귀었다. 목탁을 쳐보니 재미있었다. 나도 커서 스님들처럼 훌륭한 사람이 됐으면 좋겠다. 훌륭한 사람이 되어서 스님이 됐으면 좋겠다.

혜수야, 다음에 나와 같이 와보자

정다미 · 안산 삼일초등 5년

나의 단짝 혜수에게!

안녕 나 다미야, 지금 이 시간 나는 절에 있어. 네가 그토록 싫어하는 절…그래도 얼마나 잼있는데 왜인지 말해줄까.

일단 난 스님의 말씀이 너무 좋았어. 재미있는 이야기를 많이 해주셨는데 하나같이 다 좋은 교훈이 담겨져 있었거든. 그래서 이젠 더 이상 지금처럼 엉망인 생활을 하지 않기로 했어. 또 수계식을 할 때는 내가 이제 부처님의 딸이 되었다는 자부심에 너무나도 내 자신이 자랑스러웠어.(간식두 네가 좋아 좋아하는 것 다 줘!)

또 예불을 하고 참선을 할 때는 신흥사의 맑은 공기로 기분이 상쾌하고… 윤혜수! 너 재미없고 지루할 거라 생각했지? 천만에 밤에 한 촛불제와 캠프파이어 시간엔 넘 신났었어. 노래가 나와서 신나게 춤추고, 장기자랑도 했단다. 소중히 간직될 좋았던 날들이야. 담에 나와 같이 와보자.

부처님의 제자로 정확히 찜 당한 날

하정원 · 서울 영서초등 5년

"다 왔다! 와!"

아이들의 환호성이 터져나왔다. 버스에서 밖으로 나와보니 공기도 맑고 산으로 빙 둘러싸여 있는 것이 멋있었다. 또 윙윙 우리들을 환영해주는 것같이 우리 주위를 맴도는 잠자리들도 보기 좋았다.

선생님께서 예쁜 법복을 주셨다. 이 옷을 입고 보니 꼭 꼬마스님이 된 것 같은 기분이 들었다.

입교식, 주지스님의 설법이 길어지자 나도 아이들도 지루해졌다. 몸을 이리 꼬고 저리 꼬고 하지만 법복을 입었으니 스님들처럼 얌전히 설법에 귀를 쫑긋 세우고 열심히 들었다.

그리고 노래도 부르고 율동도 배우고 참선도 하고 반야심경도 외우고…둘째날 수계식을 하면서 처음에는 무슨 뜻인지 잘 몰랐는데 그 뜻을 알 수 있었다. 부처님의 제자로 정확히 찜 당하는 거다.

눈물이 왈칵 쏟아진 이유

김경수 · 군산 금광초등 5년

엄마가 "그 곳에 가서 수련하고 기도할 때 허약한 네 겉모습을 보지 말고 할 수 있다는 속마음을 봐라."는 말씀에 몸이 아픈 데도 신흥사로 출발하는 버스를 탔다. 신흥사에 도착해서 마치 거대한 신전처럼 생긴 신흥사의 크기에 놀랐다. 모든 스님과 간사님께서 친절하게 대해주셔서 너무나 감사했다. 제일 감사했던 분은 첫째날 배탈로 앓고 있을 때 손가락을 따주시고 손에 캐러멜까지 쥐어주셨던 아주머니다. 그 때 눈물이 왈칵 쏟아질 뻔했다.

부처님의 제자가 된다니 너무 기분 좋다

홍효영 · 서신초등 6년

나는 여태껏 불교학교를 거의 빠지지 않고 와서 내용을 다 안다. 그래도 큰스님께서 말씀하시면 금세 재미가 났다. 저녁예불시간엔 아무리 들어도 지겹지 않는 은행나무 목신 이야기를 들으면서 진짜 천수경을 많이 읽어야겠다는 다짐을 하며 하루가 갔다.

이튿날 예불을 하며 조용하게 그냥 기도나 하면서 하루를 보냈으면 좋겠다는 생각을 했다. 아침공양이 끝나고 수계식을 했다. 불로 찍을까봐 조마조마했지만 지은 죄가 없어지며 부처님의 제자, 생각만 해도 좋았던 것이 이루어진다니 기분이 좋았다.

제 꿈 이루어지게 해주세요

박경미 · 서울 강동초등 4년

첫날 친구들도 잘 모르고 친하지도 않아서 마음이 답답해서 참고 있던 눈물이 조금씩 나오고 있었다. 그런데 어떤 아이가 선생님께 일러바쳐서 들키고 말았다. 선생님께서 안아주시자 눈물이 더 펑펑 쏟아졌다. 그러고 나니까 기분이 조금 풀렸다.

다음날 완전히 나았다. 밤에 캠프파이어와 폭죽, 양초를 연꽃에 끼운 것을 들고 춤을 추었다. 나는 캠프파이어의 불처럼 활활 타오르는 이 나라의 빛이 되고, 폭죽처럼 톡톡 튀는 아이가 되고, 춤처럼 열광적인 아이가 되겠다고 기도했다. 또 우리 가족 행복하고 화목하고 저의 꿈 이루어지게 해주세요. 이제부터는 부처님께 예불 잘하고 불교학교도 잘 가겠다고 다짐했다.

주인공 따라 목소리가 바뀌는 스님께

박성준 · 서울 신강초등 3년

스님 예불 시간에 이야기를 재미있게 해주셔서 감사합니다. 스님 이야기 중에 800년 된 은행나무 목신 이야기가 제일 재미있었어요. 왜냐하면요. 스님께서 주인공에 따라 목소리가 바뀌기 때문이에요.

북, 종을 친 것도 재미있었다

이영진 · 인천 연성초등 2년

힘든 일도 있었지만 재미있는 것도 많았다. 스님께 이야기도 듣고 불꽃 터뜨리기 캠프파이어도 했다. 또 어려운 일은 책을 읽는데 글이 너무 많아서 잘 못 읽었다. 친구들, 동생, 언니들도 사귀고, 북, 종을 친 것도 재미있었다.

'펑' 터지는 폭죽처럼…

김민정 · 하남 산곡초등 5년

동명사에서 여름캠프를 간다고는 했지만 이렇게 특별한 불교학교에 오게 될 줄은 몰랐다. 신흥사에 도착했을 때 "와—"라는 소리뿐 더 이상 나오지 않았다. 건물 안의 절을 보아온 터라 넓은 절을 만날 기회가 없었기 때문이다.

큰스님께서 재미있는 아귀 귀신 이야기를 해주시어서 밥을 남기지 않았다. 나는 학교에서 급식이 엄격해서 잘 남기지는 않았지만 음식을 남긴 적도 많았는데 앞으로는 절대로 남기지 말아야겠다는 생각이 들었다. 재미있는 일도 있었다. TV에서만 바라보던 하늘 높이 올라가 한순간에 '펑' 터지는 폭죽놀이였다. 저 높은 하늘로 올라가

'펑' 터지는 폭죽처럼 우울하고 힘들고 짜증났던 생각, 마음이 한 순간에 터지는 기분이었다. 아주 즐겁고 행복했다.

부처님이 아빠처럼 포근해요

이다혜 · 수원 세류초등 4년

부처님의 딸 다혜예요. 부처님 저는 부처님께서 저희 아빠처럼 포근하게 느껴져요. 부처님 저는요. 어제 수계식을 해서 분홍색 팔찌를 받았어요. 지금도 그 기분을 잊지 못하겠어요. 부처님 저희 엄마도 부처님을 믿게 해주세요. 우리 가족은 모두 믿는데 아직까지 엄마께서 덜 믿는 편이시거든요.

부처님 죄송한데 한 가지 여쭐 게 있어요. 다름이 아니라 김성경 때문에 그래요. 제가 전생에 무엇 때문에 그런지 그 아이만 보면 무서워져요. 또 과자도 주면 2배로 더 가지고 가고, 뚱돼지라고 놀리고, 같이 밥먹으면서 다른 친구들과 이야기 나누고, 그 아이랑 안 놀고 싶어도 또 다시 놀게 돼요. 하지만 더 못 참을 게 있어요. 김성경이 나보고 이야기를 할 때 쳐다보면서 욕을 해요. 제발 그렇게 하지 않았으면 좋겠어요.

불기 2545(2001)년 겨울불교학교

마음을 착하게 가져야 좋은 일이 생긴다

최정임 · 서초초등 5년

'얼마나 재미있을까?'

신흥사에 가기 위해서 직행버스에 몸을 실은 나는 마음이 두근거리고 기대감이 컸다. 선생님의 적극적인 권유와 오고 싶던 마음 때문에 신흥사로 가는 버스에 몸을 실었다. 그럭저럭 가니 '서신'에 도착했다. 신흥사에 도착한 것이다. 그 날 그 시간부터 나는 즐거운 겨울불교학교에 서서히 빠져들기 시작했다.

율동, 놀이, 노래, 춤… 정말 재미 있었지만 그 중에서 가장 재미있었던 것은 큰스님 법문과 수계식이었다. 스님 법문에서 가장 인상깊었던 것은 '칠불 아자방' 이었다. 그리고 한편으로는 '박문수도 그렇게 뛰어난 사람이 아니구나. 사람은 마음을 착하게 가져야 좋은 일이 생기는 거구나.' 라는 생각이 들 정도로 박문수가 정말 어리석게 생각되었다. 그리고, 남의 물건을 함부로 탐내지 않겠다는 생각이 들었다.

또 재미있고 즐거웠던 일은 수계식이었다. 무릎을 너무 굽혀서 일어설 때 무릎이 매우 쑤시고 아팠지만 내가 정식 불교신자가 되었다는 생각에 하늘을 날듯이 기쁘고 즐거웠다. 그래서 입이 귀까지 찢어질 정도로 커졌다. 정말 기뻤다. 정식 신자가 되다니…. 이 설레임과 기쁨 때문에 밤에 잠이 잘 오지 않았다. 그래서 그 많고 더러운 신발을 정리하고 법당 앞에서 27배를 하였다.

그런데 이제 갈 시간이다. 스님께 감사했고, 여름불교학교 때도 오겠다고 다짐했다. 꼭 다시 오겠다고….

다음에도 또 참여해야겠다.

권용민 · 신풍초등 4년

12월 23일 드디어 신흥사로 오게 되었다. 절에 도착하자마자 나는 놀랐다. 절이라면 다 오래된 줄 알았는데 신흥사는 새 절이기 때문이다. 반이 갈리고 큰스님께서 법문을 들려 주셨다.

재영이가 소풍을 가서 부처님께 보시 올리고 자기가 죽을 때 한번만 살려달라고 하였다. 어느 날 재영이가 집에 와서 떡을 먹고 떡이 목에 걸려 죽었는데, 옛날 보시했던 부처님께서 살려주셨다는 이야기다. 그 때 나는 보시를 잘하고 또 성실히 해야 하겠다고 생각했다.

다음날 밤에는 캠프파이어와 촛불제를 했다. 훨훨 타오르는 불길 속에서 나오는 재의 불씨가 움직이는 모습은 꼭 용이 승천하는 것 같았고, 훨훨 타오르는 불길은 꼭 온 세상을 밝히는 등불인 것 같았다. 그 불길 위로 부처님께서 나타나실 것만 같았다.

촛불제가 시작되자 연꽃컵을 들고 행렬 뒤를 쫓아갔다. 그 작은 불들은 부처님을 맞이하는 행렬인 것같이 느껴졌다. 나는 컵이 탈 것 같아서 조심스레 들고 가는데 불길이 종이 컵에 닿는 것만 같아 겁이 났다.

밤에 과자를 먹으면서 선생님께 들킬까봐 숨기던 일, 동생과 내가 서로 더 많은 것을 먹으려고 다투던 일들은 전부 지나간 일이라서 매우 아쉽다. 다음 여름불교학교에 오면 모든 것을 더 잘하고, 잘 따라하고, 적극적으로 참여하여 보람을 느끼도록 해야겠다.

불기 2547(2003)년 겨울불교학교

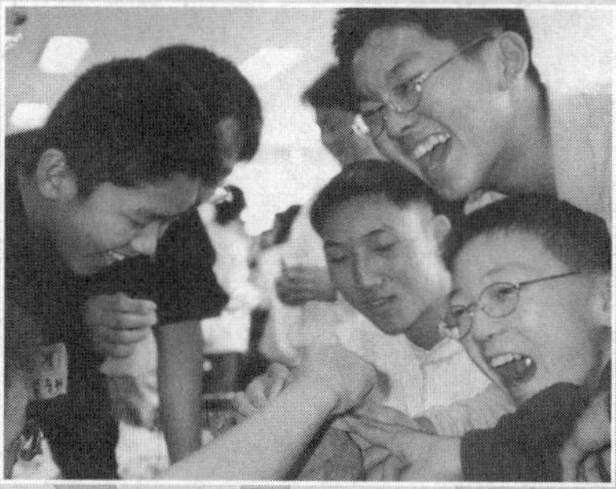

● 이 땅의 희망 그대 청소년,
불타의 가르침과 함께…

부처님의 가피로 씩씩해졌다

방중권 · 수원고 1년

수련회에서 나는 많은 변화를 했다. 작년 하계수련대회까지만 해도 부끄러움 타고 뒤에서만 노는 소위 소극적인 남자였는데, 이번 수련회를 통해서 부처님의 많은 가피력으로 누구에게나 자신 있고 씩씩하게 말하고 행동할 수 있는 인간이 되었다. 법우들이 하기 싫다는 촌극도 과감히 맡았다. 물론 연습 부족으로 성과는 없었지만 참가하였다는 그 자체에 보람을 느꼈다. 물론 결과는 안 좋았지만, 그러나 자꾸 남 앞에 서면서 그리고 성공하면 더욱 좋지만 실패를 거듭해가면서 나 자신의 참 모습과 나의 관념, 또는 피해의식을 바라보고 또 하나하나 없애가면서 정말로 부처님의 성불의 자리도 한 걸음 한 걸음 다가갈 수 있는 게 아닐까 생각한다.

'나는 누구인가?'

김미현 · 부천 거주

처음에 참선할 때 10분도 못 가 몸을 비틀었는데, '나는 누구인가?' 스님의 말씀을 따라 마음속으로 생각하고 또 생각하며 마음을 조용히 가라앉히니 마음이 그렇게 편안할 수가 없었다. 그리고

1080배도 마찬가지였다. 누구나 한번씩 수련원에 와서 나 자신이 어떤가를 돌이켜보는 것도 좋을 것 같다.

바른 몸가짐, 마음을 배우다

조영숙 · 경인여상 3년

참선을 통해 인내와 바른 몸가짐을 배웠고, 설법을 통해 불교에 관한 많은 것을 알게 되었다. 선무도를 통해 심신을 단련하게 되었으며, 협동이란 단어가 잘 어울릴지 모르겠으나 개인적인 이기주의를 버리게 되었다. 성격이 내성적이라 반별토론회에 적극적으로 참여하지 못한 것이 후회스럽고, 다음에는 이런 점을 고쳐서 적극 참여할 것이다.

협동생활에서의 나의 작은 깨달음

박미선 · 안양 영화예술고 1년

수련회에 참가하게 되었을 때 기쁜 마음으로 열심히 해야겠다는 마음가짐이 있었다. 처음 27일 하루를 보내고 나니 정말 집에 가고 싶을 정도로 지루하고 참여도도 너무 적었고, 모든 법우들의 소극적인 태도에 실망이 너무도 컸다. 하지만 시간이 점점 흐를수록 나의 태도가 조금은 바뀌게 되었다. 이런 자리에서 오히려 나를 필요로 하는 것 같다는 이런 생각? 난 모든 일에 적극 참여하게 되었고, 이렇게 수련회가 거의 다 끝나가는 이 시간엔 많은 법우들과 친해져 있다. 정말 기분이 좋다.

우리 반이었던 보시반 정말 열심히 참여하였는데 짧지 않은 3박 4일이 이렇게 아쉽게 그냥 끝나가니 너무도 속상하고 서운하다. 이런 협동생활을 함으로써 단체 활동이 개인적 활동보다 훨씬 더 어렵고, 그 반면에 더욱 보람된 활동임을 알았고, 마지막으로 나의 생활신조를 "모든 일에 후회없이 하자"라는 말로 새기기로 했다. 재밌고 보람되고 서운한 수련회였지만 정말 오래 기억 속에 남을 것 같다.

부처님 얼굴

성미숙 · 세류중 2년

작년과 마찬가지로 신흥사 청소년 수련회에 참가하기 위해 서울에서 사는 나는 수원까지 아빠 차를 타고 와서 북문에서 신흥사 청소년 수련원 버스를 갈아타고 신흥사에 도착했다. 작년에는 신흥사까지 식구 모두가 왔었으나 지금은 신흥사에도 우리 모두의 부처님이 계시니 나의 신흥사도 될 수 있다고 생각하고 신흥사 버스를 타고 왔다.

저 멀리서 보이는 궁궐이란! 정말 환상적이었다. 그 환상적인 궁궐은 바로 신흥사, 신흥사에 도착해서 맨 처음 큰법당에 들어가서 부처님께 반배를 하고 부처님을 쳐다보는 순간 아니 이게 왠일인가? 부처님께서 나를 쳐다보는 눈길이 무서울 정도로 느껴졌다. 왜일까? 내가 지은 죄가 많은 탓에 부처님께서 날 그렇게 쳐다보시는가 보다. 절을 할 때마다 부처님 얼굴이 언제나 환해지시려나 하면서 절을 했으나 부처님 얼굴은 바뀌지 않았다.

이틀째 되는 날 큰법당에 올라가서 절을 하는데 부처님 얼굴이 환하게 변해지셨다. 부처님께서 내가 지은 죄를 용서해주시려나 보다.

그런 부처님 얼굴을 보니 내 마음도 훨씬 좋았다. 이제부터는 착한 일만 해서 다음에 신흥사에 왔을 때는 부처님이 처음부터 웃고 계시는 얼굴을 볼 수 있도록 하겠다.

부처님 고우신 미소

이지연 · 매원 중 2년

절로 향하는 길은 언제나 그렇듯이 푸르고 공기도 맑았다. 이번 여름수련대회는 다른 수련회와는 다른 느낌이 들었다. 그 이유는 3년 동안 신흥사 수련회에 가보았지만 이번에는 '신흥사 중 · 고등학생회' 소속이 되어 온 수련대회였기 때문이다.

법당에 들어선 나는 부처님을 향해 절을 한 뒤 미소를 지어 보냈다. 부처님께선 응답이라도 하시는 듯이 환한 미소를 짓고 계셨다. 그 환한 부처님의 미소를 흉내내어 보았지만 '하늘의 별 따기'였다. 난 여태껏 사람들이 가장 아름답다는 모나리자의 미소가 제일 아름다운지 알았지만 그것이 틀렸다는 것을 깨달을 수 있었다.

이렇게 수련회는 시작이 되었다. 주지스님의 설법은 길었지만 또 여러 번을 들어 보았지만 여전히 지혜롭고 감동적인 이야기였다. 특히 '아귀 귀신' 이야기가 가장 기억에 남았다. 평소 음식을 잘 버리던 내가 부끄럽고 미웠다. 발우공양은 힘들었지만 아귀 귀신 이야기를 생각하니 아무렇지도 않았다. 그리고 앞으론 음식을 낭비하는 것을 절제해야겠다고 다짐했다.

예불마다 하는 108배와 참선은 재미있었다. 캠프파이어 때의 불꽃놀이는 정말 환상적이었다. 검은 하늘을 수놓은 오색 빛, 활활 타는 모닥불, 난 그 자리를 뜨고 싶지 않았지만 1080배를 하기 위해 수련원으로 들어가야 했었다.

두 번째 하는 1080배였지만 힘든 것은 마찬가지였다. '석가모니불 석가모니불' 하며 힘이 들 때마다 난 외쳤다. 결국 1080배를 꽉 채우진 못했지만 보람 있고, 가치 있는 시간이었다. 우리들의 여름 불교 수련회는 이렇게 막이 내렸다. 다음을 기약하면서, 부처님의 고우신 미소를 다시 보러 꼭 오기를 기대해본다.

참선의 진리

이지철 · 안성중 2년

나에게 있어서 신흥사 수련원에 오는 길은 정말 힘들었다. 신흥사의 수련대회 때 매번 올 수 있는 기회가 있었지만 정말 자신이 없었다. 이번 수련회에 참가하기 전까지 간다 안 간다 계속 실랑이를 부모님과 하면서 마음을 굳게 먹고 이번 대회에 참가했다. 내가 가장 걱정하고 힘들었던 면은 혼자 수련원에 왔기 때문에 3박 4일 동안 말할 사람도 없고 누구 하나 의지할 사람도 없기 때문에 혼자 낙오자가 될 것만 같았다. 하지만 신흥사의 3박 4일은 그렇지가 않았다.

첫날은 너무나 힘들었지만 나에게 대해주는 모든 사람은 친절하고 따뜻했다. 그래서인지 우리가 받는 훈련은 고되고 힘들었지만 즐거웠다. 특히 인상에 많이 남는 일은 1080배와 주지스님 설법이었다. 주지스님의 설법은 정말 푸근하고 의미가 깊고 온화했다. 또한 주지스님께서 화가 나시면 무서운 분이라는 것도 알았다.

절에 와서 제일 힘든 것은 다리가 아픈 것이었다. 처음에 참선을 한 후 다리가 아프기 시작했는데, 이제는 앉기만 해도 다리가 아프다. 하지만 참선은 나에게 있어서 새로운 나를 발견할 수 있는 기회가 되었다. 특히 목요일 저녁 예불 참선 때는 스님께서 등을 죽비로 치셔서 다리를 펼 수 없었지만 참선하면서 많은 것을 느낄 수 있었다. 이번 수련회를 통하여 나는 자신감과 용기와 겸손까지 배울 수 있었다.

자랑스런 나의 종교

김지혜 · 결성중 2년

처음 고산사 스님께서 어린이 불교학교를 마치고 난 후 신흥사 수련대회에 가보라고 하셨을 때에는 방학 중에 즐겁고 재미난 추억거리를 하나 만들려니 하고 선뜻 가보겠다고 했다. 그 땐 이 수련대회가 몸과 마음을 수련해 부처님에 대해 더 잘 알고 배우는 것이 아니라 그저 그냥 놀고 즐거워하는 수련회인 줄 알았던 것이다. 이런 생각은 그 때뿐 신흥사에서의 하루를 지내고 나서 생각이 바뀌게 되었다.

첫날은 너무 힘이 들었다. 친구도 없고 모두 낯선 사람들이어서 협동생활을 하기엔 너무 힘이 들었다. 하지만 하루하루 지내면서 친구도 사귀고 해서 점점 흥미를 느꼈다. 그래도 집 생각은 간절했다. 식사는 발우공양을 해 밥은 먹은 것도 같지 않았다. 지겹게 생각했던 발우공양은 그 속에 지혜가 들어 있고 소화 또한 잘 되고, 제일 중요한 것은 음식물을 남기지 않는다는 점에서 환경보호에 큰 힘이 된다는 것이다. 이 뜻을 생각하며 발우공양을 지겹게 생각하지 않으려 했다.

처음 주지스님의 설법을 듣는데 나는 졸음도 오고 다리도 저려왔다. 하지만 그 설법엔 우리가 말로는 잘 할 수 있는 아주 쉬운 말이지만 직접 실천하기엔 힘든 말씀들이었다. 두 번째 설법부터는 정말 마음속으로 생각하면서 듣고 마음속으로 약속을 하며 들었다.

이 수련대회에서 나를 안 것 같았다. 한번도 해 보지 못한 1080참회를 한 번도 아니고 2번씩이나 완벽히는 아니지만 그래도 어느 정도 마무리를 다 했다. 그 땐 절 30배만 해도 다리가 저려 중도에 포기하곤 해, 이 1080참회를 한 것은 나에게 있어 큰 자랑거리가 될 것이다.

신흥사 주지스님 말씀대로 학교에서 친구들과 종교의 대립이 없지 않아 있다. 그 땐 불교에 대해 자세히도 모르고 배우지도 못해 기독교 믿는 애들과 대립하려는 생각도 못했지만 이제부터는 불교에 대해 알았으니 걔들을 이길 수 있다고 생각하니 여기에 온 것이 참 잘한 것 같다.

여기에 오기 전 불교에 대해 잘 알지도 못하고 불교신자라 한 내가 부끄러웠고, 지금부터 불교를 더더욱 많이 알아 참된 불교 신자라는 소릴 듣고 싶고, 듣도록 노력해야겠다.

불자로 다시 태어나게 된 수련회

처음 친구의 권유로 오게 되었지만 조금 께름칙했다. 사실 교회에 다녔기 때문이다. 엄마의 반대로 교회수련회에 가지 못했는데 친구가 가자고 하고, 부모님도 가라고 해서 불교수련회에 마지못해 왔지만 호기심은 있었다.

처음에는 너무 힘들었다. 엄격한 규칙, 휴식시간조차 없는 생활, 그리고 인내, 나에겐 첫날과 다음날은 무척이나 힘든 생활이었다. 특히 발우공양 때 천수물로 발우를 씻고 그 물에 남은 찌꺼기를 먹어야 할 때는 너무 속이 메스꺼웠다. 며칠이 지나고 매시간마다 반복을 하니 별로 그런 느낌은 들지 않았다.

한편 1080배를 한다고 했을 때는 눈앞이 캄캄해졌다. '아니 이것이 뭔 일이여.' 하지만 지금 이곳에 오게 된 것을 너무 기쁘게 생각한다. 나에게 정신적으로 도움을 주고 불교의 진리를 조금이나마 깨달을 수 있었던 것 같다. 이제는 마음의 갈피를 잡았다. 다음 겨울 수련회도 올 예정이다. 29일 밤 촛불발원축제는 너무 아름답고 멋있는 밤이었다. 그리고 1080배를 할 때는 나의 인내심을 더 길러야겠다고 생각했다.

수련회의 규칙적인 생활과 참 진리의 설법, 나의 불심을 일깨워주고 인내심을 기르게 해주는 참선과 1080배, 정말 3박 4일이 뜻깊었다. 더 있고 싶은 생각이 간절했다. 그리고 결정했다. 나의 종교는 불교, 부처님이라고…

불기 2537(1993)년 여름청소년수련대회

야사가 너무나도 부러웠다

이지연/수원 매원중 2년

처음에는 여느 사찰과 다름이 없는 그저 평범한 절로만 생각했었
다. 하지만 스님께서도 매우 인자하시고 다정하시고, 부처님의 따뜻
하고도 자비로우신 미소가 가득 배인 곳이었다. 큰스님의 법문은 모
두 들어본 것이지만 들을 때마다 항상 새롭고 감동을 주는 이야기였
다. 야사의 이야기가 가장 인상깊었는데, 내가 그 때 야사였다면…
한번만이라도 부처님을 만나뵈었으면… 야사가 너무나도 부러웠다.

삶이 힘들 때 부처님을 생각하면…

박수진 · 성동여실고 2년

생각하는 것을 좋아하는 나는 이 절의 고요함이 너무도 좋다. 어렸
을 적 엄마 손을 잡고 처음 법당 안에 들어섰을 때의 무서움과 싸늘
함, 그리고 나를 매섭게 쳐다보시던 부처님의 눈이, 이제는 그 모든
것이 편안하게 느껴진다. 단 한마디 말씀도 육성으로 들려주시지 않
으셨지만 나는 부처님을 내 마음속에 모시고 살아가고 있다. 내 마
음속의 부처님이 얼마나 나에게 큰 힘이 되어 주는지 다른 법우들,
그리고 내가 가장 존경하고 나를 걱정해주시는 부모님도 모를 것이
다. 삶이 힘들 때 부처님을 생각하면 그 어떠한 공허함도 모두 채울

수 있다고 생각한다.

수련대회 기간 동안 나의 부처님과 더 가까워졌고, 참는 것을 배웠다. 그리고 나 자신과의 대화, 나 자신을 좀더 다스릴 수 있게 된 것 같다. 앞으로도 부처님을 가슴에 담고 굳은 정진을 할 것이다.

찬불가 연습을 하며 협동심을 기르다

김진숙 · 동두천여자중 2년

찬불가 경연대회가 너무 재미있었다. 친구들과도 서먹서먹했는데 찬불가 연습을 하면서 협동심을 기를 수 있었다. 힘들었던 1080배는 93년을 반성하는 좋은 기회였다. 또 다가올 94년을 기다리며 내 계획이 잘 되길 기도 드리며 절을 마쳤다. 나는 수련회를 통해 부처님께 한평생 귀의하겠다고 다짐했다. 또한 스님과의 관계도 친구들과도 많은 우정을 쌓은 좋은 기회였다.

생동감 있는 스님 설법

박현애 · 안천중 3년

장장 두 시간 정도의 설법인데도 지루하지 않다. 스님의 설법을 들으면 아! 그런 때도 있었구나 하는 생각들과 머리 속에 상상이 될 정도로 자세하고 생동감 있게 말씀해주셔서 너무 좋다.

불기 2537(1993)년 겨울 청소년수련대회

우리 청소년들이 꼭 알아야 할 도리

유상희 · 안산 상업고 2년

시원한 매미소리와 함께 짙어 가는 여름, 젊은 우리들에게 이번 수련회는 부처님 뜻을 따라서 불자의 가르침을 배우기 위한 3박 4일간의 짧은 시간이지만 나에게 있어서는 소중한 순간 순간이었다.

불교에 대해서는 알고 있는 것이 거의 없는데 이번 수련회를 통해 내가 의심했던 것, 궁금했던 것, 전혀 모르고 있었던 것 등 내 생의 거의 반절 이상을 배워 나가는 느낌에 가슴이 뿌듯해진다. 이해할 수 없고 하지 못한 부분도 무척 많았지만 나의 인내와 믿음으로써 깊은 웅덩이에서 내 힘으로 빠져 나오는 통쾌함을 느꼈다.

그리고 불타는 젊음이 넘치는 여러 법우들과 함께 크나큰 부처님의 가르침을 받으며 올바른 가치관과 우리 청소년들이 꼭 알아야 할 도리를 깨달을 수 있었던 것 같다. 그 중 나의 가치관에 가장 큰 변화를 준 것은 주지스님의 설법 속에서 3귀의와 5계이다. 5계는 우리 인간이 한 생을 살아갈 때 필히 없어서는 안 되는 크나큰 기둥뿌리와도 같은 것이기에 나에게 큰 가르침이 아니었나 생각한다.

수련회를 거의 마치는 시간이 다가오니 왠지 큰 서운함과 바르지 못했던 우리 수련생들의 행동을, 또한 적극적이지 못했던 것이 너무도 후회스럽다. 만일 또 이런 기회가 주어진다면 모든 것을 마다하고 부처님의 뜻을 배우기 위해 힘껏 달려올 것이다.

여름 피서는 신흥사 수련회가 최고

김태윤 · 유신고 2년

찜통 같은 더위에 학교에서 보충수업 받는 나에게는 여름방학이라 해도 방학 같지 않은 방학을 보내고 있었다.

친구들이 "어디 피서 갈 곳 없니?" 하고 물으면 서슴없이 "물론 있지. 난 절 수련회에 가서 피서할 거야."라고 하면 친구들은 "딱딱한 절 수련회에 가는 것보다는 나랑 같이 동해로 남해로 가자!" 라고 말한다. 그러면 난 "그런 곳에 가서 몸 고생, 마음 고생, 돈을 낭비하는 것보다 저렴한 가격으로 정신 수양과 신체수련을 하는 피서를 하겠어." 하고 말하면 친구들은 "넌 대단한 놈"이라고 말하면서 고개를 절레절레 흔든다. 그러면 속으로 '너도 한번 절에 가서 수련해 봐라, 이런 말이 안 나오나' 하며 미소를 짓곤 했다.

드디어 학수고대하던 수련회 날이다. 이번이 9번째 청소년 수련회이지만 아침 일찍 일어나 설레이는 마음을 가라앉히고 멀리 보이는 큰법당을 생각하며 버스를 타고 신흥사에 도착했다. 버스에서 내려 학생회 법우들과 절에 올라오는데 모두 다 "이 더위에 어떻게 수련하지" 하면서 한마디씩 하는 것이었다. 그 때 이런 생각이 들었다. '이열치열로 견디자. 하지만 날씨가 너무 더워서…'. 접수를 마치고 수련원으로 들어가 보니 법우들이 연두색 티를 입었는데 모두가 밝아 보였다. 예상과는 달리 많은 법우들이 왔고 날씨가 또 너무 더웠다. 그래서인지 첫 날부터 조금 어수선한 면도 있었지만 내가 보시반의 반장도 난생 처음 되었고 법우들도 모두 친근해 보여서 뭔가 좋은 일이 일어날 것 같은 그런 느낌이 들었다.

역시 주지스님의 설법은 여전히 재미있고 또 문수동자와 다른 어린아이 목소리를 흉내 내실 때 너무나 앙증스러우셔서 법우들의 환호성을 받기도 하셨다. 그런데 너무 가물어서 물이 안 나와 집에서 물 쓰듯이 쓰다가 여기 와서 물을 아껴 쓰려니까 처음에는 고통스러웠다. 하지만 이것도 수련이라고 생각하니 오히려 내 몸이 더 깨끗해 진 것 같았다. 그리고 절에서 물을 아껴 쓰듯이 온 국민이 따라준다면 가뭄 걱정은 안 해도 될텐데 하는 마음도 들었다. 발우공양시간에는 눈으로 보이지 않는 미물에게도 신경을 써주는 불교의 정신을 느낄 수 있었다.

레크리에이션과 교리퀴즈 또는 다른 프로그램도 아주 재미있게 진행된 것 같았다. 이번 수련회에서 가장 기억나는 것은 1080배 용맹정진이었다. 상후 법우와 죽비와 염주 돌리며 "지심귀명례 석가모니불" 할 때 조금은 힘들고 괴로웠지만 막상 끝나고 나니까 가슴이 뿌듯하였다. 부처님께 절을 하면서 마음속으로 '부처님 비 좀 오게 해 주세요' 하니까 부처님은 방긋 웃으시며 그래 걱정하지 말라고 말씀하셨는데 오늘 기다리던 비가 와서 부처님은 약속을 꼭 지키시는 것을 절실히 느꼈다. 이제는 돌아가야 할 시간이다. 함께 동고동락하던 법우들, 다음 수련회에서 다시 만나요.

신흥사처럼 불교학교를 많이 열었으면 좋겠다

이윤미 · 수원여자중 2년

매년 신흥사 수련대회에 와서 생각하는 것이지만 생각 외로 청소년 불자들이 많아서 좋다. 사실 이곳으로 향할 때는 나만 가는 건 아닌가 하는 생각조차 했으니까. 엄마 따라 절에 다닌 지 2년 정도 되었는데 처음에는 어른들만의 종교라고 생각했다. 불교를 청소년들이 많이 믿을 수 있도록 조금씩 좋은 방향으로 고쳐나가고, 신흥사처럼 불교학교를 많이 열었으면 좋겠다.

정다운 사람들

박윤정 · 원촌중 1년

처음 뵙는 오성일 주지스님과 우리들을 지도해주신 두 분의 스님이 오랫동안 만났던 분들처럼 포근하고 다정하게 느껴졌다. 또 내가 속한 지계반의 법우들도 매우 정답게 느껴졌다.

다른 아이들도 나처럼 행복해졌으면…

조경희 · 서울 안천중 2년

이번 수련회로 인해 내게 주어진 모든 것들이 그렇게 고마울 수가 없었다. 앞으로도 이 마음 이대로 항상 부처님께 감사하며 절에도 열심히 다닐 것이다. 아쉬운 것은 좀 더 일찍 이런 기회를 갖지 못한 것이며, 전국 여러 절에서 이런 행사를 해서 다른 아이들도 부처님을 알고 나처럼 행복해졌으면 한다.

친구들에게 적극 전법하리라

강도원 · 서울 고척중 3년

불교는 전통종교라서 고전적인 면이 많아서 아이들을 포교하는 데 조금 어려움이 있다. 하지만 이런 수련회를 통해 불교가 우리 생활과 밀접한 관계가 있고, 우리가 전혀 부담을 느끼지 않아도 된다고 친구들에게 말할 수 있다. 부처님의 말씀은 옛날이나 지금이나 영원히 우리를 인도해주신다는 것을 느꼈고 이제부터 친구들에게도 불법을 적극적으로 전할 것이다.

스님들의 또 다른 모습

나유미 · 광동여고 2년

불교에 대한 기본지식이 없어도 쉽게 이해할 수 있도록 여러 가지 예화들을 들어 말씀해주신 주지스님의 설법이 인상에 남는다. 또한 무섭고 어렵게만 느껴졌던 스님들의 또 다른 모습을 볼 시간이 있었는데 바로 설법 전 휴식 시간이다. 스님들의 무용, 정말 생각지도 못했던 일이었다. 오히려 스님들의 율동이 강사님의 율동보다 친근감이 있었다.

불기 2538(1994)년 여름 청소년수련대회

참선, 반성의 시간으로 안성맞춤

김혜영 · 영신여고 1년

주지스님의 설법과 예불, 그리고 나머지 모든 시간들 하나 하나가 배우고 따를 점으로 가득하지만 그 중에서도 참선시간이 가장 기억에 남는다. 나 자신에 대해 충분히 생각할 수 있었고, 또 반성의 시간으로 안성맞춤이었다. 법명 스님의 레크리에이션과 간사님의 찬불가 시간은 여느 수련회보다 재미있었다.

친밀감을 느꼈던 촌극 연습

김종숙 · 부평여중 1년

스님 설법은 길었지만 재미있어서 기억에 남고, 1080배도 뜻깊었지만 촌극 연습할 때, 충분한 시간과 소품이 없어서 촌극발표에서 좋은 성과는 올리지 못했지만 준비하는 동안 서로 웃고 친밀감을 느낄 수 있어서 즐거웠다.

이렇게 재미있을 줄이야…

허민철 · 휘경중 1년

완전 순 억지였다. 엄마의 심리공격으로 어쩔 수 없이 항복, 절에 왔는데, 여기 와서 좀 놀아보고 완전히 생각이 바뀌었다. 이렇게 재미있을 줄이야….

1080배는 힘들었지만 촌극에서 주연배우로 나오고, 여러 가지 재미있는 시간을 보내니 참 보람 있었다. 특히 부처님의 사리를 본 것과 수계를 받은 것은 정말로 여기 온 보람을 크게 해주었다.

극락세계에 와 있다는 착각

최민경 · 동덕여고 1년

3박 4일 동안 가장 감동으로 남았던 것은 새벽예불 때 스님의 종소리와 예불 소리가 나로 하여금 극락세계에 와 있다는 착각을 느끼게 했다. 또한 부처님의 사리를 본 것도 큰 영광이었다. 나는 사리를 보면서 착하게 살아야겠다고 다짐했다.

이젠 부지런한 사람이 될 수 있을 것 같다

홍종민 · 청주중 3년

수련회를 하면서 자유분방하던 내 생활을 반성하는 계기가 되었다. 방학 때 늦잠도 많이 자고 일어나고 싶을 때 일어나던 나의 자유분방한 생활 태도가 이제는 이 수련대회에서 일찍 일어날 수 있을 것 같다. 이젠 부지런한 사람이 될 수 있을 것 같다.

절로 시작하여 절로 끝나는 듯…

서하영 · 동덕여고 1년

1080배, 가장 힘들었고 가장 많은 땀에 젖은 때여서인지 1080배가 가장 기억난다. 수련회에 처음 왔을 때부터 절로 시작하여 절로 끝나는 듯한 느낌, 예불 때마다 하는 108배와는 전혀 달랐다. 또 죽비는 왜 그리 빨리 치던지… 절을 할 때의 그 아픔은 1080배 끝난 후의 희열과 같았다.

좌절에 빠졌을 때 이겨낼 수 있는 힘

박두경 · 동덕여고 1년

1080배를 시작할 때 꼭 100미터 달리기를 할 때처럼 가슴이 두근거리고 팔다리가 떨렸다. 이를 악물고 절을 했다.

절을 하면서 머리 속에 남는 간사님이 한 분 계시다. 원경희 간사님, 내가 토할 것 같아서 쉬고 있는데 그 선생님께서 위로해 주시면서 천천히 15번만 하라고 하셨는데, 정말 우연인지 내가 15번을 끝냈을 때 그 많았던 1080배가 다 끝났다.

내가 해냈다는 생각에 왈칵 눈물이 쏟아지려는 것을 참았다. 정말 자신이 믿고 의지할 수 있는 종교를 믿는 것이 자신이 좌절에 빠졌을 때 이겨낼 수 있도록 해준다는 것을…

자신감을 갖게 된 수련대회

송기환 · 대전 계룡공고 2년

언제나 소극적이고 자신감이 없었다. 그런데 신흥사 수련회에서 촌극 연습을 통해 배역을 맡고 여러 사람 앞에서 얼굴에 철판을 깔고 처음으로 연극에 출연하여 자신감을 얻을 수 있었다. 또한 스님의 설법을 들으면서 많은 것을 깨우쳤다. 무엇보다 자신감을 갖게 되고 불교에 대해 많은 것을 알게 된 것에 대해 스님께 감사 드린다.

늦잠 자는 버릇도 없어졌다

김성곤 · 당진중 2년

　수련대회에 참가하기 전에는 절의 벽화나 불상을 보고 무심코 지나쳤는데 스님 말씀을 듣고 난 뒤부터는 불교에 관한 여러 가지 물건을 보면 그냥 지나치지 않고 잘 관찰해야겠다고 느꼈다.
　늦잠 자는 버릇도 없어지고, 목탁 치는 것, 독경, 참선 등 여러 가지를 배워서 기쁘다.

우리는 부처님의 아들 딸

이병곤 · 서울 중앙고 1년

　나 자신이 부처님처럼 참선도 하고 찬불가도 배움으로써 진짜 부처님의 아들이 된 기분이다. 특히 수계식과 1080배를 영원히 잊지 못할 것 같다. 또 땀 냄새가 많이 나는 티셔츠를 내내 입은 것이 정말 싫었지만 부처님의 아들 딸로 하나의 일치됨을 보여주는 것 같아 한편으론 좋았다.

주지스님이 우리 할머니같이 좋다

김영준 · 수원 북중 2년

3박 4일 동안 정말 많은 것을 배웠다. 또 한 가지 특별한 일은 주지
스님이 좋아졌다는 것이다. (마치 우리 할머니 같아서)
부처님에 대한 믿음도 더욱 굳어졌다. 앞으로는 시간이 날 때마다
절에 들러야겠다.

불기 2539(1995)년 여름 청소년수련대회

정말 사람다운 사람이 되었다

이지철 · 안성 안법고 1년

몇 년 전부터 나 자신을 잃어가고 엉뚱한 집착에만 집중하고 나의 일은 잘 하지 못하는 사람이 되어가고 있는 것을 느꼈다. 그래서 그런지 몇 해 전에 왔던 신흥사가 간절히 떠올랐다.

첫날 심성수련에서 자기 별명과 희망을 적는 시간이 있었는데 나는 자신 있게 대답할 수가 없었다. 고등학교에 올라와 공부를 한다고 해서 나아갈 진로를 택해야 하는 시기에 그것은 충격이었다. 수련대회 기간 동안 나의 희망이 뭔지 생각했고, 프로그램을 하나하나 완수해가면서 나 자신에게 놀랐다. 1080배를 하는 체력이 있었다는 것에 놀랐던 것이다.

부처님께 내 죄를 모두 참회하고 이제부터 새로운 사람이 되겠다고 다짐했다. 정말 이 수련회를 통해 나는 누구인가? 나는 어떤 사람인가? 내 인생의 주인공은 누구인가?에 대한 확신이 생겨 가슴 뿌듯했다. 오늘부터 정말 사람다운 사람이 되었다.

영원히 기억에 남을 3박 4일

정태석 · 강원도 철원중 2년

태어나서 처음으로 와본 수련회, 그냥 노는 것으로만 알고 있었는데 여기 와서 수련회의 의미를 새롭게 깨달았다. 생각보다 힘들었지만 보람이 있었고, 부처님께 더욱 열심히 귀의할 것을 다짐했다. 이렇게 재미있는 일은 처음인 것 같다. 3박 4일의 모든 일들은 내 머리 속에 깊이 남아있을 것이다.

힘들 때마다 부처님을 생각하리라

안문옥 · 서울양천여고 1년

공부의 시달림에서 벗어난 며칠 동안 훨씬 편했던 것 같아서 집에 가기 싫었다. 스님 아래에서 공부하고 싶지만 어머니 말씀이 아무나 누구나 하는 게 아니라는데, 아무튼 더욱더 열심히 공부하고 싶고 더 열심히 살겠다고 부처님께 약속드렸다. 스님께서 설법해주신, 어렵고 힘들 때마다 부처님의 6년고행을 생각하며 열심히 살겠다.

몸과 마음을 갈고 닦을 수 있는 수련대회

손현배 · 경기도 군포중 2년

신흥사에서 하고 있는 청소년수련대회는 참 좋은 것이다. 흔들리기 쉬운 우리 10대들, 나쁜 길로 가지 못하게 하고, 몸과 마음을 갈고 닦을 수 있는 것이 얼마나 좋은가. 신흥사 말고도 다른 절에서도 이런 좋은 프로그램을 가지고 청소년수련대회를 열었으면 좋겠다.

불기 2539(1995)년 겨울 청소년 수련대회

가슴 깊은 곳에 스며드는 불심

이은희 · 선영여자고 2년

공부도 좋지만 내가 믿는 종교에 대해서 더 알고 싶어서 이렇게 오게 되었다. 힘들긴 했어도 너무너무 재밌고 뿌듯한 수련이었다. 이제껏 알지 못했던 교리, 스님의 훌륭하신 설법을 들으며 정말이지 심신단련이 확실히 된 것 같다.

부모은중경을 통해서 부모님의 높고 크신 사랑도 더 깊이 느낄 수 있었고, 정성스럽게 1080배를 하면서 인내심과 극기를 배울 수 있었다. 또한 단체생활을 하며 협동심으로 하나가 된다는 것도 느낄 수 있었다.

때때로 더위에 지치고 힘들 때도 있었지만 가슴 깊은 곳에 스며드는 불심으로 견딜 수 있었다. 이번 수련회에서 배운 것을 토대로 앞으로 힘든 일이 닥쳤을 때 거뜬히 이겨낼 수 있다는 자신감이 생겼다. 우리나라 방방곡곡에 신흥사 같은 좋은 절이 많았으면 좋겠다.

의문점을 믿음으로 바꾸어 놓는 계기가 되다

청소년

나에게 있어서 불교라는 종교의, 그리고 나의 믿음에 용기를 복돋기 위해서라는 것이 이번 수련대회의 최대 목표였었다. 그러나 버스를 타고 두 시간 남짓의 여정을 거쳐 드디어 산의 수풀 속에서 신흥사를 발견하고 많은 법우들의 눈빛을 보는 순간 난 무언가 다른 것을 이곳에서 얻을 수 있으리라는 느낌을 받을 수 있었다. 그들의 어설픈 한마디 한마디에서 난 전혀 낯설지 않은 어디선가 본 듯한 오랜 친구 같은 친밀감을 느꼈었다.

스님의 설법 속에서 내가 그 동안 나의 믿음에 걸림돌이 될 수밖에 없었던 그 의문점을 믿음으로 바꾸어 놓는 계기를 가질 수 있었다. 법우님들과의 토론시간과 연습시간들을 통해 불교라는 종교를 내가 가질 수 있다는 것에 대해 기쁨을 느낄 수 있었다. 다른 많은 나의 느낌과 이야기를 다 쓸 수가 없는 것이 이번만큼 안타까울 수 없다. 새벽 4시부터 밤 11시까지 모든 일과에서 많은 보람을 느끼었다.

불기 2540(1996)년 여름 청소년 수련대회

타종교인이라 처음엔 조금 겁났지만…

최수미 · 화성여상 1년

처음에 이 곳을 들어섰을 때는 다른 종교를 갖고 있는 나에게 익숙하지 않은 절이라서 조금 겁이 났다. 이곳에서 짧다면 짧고 길다면 긴 시간 동안 기억에 남는 건 발우공양이었다. 머리털 나서 처음 해보는 일이라서 황당하고 겁부터 났다.

그리고 점점 시간이 흐르면서 선체조를 하면서 흥미를 느꼈으며 정말 내 몸이 한결 가벼워짐을 느꼈다. 또 오랜만에 땀도 흘려봤다. 견디기 힘들었던 참선은 조용한 분위기 속에서 많은 걸 생각하게 했지만 다리가 너무 아팠다. 아무튼 좋은 시간이었고 배우고 느끼는 것도 많았다.

너무 짧아서 아쉽다

정지현 · 화성여상 1년

솔직히 토요일 아침에 학생회 간부들이 모여 신흥사에 간다 하여 기분이 들떠있었다. 막상 도착하니까 아는 얼굴이 없어서 서먹서먹하여 괜히 왔다라는 생각이 잠시 들었다. 조금 지나니까 재미있고 유익한 시간인 것 같았다.

특히 점심식사를 하는데 그렇게 어렵게 밥을 먹은 것도 처음인 것 같다. 그래서 그런지 기억에 가장 많이 남는다. 며칠 몇 박이었다면 더 좋았을텐데 하는 생각이 든다. 다음에 또 이곳에 올 기회가 마련되었으면 좋겠다. 하루라서 친구도 하나 못 사귄 것이 아쉽다.

스님의 말씀이 감명깊었다

조은미 · 발안농고 2년

오늘 하루는 그 어느 날보다 더 보람되고 알찬 하루였던 것 같다. 처음엔 그저 선생님 권유에 오게 되었는데, 오늘 신흥사에 도착하고 보니 나 자신도 모르게 내 행동과 말, 몸가짐 등이 차분해져 가는 것을 느꼈다.

한편 시간이 흐를 때마다 힘든 관문이 나를 고통스럽게 만들었지만 그만큼 진리를 깨달았다. 우리 집도 불교를 믿는데, 어렸을 때 할머니 손을 붙잡고 가본 이후 처음으로 절에서 있게 되었다. 점심식사와 또 다른 것들이 나를 너무 즐겁게 만들어 준 것 같아서 참 뿌듯했다.

스님의 한 말씀 한 말씀이 내 귀를 쫑긋 세우게 했고, 또 티 없이 맑아 보이는 스님의 인상이 좋았다. 그리고 다음 번에 기회가 주어진다면 훨씬 잘 할 수 있는 모습을 보이고 싶고, 고교시절 동안 뿌듯한 일을 체험하게 되어서 정말 좋다.

아주 소중한 것을 배운 하루

정은정 · 비봉종고 2년

이곳 신흥사에 온 뒤부터 다시 한번 나 자신을 돌아보게 되었다. 비록 짧은 시간이었지만 아주 소중한 것들, 삶을 배웠다. '부모님의 효도', 오늘 아침에 집을 나오면서도 엄마와 싸우고 왔었는데… 지금은 너무도 죄송스럽다. 많은 친구들, 좋으신 간사님들, 또한 스님들… 아마 이번 수련회는 잊지 못할 나의 추억거리로 영원히 자리잡을 것이다.

이 사회는 혼자 살아가는 것이 아니라 같이 공동으로 살아간다는 것 또한 절실히 느꼈으며, 이 모든 세상에 살아 숨쉬고 있는 것들에 대한 소중함도 느꼈다.

불교에 대한 선입견이 바뀌었다

김혜진 · 비봉종고 2년

처음 이곳에 올 때 기대도 컸고 호기심도 컸다. 물론 기대에 버금가도록 많은 것을 느끼고 배웠다. 하지만 교육시간이 너무 짧고 일정이 너무 빽빽했다. 다음에 또 기회가 있다면 좀더 여유를 가지고 서로를 더 많이 알 수 있는 프로그램이 짜여졌으면 한다.

사실 개인적으로 성당에 다니고 있어서 절, 불교에 대한 선입견이 있었는데 생각이 바뀌었다. 오늘의 수련회는 뜻깊었다.

다시 또 오고 싶다

안인규 · 수원 경성고 2년

나는 여지껏 불교가 나쁘다고 생각했다. 왜냐하면 내가 부산에 살았을 때 절에 갔는데 절을 지킨다는 사천왕이 서 있어서 무서웠다. 그러나 지금은 수련회를 하고 보니, 절은 신성한 곳이고, 부처님의 자비로움이 있는 곳이라는 것을 느꼈다. 일정도 재미있었고, 특히 배가 고파서인지 발우공양시간이 너무 즐거웠고, 밥을 맛있게 먹었다. 비록 내 신앙은 기독교이지만 다시 또 오고 싶다.

간부수련회에서

한일여고 2년

첨엔 너무 오기 싫었어요. 전 사실 천주교거든요. 학교에서 간부수련회이기 때문에 오긴 했지만 사실 바다나 산으로 가길 원했거든요.

하지만 지금은 아니에요. 내가 생각했던 따분한 절이 아니고 친구들도 많고 놀 거리도 많은 곳이더라구요. 당연히 배움도 있었구요.

불교에 관해 많은 걸 알게 되었고 불교에 친숙해진 것 같아요. 하지만 한 자리에 한 시간, 두 시간 앉아 있는 건 너무 힘들었어요. 지금은 그것 또한 교육이라고 생각해요. 참을성도 기르고 말이에요. 걱정도 많고 힘들 거라 생각했지만 지금은 너무 즐겁고 오길 잘했다는 생각을 했어요. 불교의 장점도 알게 된 것 같고, 다음에 또 올 거예요. 다만 너무나도 아쉬운 점이 있다면 학교 간부들이 모두 다 참여하지 못한 점이에요. 여름수련회는 막을 내리지만 겨울에 한 번 더 참여하고 싶어요.

불기 2540(1996)년 화성군 15개 고등학교 학생 인성수련대회

매년 수련대회에 오게 되는 이유

신재경 · 수원 산남중 3년

매년 수련회에 항상 참가하게 되는 이유는 무엇일까? 재미나 호기심, 그런 따위의 느낌 때문은 아닌 것 같다. 10년을 와도 매년 다른 느낌을 갖고 집으로 향했었다.

작년에 처음으로 '1080배 용맹정진' 프로그램에 이를 악물고 참가해서 뿌듯하고 기분 좋은 느낌을 받았었다. 그래서 이번에는 약간의 자신감과 함께 다시 한번 도전했다. 작년보다 늘어버린 몸무게와 넓어진 엉덩이 탓인지 몇 번이고 포기하고 싶은 생각도 들었지만 한번 해냈었다는 자부심과 용기로 나 자신과의 힘든 싸움에서 자신있게 이겨냈다. 무엇보다도 나 자신에게 스스로 박수 보낼 수 있는 내가 됐다는 그 느낌이 너무너무 좋았다. 아마도 그런 느낌이 날 매년 수련대회로 향하게 하는 이유인지도 모른다.

그리고 한 가지 더 보태자면 같은 또래의 친구들과의 만남이라는 것이다. 그 만남이 부처님과 함께라는 것에 큰 의미가 있을 것이다. 우리 나이에 우리가 생각하는 것들을 자유로운 분위기 속에서 이야기할 수 있다는 것, 또 같은 대한민국 청소년 불자로서 서로의 신앙관에 대해서 이야기할 수 있어 여러 모로 나에게 큰 도움이 된다.

회향식만을 남긴 지금, 집에 가서 제일 하고 싶은 일은 푹 자는 것이다. 내년에는 일찍 일찍 자야겠다. 그리고 두 번째는 하루에 십분이라도 절에서 배운 좋은 말씀을 생각하고 반성하는 시간을 가져야겠다는 것이다. 벌써부터 내년 여름이 기다려진다.

부처님에 대한 믿음의 힘

이경희 · 송산중 3년

정말로 눈부신 햇살을 받으며 무거운 짐을 들고 신흥사에 도착했다. 친구와 약간의 불화(?)가 있어 오기를 망설이기도 했지만 나의 굳은 의지로 신흥사에 오게 된 것이다.

이번 수련대회에서는 믿음에 대해 많은 생각을 했다. 1080배가 그렇게 무서운 것일 줄은 몰랐다. 땀 흘리며 열심히 절하는 법우들을 보며 저것이 부처님에 대한 믿음의 힘인 듯싶었다. 그러한 모습은 내게 강한 자극과 신심을 불러일으켰다.

앞으로 고쳐야 할 점이 너무 많다. 내겐 항상 부처님이 함께 하고 계신다는 믿음으로 조금씩 잠도 줄이고 발우공양은 못할지언정 깨끗한 식습관도 기를 것이다. 그리고 무엇보다 친구들과의 관계도 개선하여 사교성 있는 삶을 살 것이다.

평생 잊혀지지 않을 좋은 추억

오승식 · 매원중 3년

신흥사에 도착한 후 처음엔 낯설어서 서먹서먹했지만 새로운 환경이라는 생각 때문에 마음이 설레기도 했다.

108참회를 하고 1080배를 한다는 등 여러 이야기를 듣고 지레 겁을 먹었지만 지금에 와서는 나의 모든 악업을 깨끗이 했다는 것에 크게 만족하고 있다. 그리고 가장 기억에 남는 것은 무엇보다도 발우공양이다. 집에서는 내 마음대로 할 수 있지만 여기서는 스님들이 공양하시는 방법으로 먹으니 감회가 새로웠다.

신흥사에 와서 아침저녁으로 예불을 드리니까 내 마음이 고요해지고 편안해지는 것을 느낀다. 그래서 더욱더 불심이 두터워진 것 같다. 예전에는 어머니를 따라서 가끔 절에 갔지만 이번 수련회를 통해서 정기적으로 절에 다닐 것을 다짐했다.

또 수련회에 참가한 아이들이 모두 착하고 밝아서 남녀 구분없이 어울려 노는 모습이 참 보기 좋았다. 나는 수련회엔 처음이라 아이들과 말도 안 하고 가만히 앉아만 있었지만 지금은 서로의 감정을 알 수 있는 좋은 친구가 되었다.

큰스님의 설법은 재미는 물론 감동적이었고, 가장 즐거운 시간은 찬불가와 촌극 발표였다. 이 모든 것들이 재미있었고 평생 잊혀지지 않을 좋은 추억이 될 것이다. 아무튼 무어라고 형용할 수 없을 정도로 유쾌하고 상쾌한 수련회였다.

불기 2540(1996)년 겨울 청소년 수련대회

친구와 헤어지는 아쉬움을 달래며

조영일 · 안양고등 2년

나에게는 중학교부터 함께 지내온 웅용이라는 소중한 친구가 있다. 고입 때에도 뜻을 같이 해서 안양고등학교에 입학하여 함께 하숙을 하게 되었다. 그런데 웅용이가 하숙 생활을 너무 힘들어해서 집 근처인 수원에 있는 학교로 전학을 가게 되었다. 그래서 신흥사 수련대회를 통해 친구와의 마지막 아쉬운 시간을 보내고 우리나라의 최다 신자 보유 종교인 불교에 대해 배워보고자 이곳에 오게 되었다.

이곳에 처음 왔을 때 엄한 규율과 쉴 틈 없는 계획표에 기대 밖이라는 생각도 했었다. 하지만 정말 친할머니 같으신(외모도 비슷하다) 주지스님과 다른 스님들에게서 큰 감동을 받았다. 특히 매일 들었던 설법은 정말 인상이 깊다. 현대사회의 여러 가지 폐해에 대해 불법으로써 그 뿌리부터 다스릴 수 있으며 사람이 살아가면서 목숨같이 여겨야 할 다섯 가지 계가 있다는 말씀을 듣고 저절로 고개를 끄덕이게 되었다.

발우공양 시간도 매우 뜻 깊었다. 4개의 발우를 써서 공양을 하는 것인데, 마지막 깨끗한 천수물을 보면서 자연과 함께 살아가려는 불교의 맑은 정신을 깊이 느낄 수 있었다.

이렇게 수련을 한 마지막 밤에는 법우들과 함께 예술제에서 광란의 시간을 가졌다. 예술제가 끝난 후에는 심히 우려했던 1080배 시간이 왔다. 한 마디로 장난이 아니었다. 방석 두 개를 온통 땀으로 적

"

시고 나중엔 걷지도 못하게 되었다. 주지스님의 자기와의 싸움이라는 말씀과 용맹정진이라는 말을 뼈저리게 느꼈다.

그렇게 해서 수련대회의 마지막 날이 오게 되었다. 비록 불교신자는 아니었지만 많은 것을 배웠고 소중한 친구들과의 만남이 있었고 한편으로는 웅용이와 헤어지는 아쉬움도 있었다. 수련했던 이 시간들을 오랫동안 간직할 것이다.

내가 자랑스러워지는 수련회

김영화 · 경주 서라벌여자중 1년

처음엔 너무도 힘들고 지쳐서 눈물이 날 것만 같았다. 그런 훈련들이 이어짐에 따라 다시 돌아가고 싶다는 생각밖에 들지 않았다. 지금 생각해보면 수련대회를 놀기 위한 마음으로 왔기 때문에 많이 실망했던 것 같다. 그런 정신 자세가 문제였다.

3박 4일이란 시간을 마무리 하는 지금, 그 어느 때보다도 기분이 날아갈 것 같다. 힘들었던 그 참선과 1080배…. 내가 그 힘든 훈련을 이겨냈다고 생각하니 왠지 모르게 기쁘고 자신감이 솟는다. 내 자신이 무척이나 자랑스럽다.

이제껏 도전조차 제대로 안 해 보고 쉽게 절망하며 줏대없이 왔다 갔다 했던 내 정신력, 남을 포용하고 베풀 줄 모르는 이기적인 내 성격, 그 모든 것들이 아른거린다. 이번 수련대회를 계기로 모든 것이

달라질 것이다. 생명의 불이 꺼지는 그날까지 부처님의 뜻과 함께
살아갈 것이다.

하면 할 수 있다는 것을 배웠다.

박경호 · 용인고

   여기 수련회에 올 때에는 처음이라 설레이는 마음을 안고 용인에
서 출발하였다. 수련대회 장소는 신흥사였다. 처음으로 절 안에서 3
박 4일이라는 시간을 보내려고 생각하니 앞이 캄캄하였다. 첫날 입
제식을 하고 하루를 순조롭게 보내었다. 그러나 시간이 흐를수록 점
점 힘이 들었다. 불교는 정말 형식이 많다고 생각하였다. 예불을 드
릴 때는 정말 눈에서 눈물이 핑 돈다. 하지만 나는 생각했다. 이런 것
이 나의 마음과의 싸움이라고, 나는 기필코 나 자신과 싸워 이겨야
지 하는 마음이 솟구쳤다. 역시 인간은 하면 할 수 있다는 것을 이번
수련회를 통해 느꼈다. 앞으로 이런 정신을 안고 학생의 신분으로
나의 수양과 공부를 열심히 하겠습니다. 마지막으로 할 말은 힘은
들었지만 역시 무언가를 깨닫고 앞으로 어려운 일이 있으면 1080배
를 생각하고 예불을 생각하고, 수련대회의 모든 행사를, 아니 스님
들의 힘들고 고달픈 생활을 생각하겠습니다.(저의 생각으로는 정말
스님들이 존경스럽습니다.) "성불하세요."

큰 행운을 잡았나 보다

청소년

내가 불교를 알게 된 것은 그리 오래 되지 않았다. 어머니께서 불교를 믿으셨기 때문에 조금은 불교라는 종교에 호기심을 갖고 있었으나 절이나 포교당을 다닌 것은 1개월도 채 못 된다. 지금 포교당에서 『석가모니 부처님』이라는 책을 공부하고 있다. 하지만 아직도 내가 배우고 있는 불교가 나에게 진정으로 무엇을 주는지 몰랐었다. 그런데 언젠가 주지스님께서 해주신 설법 중에 "지옥에 갇힌 중생을 다 구원해 주신다."라는 말씀이 있었다. 너무나도 내겐 소중하고 의미있는 말이다. 그 말은 결국 어떤 잘못을 하더라도 모든 사람을 사랑하신다는 말이기 때문이다.

이 수련회로 인하여 더욱 불교에 대한 신앙심이 두터워진 듯하다. 앞으론 부처님의 모든 얘기를 아무 조건없이 그대로 받아지기에 이번 기회로 큰 행운을 잡았나 보다. 종교! 꼭 나에게 있어, 꼭 그런 것이 필요하다고 생각된다. 마음을 듬뿍 담아 보관할 수 있는 곳, 새지 않도록 단단히 만들어진 그런 그릇, 이것이 종교가 아닐까 생각한다.

불기 2541(1997)년 여름 청소년 수련대회

부처님께서 위대하신 이유

김민자 · 매향여자경영정보고 3년

숨소리도 내지 못하고 생각을 한곳으로 집중해야 하는 참선, 1시간으로 잡혀진 참선 시간에 놀랐으나 40분이어서 그런지 좀더 경건한 마음으로 집중할 수 있었다. '나는 누구인가'를 수없이 되뇌었어도 잘 되지 않는다. 부처님께서 위대하신 이유를 한층 더 깨달을 수 있었다.

절에 가라 가라 하지 않아도…

홍효경 · 서신중 2년

스님 설법을 들으면서 친구들과 친해지면서 수련이 점점 재미있어지기 시작했다. 이번 수련회 때 무엇보다도 좋았고 뿌듯했던 점은 스님 설법과 1080배, 정성스럽게 절을 하면서 내 소원을 빌었다. 그동안 간사님들이 나와라 나와라 해도 대답만 할 뿐 행동으로 옮기지는 않았는데 이제부터는 행동으로도 옮기려고 한다. 엄마가 절에 가라 가라 하기 전에 꼬박꼬박 나오고 수련회도 자진해서 나올 거다.

발우공양은 지구상 최고의 식사법

김보현 · 수원 동성여자중 3년

3박 4일, 여섯 차례의 발우공양을 하면서 나는 진심으로 그에 대한 위대함과 존경심을 느꼈다. 수질오염 안 시키고, 식량자원 절약되는 지구상 최고의 식사법, 어쨌든 발우공양을 하면서 퍼뜩 떠올랐던 아이디어는 바로 발우공양식당을 차리는 것이다. 내 생각이 현실화된다면 일단 환경오염문제가 심각하다고 대두되는 요즘에 '지구 살리는 부처님의 훌륭한 식사법'이라는 수식어를 달고 다양한 대중매체의 머리기사로 나올 것이다. 그렇게 되면 각 지방에 체인점도 생기고, 자연스럽게 포교가 이루어지게 될 것이며 이는 불교신자의 입장에서 기쁜 일이 아닐 수 없다.

카톨릭 신자가 불교에 흠뻑 빠진 이유

표선욱 · 서울 장훈고 1년

나는 카톨릭 신자이다. 불교라는 종교의 궁금증과 무엇인가 얻을 수 있으리라는 기대감으로 수련회에 오게 되었는데 생각대로였다. 카톨릭에 비해 정신세계의 풍만함과 현실적인 성전의 내용은 나를 불교에 흠뻑 빠지게 했다. 놀러만 다니기에 급급했던 카톨릭에 비해 불교는 놀면서도 1080배, 참선 등의 용맹정진을 하며 체계적인 정신수양을 할 때 내 몸과 마음이 경건하고 맑아지는 것을 느끼면서 신비하고 놀라웠다. 하루 이틀 지나면서 나는 불교의 매력에 매료되어가기 시작했다.

마음에 와닿은 부모은중경

박경애 · 횡성여자고 2년

부모은중경 독경이 가장 좋았다. 신흥사에 오기 전에 어머니 속을 자주 썩혔는지라 가장 마음에 와 닿았던 것 같다. 어머니 품에 돌아간다면 예전의 막되었던 나를 반성하고 조금은 쑥스럽겠지만 어머니의 마음을 기쁘게 해드리는 일이라면 무엇이든 할 수 있을 것 같다.

존중, 배려, 사랑을 잊을 수 없다

류형선 · 세화여자고 2년

아버지는 불교신자지만 나는 교회에 다녔다. 평상시 아버지의 행동, 나에게 헌금을 챙겨주시는 것을 보고 생활 속에서 불교가 좋다는 것을 아주 조금 느꼈다. 수련회를 통해 종교에 대해 혼란스러워 졌다. 하나님이 계시는 천당이 가장 차원이 낮은 천상이라는 설법을 듣고 그렇다면 '하나님보다 부처님이 더 높으므로 불교를 믿어야 하나' 라는 엉뚱한 생각을 하기도 했다.

잠깐이었지만 불교가 도덕적으로 세상을 살아가는 데 도움이 될 것 같다. 또 가슴 깊이 남는 것 중의 하나는 한 사람 한 사람 그리고 전체에 대해 존중해주고 배려해주고 아껴준 자비심이다. 그냥 스쳐 지나갈 가벼운 행동들마저 배려해주시고, 발우공양할 때 항상 꼴찌 여도 말없이 기다려주신 점, 잘못된 것은 따끔하게 지적해주신 스님 께 죄송하고 감사하다.

평생 잊지 못할 수련회

채송화 · 동인천여자중 1년

얼마 전 친척 동생이 놀러와서 불교학교에 같이 가자고 하였다. 처 음엔 별로 마음이 내키지 않았지만, 동생의 얘기를 듣다보니 불교학 교가 어떤 곳인가 호기심이 나기 시작해서 함께 가기로 했다.

첫날은 친구를 사귀지 못해 심심했지만 큰스님으로부터 부처님에 관한 이야기를 들으며 많은 것을 깨닫게 되었다. 내 가슴에 부처님 은 이제 특별한 분으로 새겨졌다. 그 날은 찬불가도 5가지를 배우고 저녁예불도 드리며 바쁘게 지나갔다.

둘째 날엔 신흥사 전경을 돌며 즐겁게 게임도 하고 신나는 춤연습
도 했다. 밤에 불꽃놀이와 장기자랑을 하기 때문이다. 저녁예불을
드리고 장기자랑을 시작했다. 우리 반은 '그녀는 예뻤다'를 탈춤처
럼 춰서 많은 박수를 받았다.

모든 장기자랑이 끝나고 종이컵으로 만든 연꽃에 초를 끼워 불을
붙인 다음 큰법당을 한바퀴 돌며 소원을 빌기도 했다. 그리고 불꽃
놀이를 할 때는 찬불가에 맞춰 춤도 추고 아무 생각 없이 몸을 흔들
어대는 막춤도 추며 스트레스를 확 풀었다. 이곳 신흥사에 와서 내
생애 이렇게 즐거운 수련회는 처음이다. 나는 이것을 평생 잊지 못
할 것이다.

불기2541(1997)년 겨울 청소년 수련대회

내 모습이 처음으로 멋져 보였다

이경희 · 송산고 2년

수련회에 참석한 지 벌써 네 번째다. 지난 여름수련회만 해도 재미로 절을 했는데, 올해는 내가 대표로 염주를 돌리며 절을 했기 때문인지 책임감 때문에 쉴 수 없었다. 공부를 하는 게 너무 힘들다고 생각하며 차라리 머리가 아닌 몸이 피곤한 생활을 했으면 했다. 한번도 그런 적이 없음에도 불구하고… . 어제 내 땀을 봤다. 이마를 타고 흘러 내려오는 것이 왜 그리도 기쁜지, 기분이 너무 좋았다. 근데 절대로 쉬운 것이 아니었다.

세상에는 정말 쉬운 게 아무 것도 없는 것 같다. 여기저기에서 이리저리 조금이라도 쉽게 편하게 일을 하려고 했다. 성실 노력 잊은 지 오래 된 듯하다. 귀찮아서 모두들 자기만 편하고 싶어한다. 그렇게 행동하고 그들 속에서 가끔 노력하는 내 모습은 성실해 보이는 것이 아니라 어리석어 보였다. 어제는 요즘의 그런 내 모습이 처음으로 멋져 보였다. 땀 흘리고, 다른 사람 의식 않고 오직 내가 옳다고 생각하는 것을 위하여 힘썼다.

나를 이긴 느낌!

전윤경 · 동우여고 1년

수련기간 중에 제일 재미있었던 것은 전래놀이였다. 군고구마를 해먹는다는 것 그 자체가 너무 좋았다. 그 느낌이 정말 끝내줬다. 나중엔 숯으로 장난을 칠 수 있어서 재미도 있었고 연날리기도 무척 재미있었다. 그 담에 기억에 남는 건 당연히 1080배였다.(나를 이긴 느낌!)

마음만 먹으면 무엇이든지 할 수 있다

장영준 · 상일중 1년

이 수련회에서 느낀 것은 마음만 먹으면 무엇이든지 할 수 있다는 것을 알았다. 그리고 좋은 간사님들과 법우님들을 만났다. 설법도 약간 졸리기는 했으나 재미있었다. 참 요번에 염주 꿰기를 처음으로 하였는데 매우 매우 재미있었고, 공동체 놀이에서 전래놀이도 무척 재미있었다. 1080배 용맹정진, 찬불가 촌극 발표회는 예상을 뒤엎는 아이디어로 너무 재미있고 신나게 놀았다.

별들이 너무 예뻤다

이정길 · 신목중 3년

아는 사람이 하나도 없어서 처음에는 따분하기만 했는데 점점 흥미로워지고 즐거워졌다. 예불시간에는 취침 기상시간이 여태까지 습관과 달라 힘들었는데 나중에는 경건해진 것 같아 내심 만족스러웠다. 같은 반 법우들과 반가, 찬불가, 촌극 등을 준비하면서 굉장히 즐거웠다. 많이 친해졌고, 발표회 때도 잘 맞아서 기분이 좋았다. 또 이곳엔 서울에는 없는 별들이 너무 예뻤다. 이런 시간을 만들어주신 부모님, 부처님께 감사 드린다.

신심 깊은 청소년 불자가 이렇게 많다니…

이영화 · 강경고 2년

처음으로 수련회에 참석, 많은 것을 알게 되었다. 이전까지 불자로서의 자격이 부족했음도 알게 되었고, 지금까지 불자 친구가 적어 이렇게 많은 이야기를 나눌 기회도 적었는데 이 곳에 와보니 내 또래의 친구들이 열성적으로 법문을 외는 모습이 너무 좋았다. 신기하다 생각이 들 정도로….

차 예절을 배운 기쁨

원정숙 · 숙지고 2년

좋은 것을 많이 배웠다. 인내심도 배웠고 예절에 대해서도 많이 알았고…불교에 대해서도 좀더 많이 알게 되었다. 차를 마실 때 아무것도 모르고 마시다가 스님께 차에 대한 많은 예절을 배우게 되어 굉장히 좋았다. 그리고 부모님에 대한 고마움도 느끼게 해주셔서 감사드린다.

너무 뜻깊은 시간

김은경 · 온양여중 1년

언제나 신흥사는 철저한 계획 아래, 경험이 풍부하신 간사님들의 지도 아래 정말 꼬옥 필요한, 청소년에겐 필수적인 것 같다. 난 3박4일 일정 중 가장 재미있고도 뜻깊은 것은 1080배 하는 것과 발우공양이다. 특히 발우공양은 밥, 반찬 남기기 잘하는 나에겐 좋은 경험이 되었던 것 같다. 또 1080배는 청소년 수련대회의 특색이자 자랑거리인 듯…따라서 너무 뜻깊은 시간이었다.

좋은 친구를 많이 사귀어서 행복하다

양도연 · 서연중 3년

4일 동안 지내면서 많은 배움을 접하고 나쁜 버릇을 고치고 좋은 친구를 많이 사귄 것이 중요하다. 처음에 만난 친구들은 모두 서먹 서먹하고 부끄럽지만 지금 우리는 남의 마음을 들여볼 수 있을 정도로 친해졌다. 우리는 산에도 같이 오르고 밥도 같이 먹고 절도 같이 하면서 정이 들었다. 그래서 헤어질 때 너무 슬펐다.

다양하고 새로운 체험이 인상적이었다

이윤석 · 문일고 1년

처음에는 그저 다른 수련회처럼 상투적인 일정일 거라고 생각해서 오기 싫었는데 다양하고 새로운 체험이 인상적이었다. 요즈음 들어 더욱 부각되고 있는 절약정신, 나도 절약하고 있다고 생각하고 있었지만 발우공양을 하면서 그런 생각은 사라졌다. 좋은 인상을 준 발우공양!

여러 가지 불교행사는 종교적인 맛이 가미되어 있어 좋았다. 올 때부터 마음에 안 들었던 부분은 시간이 갈수록 잊혀지고 내가 흡수되어 가는 게 신기했다.

괴로움을 다 이겨냈을 때 느낀 그 성취감!

노형희 · 문정중 2년

가장 기억에 남는 것은 캠프파이어도 아니고 발표회도 아닌, 1080 배 하기다. 솔직히 너무너무 힘들었다. 하지만 그 고통보다 괴로움을 다 이겨내고 끝내고 났을 때 느낀 그 성취감이 더 컸기에 지금 이렇게 기분 좋게 보람이란 단어의 뜻을, 그 의미를 확실히 안 상태에서 이 소감문을 쓸 수 있게 된 것 같다. 그래서 이 수련회가 더 값졌던 것은 아닌지….

부처님의 미소를 보고 절을 더 열심히 하다

송현우 · 원곡중 2년

반구호, 반가, 찬불가, 촌극을 연습할 때에는 겉으로 내색은 안 했지만 즐거웠다(마음껏 뛸 수 있었으니까). 촌극할 때 나는 부처님 역을 맡았다. 조금 어색했지만 그런 대로 열심히 했다. 3박 4일 동안 스님 설법도 잘 듣고 단체생활이란 것도 배웠고, 자신감도 얻었다.

그런데 이상한 점이 있었다. 우리가 어제 밤에 1080배를 하는데, 부처님 얼굴을 가끔 보면서 절을 계속하다 보니, 부처님 얼굴에 미소가 보이는 것 같았다. 그 때 보람을 느끼고 절을 더 열심히 했다.

1080배는 자기 자신과의 싸움

천미영 · 문경 서중 2년

나는 예전엔 교회 다니는 친구들이 부러웠다. 신앙심이 두텁고 대인관계가 좋아 정말 친형제 자매 같아서 보기 좋았다. 그런데 이번 청소년수련대회를 통해 불교가 종교 중에서 제일 뛰어나다는 생각이 가슴에 박혔다. 모두가 석가모니불을 부르면서 절하는 것을 보고 정말 존경스럽게 느껴졌다.

아무리 어려도 신앙심을 가지고 열심히 하면 안 되는 일이 없는 것 같다. 간사님들의 말처럼 1080배는 자기 자신과의 싸움이었다. 나는 몇 번이고 무릎이 굽혀지지 않아 주저앉았고 부처님께 죄송한 마음이 들었다. 정말 인내심이 많은 것이 부러웠다.

불기 2542(1998)년 겨울 청소년 수련대회

나의 종교를 갖게 되어 기쁘네

하시원 · 수원 수성중 2년

여름방학, 친구들은 피서지로 놀러가고 없었다. 부모님께서 "시원아! 동생하고 같이 신흥사 수련원에 가서 부처님의 말씀을 배우고 정신수양도 하고 오너라."라고 하셨다. 2시간쯤 가서 내리니 비가 오고 있는데 아주 멋있는 절이 보였다. 신흥사였다.

나는 부모님께서 불자이시기 때문에 으레 그렇듯이 나도 말로만 불자였다. 그러나 이번 기회에 확실한 불교 신자가 되겠다고 결심했다. 난생 처음 읽어보는 불경, 하지만 나는 부처님의 뜻을 조금씩 알아가며 남들보다 큰 소리로 경전을 읽어갔다. 예전에는 부처님께서 그냥 불교에서 가장 높은 분으로만 알고 있었는데 이번에 다시 느꼈다. '부처님은 너무나도 위대하고 자비하신 분인 것 같다' 고.

나는 또 부모님께 행하는 효를 배우고 부모님께 다시 한번 효를 실천하겠노라고 결심했다. 그리고 우리에게 유익한 것을 많이 가르쳐 주신 신흥사 스님, 간사님들께 감사 드린다.

내가 어렸을 적에는 아무 것도 모르고 동네 형을 따라 교회를 다닌 적이 있다. 하지만 그곳은 내가 생각했던 아름다운 곳이 아니었다. 이번 신흥사 수련원에 와서 아주 큰 결정을 내렸다. 무엇이냐 하면 '부처님의 자비하신 행동에 감탄하고 나의 평생 종교를 불교로 정한다' 라는 것이다.

이제 나는 부모님을 따라 주변의 좋은 절에 다닐 것이다. 그리하여 매우 착한 사람이 되고 부모님께 효도하는 사람이 되겠다. 또한 불법을 열심히 공부하여 부처님의 뜻을 많이 알고 실천하겠다.

조금씩 달라지는 나를 보면서…

안보라 · 영성여자중 2년

수련회에 온 동기는 2학년 올라와서 공부도 제대로 안 하고 친구들과 놀러만 다니고, 부모님 걱정시킨다 하여 엄하신 아빠가 정신수양좀 하고 오라고 보내신 것이었다. 수련회에 오기 며칠 전에 말씀해주셔서 황당하고 어이없기는 했지만 아빠 말이라면 칼처럼 듣는 나는 그냥 이곳에 올 수밖에 없었다.

처음에는 낯설기만 했는데…. 하지만 이곳에 와서 여러 사람들과 접해보고 부딪쳐 보니 내가 생각했던 것만큼 낯설지는 않았다. 힘들었던 3박 4일이었지만 보람차고 알차고 앞으로 내 삶을 바르게 인도해 줄 것 같다. 왜 전에는 3박 4일 길고 지루하게만 느껴졌는지 이제 와서 생각해보니 좀 후회스럽다. 처음 이 곳에 올 때만 해도 '거기 가면 내가 달라지겠어'라고 생각하며 왔는데, 와서 보니 내가 조금씩 달라지고 있다. 앞으로 이런 기회가 있다면 꼭 참석하고 싶다. 그리고 이 수련회가 20세기 마지막 최고의 수련회가 될 것 같다.

부모은중경 독송 시간이 가장 좋았다

박재원 · 경기도 신흥고 3년

가재암 학생회에서 수련회를 간다고 했을 때 많이 망설였다. 고3으로 수능시험을 110일 정도 남긴 상황에서 학교 보충수업과 하루 한 시간이 아까운 시점에서 수련회를 간다는 게 부담스러워 망설였다. 한편 불교에 관심이 많기에 좀더 체계적인 일정으로 불교를 접해보고 싶었고 1080배도 꼭 해보고 싶었다. 쉽게 마음의 결정을 내리지 못하고 있는데, 간사님이 나를 이끌어주셨고, 선생님께서도 흔쾌히 승낙해주셔서 편안한 마음으로 올 수 있었다.

나는 지금 너무 좋다. 이곳에 올 수 있었던 것이… 특히 신흥사 수련회 일정 중에 부모은중경 독송 시간이 가장 좋았다. 이곳에 오기 전 고3 스트레스로 항상 힘들어했고 짜증내는 시간이 많았다. 특히 부모님께 심적으로 많이 힘들어했다. 힘든 농사일에 누나 아침 일찍 출근시키느라 나 학교 보내느라 하루종일 햇빛 아래 힘들게 일하시는 어머니, 장애인의 몸으로 힘든 농사일을 하시는 아버지, 그런 부모님께 나는 공부한다, 뭐한다, 뭐한다 하면서 항상 심적으로 육체적으로 힘들게 하였다. 부모은중경을 읽으면서 부끄럽고 정말 가슴이 아팠다. 수련회가 끝나고 돌아가는 오늘부터 부모님께 항상 밝은 모습을 보여드리고 부모님 농사일도 열심히 도와드릴 것이다. 그리고 열심히 부처님께 기도할 것이다.

불기 2543(1999)년 여름 청소년 수련대회

3박 4일간의 happy time

정나영 · 송원여자중 3년

우리는 모두 수련회를 오면 거의 논다는 생각으로 오게 된다. 물론 나도 그랬다. 그렇지만 스님 말씀을 듣고 변했다. 일단은 집중력이 향상된 것 같다. 아침, 저녁마다 참선을 하며 정신을 맑게 하니까 저절로 집중이 되고 정신이 정말로 맑아졌다. 그래서 나는 힘들긴 해도 1080배를 하고 난 뒤의 시원함과 참선의 깊은 의미를 나 나름대로 느낄 수 있었다. 1080배, 내가 이번에 새삼 느낀 건 작년보다 힘이 덜 들었다는 것이다. 작년에 한 번 해 봐서 그런 건지는 몰라도 정말 그 어렵고 고된 1080배가 끝나던 순간 나는 절의 참 의미, 참 맛을 알 수 있었다.

또 하나 행복했던 것은 레크리에이션 시간이 아닐까 싶다. 연꽃등에 촛불을 켜고 순례하는 동안 나는 정말 많은 것을 생각했다. 내가 점찍어 두었던 멋진 BOY들과 황당한 여러 일들, 그리고 내일이면 사랑하는 가족들을 본다는 그 기쁨, 편안한 집에서의 휴식과 충분한 잠, 사랑하는 간사님들과의 이별 등등….

간사님들과의 추억이 참 많다. 누룽지를 주어서 너무 고마운 타심반의 간사님은 나에게 이쁘다고 했다. 누룽지 조금 먹었다고, 하지만 역시 우리 반의 왕이신 왕완식 간사님이 제일 좋다. 얼마나 잘 해주시던지…. 마지막으로 친구, 언니, 오빠, 동생들과의 우정 정말 변치 않을 것이다. 이제 간사님들과 스님들, 많은 친구들과 헤어질 시간이 다가왔다. 물론 신흥사의 BOSS, 부처님과도 우리 내년에 또

만납시다. 나는 천이반을 비롯한 신흥사 수련원에 관련된 모든 이들을 매우 매우 사랑합니다.

나의 성장을 느끼며…

신소민 · 부여여고 2년

　삶의 필수적인 요소는 고통인 듯하다는 생각이 든다. 많이 힘들어했고 그래서 절에 오게 되었고, 이번 수련회도 참가하게 되었다. 불경을 외우고 천 번이 넘는 절을 하면서 나라는 존재에 대해 생각해보게 되었다. 그 동안 나는 나 자신을 비난하면서 상처를 주었는데 그런 행동들이 어리석었다는 생각이 든다. 지금 이 순간 순간들이 정말 내게 소중한 것이라는 생각, 부모님께 정말 감사하는 마음, 힘들어 그만두고 싶어도 다시 나를 일으켜 세우며 스스로 나 자신을 이기기 위해 했던 모든 기억들이 소중하게 다가온다. 이번 수련회를 통해 얻은 모든 것들이 더 나를 자라게 한 것 같다.

스님이 되고 싶다

이화정 · 경남 사천고 3년

고등학교 때 함께할 친구들을 사귄 기억이 전부다. 아직 못다한 것이 더 많고 아쉽다. 수없는 희망사항을 이루어보고 싶었지만 되고 싶은 만큼 노력한 것은 없다. 나는 스님이 되고 싶다. 아니 스님이 될 것이다. 오늘의 짧다면 짧고 길다면 길었던 시간 동안 나에게 더욱 큰 여운을 남길 수 있었다. 더 이상의 망설임도 두려움도 없다.

나는 수련활동을 하면서 너무 행복함을 느꼈다. 부처님에 대한 더욱 큰 자비심, 끝이 없을 많은 법우들과의 만남이 있으리라고 나는 믿는다. 항상 기도했다. 내가 사랑하는 모든 사람들이 항상 건강하고 행복하길…. 나를 위해 기도하고 먹고 일하며 살지만 결국 서로가 함께 있기 때문이다.

나는 어두운 밤하늘의 별을 보며 무언가 알 수 없는 경이로움을 느끼곤 한다. 마치 내가 별이 된 듯…별을 느끼며 산다. 한 가지 약속하고 싶다. 내가 훗날 바라고 있는 모습으로 10대를 마무리 지은 이곳에 다시 올 것이라고. 나는 스님이 되어 세상의 모든 존재하는 이들과 공유하며 느끼며 살고 싶은 것이다. 내가 숨을 거두기 전까지는 끝없는 노력을 할 것이고….

사람들이 다 너무 좋았다

유인영 · 수지고교 2년

PC방에서 밤을 세워 게임하다 들통나서 부모님께 끌려오게 된 신흥사, 처음에 무척 화가 나있었다. 게임하면서 밤좀 세웠다고 절에서 3박 4일이나 있어야 하다니 좀 너무한다 싶었다.

거기다 절 음식은 고기가 하나도 없어서 괴로웠다. 고기를 좋아하는 내게 채소반찬만 가지고 밥을 먹으라는 것은 정말 고문이었다.

하지만 한 가지 좋은 것은 이곳 사람들의 인간성이 매우 좋다는 점이다. 신흥사 아이들과 대중 방에서 하루 밤을 보냈는데, 그 때 어색한 분위기의 나에게 친절하게 대해준 신흥사 친구들이 고맙고, 간사님, 스님들도 다 좋았다. 음식과 수도 없이 절하는 것만 빼면 꽤나 재미있고, 보람 있었던 수련회였다.

불교를 마음에 심어준 계기가 되다

김은혜 · 시흥 거주

엄마의 권유로 혼자 와서 그런지 처음엔 서먹서먹하기만 했다. 하지만 시간이 지나면서 불교에 대해 많이 알게 되었고, 신앙에 관심 없던 나에게 불교를 마음에 심어준 계기가 된 것 같다.

부모님이랑 절에 간 적이 많았지만 갈 때마다 그 곳의 스님들은 나와는 다른 부류의 사람이라고 느꼈다. 하지만 신흥사 스님들은 달랐다. 주지스님께서는 우리를 배려해주시는 따뜻한 마음과 불교의 중요한 가르침을 일러주시는 아주 아주 자상 다감한 성품이라는 것을 이번 수련회를 통해 더더욱 알게 되었다. 그리고 우리를 잘 이끌어주신 간사님들께도 깊은 감사를 드리고 싶다.

6개월을 손꼽아 기다렸다

평영재 · 시흥 군자중 3학년

지난 여름수련대회에 왔을 때 친구도 없고 힘들어서 집에 빨리 가고 싶었다. 다시는 오지 않겠다며 집으로 돌아갔는데, 며칠 뒤 산 속에 나무들과 어우러져 있던 공기 맑고 별이 수없이 많던 신흥사가 그리웠다. 6개월을 손꼽아 기다린 뒤 친구들을 꼬셔서 신흥사에 같이 왔다.

여름수련대회보다 더 재미있고 즐거운 생활이었다. 안타까운 점이 있다면 친구들과 반이 갈라져서 4일 동안 혼자 보냈다는 것이다.(소극적인 편이라 친구 사귀는 것이 매우 힘들다.) 하지만 만족한다. 예불을 드릴 때는 마음이 편안했고, 절도 재미있었고, 스님께서 치시는 목탁소리와 종소리는 정말 듣기 좋았고, 우리 반끼리 얘기를 하고 구호를 외치고, 찬불가를 부르고 연극을 하는 순간 순간들이 소중했다. 비록 힘든 일정이었지만 영원히 남을 것이다.

천진하신 스님의 모습에 마음이 따뜻해졌다

송은주 · 주엽고 3년

깊은 신앙심도 갖고 있지 않던 내가 우연한 기회로 이곳 신흥사에 와서 조금씩 변하고 있는 것을 느꼈다. 아이처럼 천진하며 청아하신 스님의 모습에 나도 모르게 마음이 따뜻해지고 미소가 지어졌다. 나이 어린 법우들의 맑고 깨끗한 마음과 그 속에 곧은 대나무처럼 서 있는 불성에 숙연함을 느끼고 부끄러움에 얼굴이 붉어졌다. 순수한 그들의 마음 덕분에 나도 아이의 마음으로 돌아가는 것만 같았다.

욕심과 번뇌를 잊은 아이의 마음으로 참배를 올리는 모습은 정말 400분의 부처님을 보는 듯했다. 정말 내가 마음이 저 어린아이들보다도 나약함을 느끼며 불심의 위대함을 느꼈다. 나는 잊지 못할 것이다. 아직도 귓속에 들리는 것만 같은 지심귀명례 석가모니불….

스님만의 개성이 돋보이는 설법

김아란 · 철산여중 2년

요번 수련회는 여름수련회보다 인원수도 많고 시간도 짧게 느껴졌다. 이제 겨우 두 번 참석했지만 신흥사만의 특별한 무언가가 있는 것 같다.

첫째, 특별한 건 주지이신 오성일 스님께서 해주시는 이야기들… 설법…다른 스님들께서 하시는 설법을 들을 때는 잘 이해를 하지 못하겠는데, 오성일 스님께서 해주시는 설법은 너무나 알아듣기도 쉽고 재미있다. 이렇게 표현해도 될지 모르겠지만 스님만의 개성이 보인다.(?)

둘째, 신흥사 간사님들이 한결같이 착하시고 뭐든지 열심히 하시는 것 같다. 모든 분들이 너무나 좋다. 너무나 재미있었고 다음 여름에도 다시 오고 싶다. 스님, 간사님, 법우들 다시 만나는 날까지 몸 건강하세요.

거룩하신 부처님께서 부모님의 은혜를
그렇게 높이 여기시니…

이원미 · 경상대 사범 부속고 1년

초등학교 5학년 때 처음 불교학생회에 다녔는데 내 눈에 스님들은 기도만 하고 좋은 것들만 보시면서도 잘 사시는 것 같고 참 편해 보여서 스님이 되고 싶기도 했다. 그런데 수련대회에서 몇 시간 동안 1080배를 하는 것만도 온 몸이 쑤시고 발걸음 하나 옮기지 못하게 되자, '결코 쉬운 일이 아니구나, 나는 어째서 그 동안 그분들의 거룩한 수행을 그렇게 쉽게만 생각했단 말인가' 하는 생각이 들었고 스님과 부처님께 몹시 죄송했다.

그리고 굉장히 감동한 것이 있는데 발우공양이다. 큰스님께서는 아귀귀신 이야기를 해주시며 아귀귀신을 위해서 먼지 하나 없이 맑은 천수물을 만들어야 한다고 하셨지만 단순히 그 귀신 자체가 아니라 그것은 작은 것, 보이지 않는 것, 소홀히 여기기 쉬운 그 모든 것들조차도 의미를 주고 소중히 여기는 정신을 느끼게 해주었다. 그래서 나는 천수물에 든 먼지 하나까지 다 먹으려고 애썼는데, 결코 더럽다거나 역겹게 느껴지지 않았다. 오히려 그런 것을 깨닫게 해주신 데에 감사하게 느껴졌다.

또 한 가지 깊이 깨달은 것은 바로 부모님의 은혜이다. 부모은중경 독송을 하는데 조금도 움직일 수 없었다. 항상 알고 있는 것이었지만 가장 높고 거룩하신 부처님께서 부모님의 은혜를 그렇게 높이 여기시니 더욱더 감사함이 느껴졌고, 그 동안 부모님의 삶에 대해 나의 태도에 대하여 많은 생각을 할 수밖에 없었다. 그리고 독송이 끝난 후 흐트러짐 없이 독송을 한 것을 칭찬해주시고 부모은중경을 선물로 한 권 주셨는데 집에서 가장 가깝고 잘 보이는 곳에 두고 늘 깊이 깊이 가슴에 새길 것이다.

불교에 대한 새로운 사실을 알고 감동하다

이지은 · 본오중 3년

우리 집은 무교 비슷한 불교를 믿고 있다. 나는 절 벽에 그려진 벽화와 탱화를 좋아해서 이번 기회에 그림이나 보려고 수련회에 왔다. 그런데 막상 와서 보니 그게 아니었다. 모든 것이 신선했다.

발우공양, 찜찜한 면도 있었지만 매우 깨끗하고 자연을 정말 사랑하는 식사법이라는 생각이 들었다. 1080배를 할 때 너무너무 힘들었다. 머리는 어지럽고 땀은 나고 허벅지는 저려오고… 도중에 주저앉고 싶었지만 그럴 수는 없었다. 이 고통만 이길 수 있다면 나는 모든 것을 할 수 있다고 스스로 약속을 했기 때문이다. 그래서 다 마쳤을 때 너무나도 기뻤다.

불교가 그저 석가모니를 모시는 종교구나 했는데 스님들께서 항상 중생들을 구제해주기 위해 애쓰고 계신다는 것을 알았다. 그리고 종을 칠 때도 모든 중생을 구해주기 위해 치고, 발우공양할 때의 천수물을 깨끗하게 하는 것도 마찬가지 이치라는 데에 너무나 놀라웠고 불교에 대해 다시 생각하게 되었다. 수련을 마치고 나니 불교에 대한 새로운 사실과 함께 자신감이 생겼다.

주지스님 말씀은 정말이었다

김성환 · 상주고 2년

고2 겨울방학, 3박 4일이란 긴 여정으로 보충수업을 뒤로 한 채 신흥사로 떠나는 마음은 결코 편하지 않았다.

입소식 때 주지스님의 "첫날은 걱정하고, 둘째 날은 조금씩 흥미를 느끼고, 셋째 날은 즐겁게 보내게 되고 마지막날은 큰 아쉬움으로 하산하게 된다."는 말씀은 정말이었다. 스님 말씀은 거의 내 마음과 일치하였다.

경을 외우고 절을 하면서 공부에 대한 걱정은 자신감으로 바뀌었고, 편안히 수련에 동참할 수 있었다. 목탁 치기, 절, 경 읽기 등은 평소 해보지 못하였던 일이었다. 특히 목탁을 손에 쥐었을 때 그 기분이 뭐랄까? 너무 조심스럽고 기쁘고 하여튼 좋았다. 경외심 같은 게 생겼다.

또한 이번 수련회의 활력소는 재미있는 간사선생님들이신 것 같다. 아참 가장 유익했던 시간은 발우공양이었다. 항상 부모님께 '좀 흘리지 말고 먹으라'는 말을 들었었기에 이 시간만은 정말 진지하게 마음에 새기며 익혔다.

3박 4일, 참되고 뜻깊었던 불교체험기간, 내게 불심을 심어준 시간이었다. 또 하나 다짐한 것이 있다면 5계 중의 하나인 불음주다. 내일 망년회인데 꼭 음료수만 먹어야겠다.

공부하는 것보다 훨씬 많은 것을 얻다

임영주 · 상주여고 1년

상주에서 서울까지 올라오려니까 힘들어서 망설이기도 했는데, 내 스스로 판단하고 와서 그런지 힘든지는 몰랐다. 정말 스님의 말씀이 너무 좋았다. 부모님과 함께 속리산 법주사에 갈 때마다 명상테이프를 사다가 들으면 마음이 편안하고 좋았는데….

스님의 좋은 말씀, 간사님의 따뜻한 마음씨, 조금의 압박감, 구속도 없이 자유로운 생활이었던 것 같다. 학교 그만두고 이 곳에 와서 스님 말씀 듣고 절을 매일 해도 공부하는 것보다 더 많은 것을 얻을 것 같다.

아니다. 스님께서 말씀하시길, "학생은 직분에 충실하라"고 하셨다. 지금은 공부 열심히 해서 나중에 스님처럼 훌륭한 스님이 되고 싶다. 참 너무나도 힘들었던 1080배를 하고 나니 무척 기뻤다.

나에게 박수를 보내고 싶다

김미선 · 천안 병천고 2년

수련회, 역시 너무 힘들었다. 이번엔 많은 친구들을 만들고 싶었는데 우리 반 아이들과도 다 친해지지 못해서 너무너무 아쉽다. 친구들과 더 가까워질 수 있는 프로그램이 많았으면 좋겠다. 끼리끼리 노니까. 가만히 혼자 앉아 있는 사람도 있다.(불쌍해!)

나 자신과의 싸움, 1080배에선 끝까지 쉬지 않고 다 했다는 점에서 나에게 박수를 보내고 싶다. 계를 받아 나의 죄가 모두 없어졌으니 항상 착하고 올바르게 살아야겠다.

문화활동시간에 장구 배웠던 것, 수행활동에서 108배 한 것, 민속놀이에서 말뚝박기 한 것, 선재동자 수행한 것…내게 너무 소중한 추억이 될 것 같다.

이젠 나에게도 법명이 생겼다

안정아 · 상주여중 1년

어머니께서 불교를 믿고 계시지만 나는 특별한 종교가 없는 무종교인이었다. 그런데 이번 수련대회에 와서 불교를 믿어야겠다는 생각이 들었다. 이런 마음이 들기 시작한 것은 수계식을 마치고 난 뒤부터인 것 같다. 그리고 이젠 나에게도 법명이 생겼다. 자랑스럽다. 수련이 힘들었지만 보람은 있었다.

내가 왜 살아야 하는가에 대한 해답을 찾다

김재현 · 상주고 2년

불교단체의 직위를 맡고 있어서 오게 되었는데, 오기 전에 기왕이면 무엇인가를 얻고 싶었다. 그래서 항상 고민해오던 '공부는 왜 해야 하는가, 내가 왜 살아야 하는가' 하는 문제를 풀고 싶었다. (어렸을 때부터 고민) 그런데 둘째 날 스님의 법문을 들으면서 그 해답을 얻었다. 스님의 독화살 이야기가 바로 그것이다. 그 법문을 듣고 얼마나 기뻤던지 만세를 부르고 싶었다. 그리고 나머지 법문도 모두 감명 깊었다. 또 많은 친구를 이곳에서 사귈 수 있었던 것이 성격이 소심한 내게는 더 없는 기쁨이고 행복이었다.

추리판타카처럼 열심히 노력하리라

김미란 · 상주 성신여중 2년

이번 수련대회는 너무너무 재미있었다. 비디오 시청, 1080배, 부모은중경 독송, 참선, 사경, 문화활동, 다도, 선무도 등 많은 것을 배웠다. 참 알찬 수련대회였다.

방금 전 비디오를 시청했는데, 추리판타카처럼 열심히 마음의 때와 먼지가 사라질 때까지 쓸고 또 쓸고 해야겠다는 아주 굳은 결심을 했다. 여기 와서 불교는 이런 것이구나 하고 알게 되었고, 더 알고 싶어졌다. 기회가 된다면 내년에 또 했으면 좋겠다.

태어나서 처음으로 법복을 입고 보니…

오선주 · 상주여고 1년

신흥사에서 좋았던 것이 너무 많다. 특히 태어나서 처음으로 법복을 입은 것은 색다른 경험이었다. 스님들이 입는 것을 내가 입으니 나도 모르게 행동이 조심스러워졌다. 그리고 간식을 다양한 메뉴로 자주 주셔서 좋았고, 스님들은 농담도 못할 줄 알았는데 우리들에게 재미있는 얘기를 많이 해주셨다. 그 말씀 하나하나에 교훈과 배울 점이 있었다.

나도 선생님이 되어 봉사했으면 좋겠다

정미현 · 상주여상 2년

수련회는 항상 재미있다. 많이 힘들고 피곤하지만 나 자신을 조금이나마 강하게 만들어주는 계기가 된다. 특별히 생각나는 것은 예불을 모시다가 쓰러질 뻔한 적이 있었는데, 신족반 선생님께서 친절히 업어주시고 쉬게 해주셨다. 어쩌면 남에게 저렇게 할 수 있을까 부처님을 믿는 사람이라서 그런 것 같다. 나 역시 이번 수련회를 통해 부처님을 믿는 선생님들, 스님들을 만나서 신심이 더욱 깊어졌다. 나도 선생님이 되어 봉사했으면 좋겠다.

불기 2543(1999)년 겨울 청소년 수련대회

좀더 성숙해지다

임보람 · 상주여중 2년

상주에서 버스를 타고 4시간쯤 걸려서 도착한 신흥사는 우선 시설이 깨끗하고 주변 환경이 좋아서 기분이 매우 상쾌했다. 과연 우리나라 최고의 청소년 수련장이라는 말이 틀리지 않는 것 같았다.

3박 4일 동안의 일정은 고달픈 점도 많았지만 즐거웠다. 산에도 올라가고 매일 아침 일찍 일어나 예불을 드리고 발우 공양 등 익숙하지 않아 모두 힘들었지만 내 정신과 버릇을 고쳐주었다. 수련회에서 좀더 성숙해진 나의 마음과 정신으로 학업에 임해야 겠다.

앞으로 뭐든지 할 수 있을 것 같다

신효선 · 상주여고 1년

아침 저녁으로 기도를 하는 것이나 장시간 설법을 듣는 것도 처음엔 고문이었다. 다리도 저리고 아프고 절하는 것도 서툴기만 했다. 하지만 그것도 잠시 점차 몸에 배어 익숙해지고 참선하는 것에도 익숙해지기 시작해 즐겁기만 했다. 1080배를 하면서 마음속으로 빌어야겠다고 생각했던 것이 막상 절을 하다보니 아무 것도 생각나지 않았다. 다리도 아프고 허리도 아프고 목도 탔지만 마지막 절을 하고 났을 때의 그 뿌듯함과 흐뭇함이란… 앞으로 뭐든지 할 수 있을 것 같다.

잊지 못할 1080배

김예원 · 상주여고 1년

난생 처음으로 불교에 대해 깊이 배우고 생각하는 시간을 가진 만큼 새롭게 경험한 일도 많았고 또 힘든 점도 많았다. 발우공양을 할 때는 부모님이 차려주신 따뜻한 밥이 얼마나 소중한지 느낄 수 있었다. 예불도 쉽지는 않았지만 몸과 마음을 차분하게 가다듬고 그 동안의 나에 대해 반성하며 앞으로 내 생활에 대해 다짐하기도 했다. 처음 만난 사람들과 공동체 생활을 하는 것이 낯설기도 했지만 서로 다른 곳에 살면서 서로 다른 모습을 하고 있는 사람들과 어울리는 것이 재미있는 경험인 것 같다. 1080배가 가장 기억에 남고, 휴식시간의 여유가 없이 빡빡한 일정을 급히 하는 것들이 힘들기도 했지만 내 인생에 잊지 못할 좋은 경험이었다.

작은 일이라도 실천하는 사람이 되리라

고보형 · 상주여상 1년

재작년, 작년에 이어 올해도 어김없이 수련회에 왔다. 항상 알찬 시간이었기에… 매년 느끼는 거지만 나이를 거꾸로 드시는 주지스님, 어제 선관 스님께서 존경하신다고 했는데 그건 나도 마찬가지다. 다음에 다시 태어나게 된다면 나도 주지스님 같은 그런 사람이 되고 싶다. 지금은 할 수 있는 게 없으니 여기서 배운 대로 작은 일이라도 실천하는 그런 보형이가 될 것이다. 그리고 부처님 앞에 맹세한다. 남을 도와가며 살아갈 것이라고….

차 예절을 배운 아주 좋은 기회

정미진 · 신등고 2년

신흥사의 생활은 바쁘게 지나갔다. 셋째 날에는 선무도와 다도를 배웠는데, 특히 다도는 새로운 차 예절을 배우는 좋은 기회가 되었다. 율곡사에서 차를 아주 많이 마시는데 솔직히 율곡사에서 차 예절을 배울 시간은 없었다. 이제 돌아가 차를 마시면 여기서 배운 차 예절대로 한번 실천해보아야겠다는 생각이 들었다.

약방의 감초

권영철 · 신등고 3년

1080배는 힘들지만 하고 나면 그만큼 보람도 생기고 성취감도 생긴다. 수련회에서 빠져서는 안 되는 한마디로 약방의 감초라고나 할 거나…

1080배를 했다는 것이 너무 기쁘다

이신영 · 중모종합고 2년

이번 수련회를 통해 불교에 대해서 많은 것을 알아서 좋았고, 1080배 같은 경험을 할 수 있었다는 것이 너무 기쁘다.

불교는 아주 좋고 훌륭한 종교

김송지 · 경북 상주 성신여자중2년

3박 4일 동안의 힘든 수련 생활이 드디어 끝났다. 늦게 자고 늦게 일어나는 내게는 너무나도 힘든 생활이었다. 지금의 마음은 시원섭섭하다고나 할까, 아무튼 지금은 무지무지 자고 싶다. 사실 나는 천주교 신자이다. 그래서 하나하나의 행동들이 더욱 조심스럽고 또 모든 생활이 낯설기만 했다.

나는 여기 와서 너무나도 많은 것을 배우고 느꼈다. 천주교에서는 가르쳐 주지 않는 내용도 많았다. 모든 종교에는 장단점이 있는 것 같다. 하지만 불교는 장점이 더 많은 것 같다. 아무튼 불교는 아주 좋고 훌륭한 종교이며 멋진 종교인 것 같다. 나에게 너무나 많은 것을 가르쳐 주고 느끼게 해 준 것에 대해서 매우 감사하다고 말하고 싶다.

나를 찾아서

중3 남학생

종교가 없었던 난 몇 달 전부터 신흥사에 다니기 시작하였다. 그래서 이번 수련회도 참가하게 되었는데 나에게는 뜻깊은 나날이었다. 이곳에서 가장 기억에 남았던 것은 모든 생물도 인간과 똑같이 대하는 생명존중사상이었다.

길가에 지나가는 개미나 벌레들을 이유 없이 죽였던 나의 여러 가지 잘못들이 생각나기도 하였다. 인간만이 위대하다는 자만이 가득한 타종교들보다 나 자신을 자연의 한 존재로 생각하게 하여 여러 욕심들을 버리게 해주었다.

　발우공양, 1080배가 가장 힘들었지만 진정한 나를 찾는 데에는 아주 기억에 남았던 시간들이었다. 앞만 보고 직선적인 생각들로 가득 찼던 나의 가치관을 다시 가다듬게 한 기회였다.

　앞으로 여유를 즐기고 고통을 이겨내는 '나'가 되고자 한다. 계속 신흥사에서 나를 가다듬고 싶다.

불기 2544(2000)년 여름 청소년 수련대회

불교신자로서의 자부심을 갖게 된 수련회

김지영 · 영복여중 2년

매번 오게 되지만 수련회는 항상 다른 재미가 있다. 사람 만나는 재미가 좋다. 특히 절에 있는 정기법회에서는 느끼기 힘든 색다른 불교문화를 수련회를 통해 느낄 수 있어서 좋다. 항상 불교는 불경을 외우는 것만으로 생각해 왔었는데 몇 번 수련회를 해보니 조금 깨달은 것도 같다. 특히 이번 수련회를 통해 불교인, 불교신자로서의 자부심을 가질 수 있게 되었다.

발우공양은 정말 훌륭한 식사법인 것 같다. 환경오염을 막고자 노력하는 인간의 모습이 아름다워 보였다. 그리고 조금 힘들기는 하였지만 잠깐씩 있는 참선 시간에도 많은 것에 대해 생각할 수 있었던 것 같다. 나에 대해서도 많은 반성의 시간을 가졌다. 그리고 또다시 주어질 수련회에도 더 많은 것들을 느끼고 돌아갔으면 좋겠다.

불기 2545(2001)년 여름 청소년 수련대회

수련의 의미를 알고 나서

최수형 · 봉일천중 3년

지금은 소감문 쓰는 시간이다. 지금 이 글을 쓰면서도 눈이 저절로 감긴다. 왜냐하면 밤을 꼬박 새웠기 때문이다. 소감이라, 내가 이 종이에 쓸 말은 너무 많다. 하지만 그 중에서도 정말 크게 느낀 몇 가지만 써 보겠다.

나는 여기 오기 전까지만 해도 수련회의 진정한 의미를 몰랐다. 그냥 단순히 놀러 가는 것인 줄 알았다. 그래서 여기 오는 것이 굉장히 즐거웠다. 또 난 중3이기 때문에 이번 기회에 실컷 놀고 2학기부터는 맘 잡고 공부하려는 생각이었다. 그런데 이곳에 와 생활해 보니 내 착각이 너무 컸다. 수련회란 놀기보다는 좀더 나 자신을 질서 있게 만들어 주기 위해 하는 것 같다. 내 생각과 다른 수련회였기 때문에 다른 사람보다 조금 더 힘이 들었다. 하지만 내가 기대했던 그런 수련회였다면 나 자신에 대해 반성하고 좀더 깊이 생각해 볼 수 있는 기회는 없었을 것이다. 비록 내 몸은 힘겹고 고되지만 내 마음 속은 무언가로 꽉 차 있음을 생각하니 그 어떤 일보다도 흐뭇하다.

그리고 내가 반성할 것이 또 하나 생겼다. 나는 절에 다닌 지 3년 되었다. 그런데 아직 절에 관한 이야기나 부처님의 가르침 같은 내용들은 전혀 알지 못한다. 나 자신이 너무 창피하다. 절에 다니면서도 배움을 구하기보다 형식적인 의무로 생각했기 때문이다. 이런 나에 비해 이곳 신흥사 청소년들은 알고 있는 것이 너무 많았다. 스님의 설법을 거의 쫄쫄 외우다시피 했다. 나는 오늘 이후로 좀더 부처님의 가르침에 관심을 갖고 배움을 얻고자 노력할 것이다.

나는 지금 무척 피곤하지만 깨달음을 얻었기 때문에 이 곳에 온 것을 후회하지 않는다.

지금의 내 생각은 이렇다. 수련회를 하면서 스님의 좋은 설법도 들을 수 있겠지만 그 외에도 사회생활을 해나가는 데 정말 중요한 질서, 인내심, 그리고 원만한 대인관계를 이룰 수 있는 일이 우리가 살아가는 데 있어 더 중요한 것 같다. 이제 점점 헤어질 시간이 다가온다. 내 맘 속엔 즐거움이 있지만 저 구석 어느 한편에는 아쉬움이 남을 것이다. 또 다시 이런 기회가 내게 온다면 다시 와보고 싶다.

불기 2546(2002)년 여름 청소년 수련대회

나의 자랑스런 종교, 불교

박보라 · 노원중 1년

"보라야, 너는 종교가 뭐니?"

친구가 갑자기 내게 물어왔다. 나는 잠시 고민을 했다. 우리반에는 나외에는 불교신자가 없다는 걸 알고 있었기 때문이다. 전에 내 친구에게 종교가 불교라고 하자 그 애가 눈살을 찌푸리며 "어머! 너 부처 믿니? 그거 우리 교회에서 우상숭배라고 그랬는데… 너 이상하다."라고 말해 나의 기분을 몹시 상하게 했던 기억도 되살아 났다.

난 그냥 "난 무교야!" 하고 말해버리고 말았다. 그 순간 부처님께 너무나 죄송했다. 하지만, 조상 대대로 내려온 오랜 역사의 불교가 언제부터인지 들어온 크리스트교에게 외면당하고 있는 지금, 난 친구들로부터 따돌림을 당하지 않으려고 그렇게 말해버리고 만 것이다.

어느 날, 앞에 앉은 애가 나에게 표 한 장을 주며 자기가 다니는 교회에서 '문학의 밤' 을 여니까 꼭 오라고 했다. 난 가겠다고 말을 해 놓았지만 가고싶은 마음은 조금도 없었다. 난 떳떳하게 내 종교는 불교라고 말하지 못한 게 후회가 되었고 내 자신이 부끄러웠다. 그리고 곧 친구에게 전화를 걸어 가지 못하겠다고 했다. 그러나 그 친구가 "왜?"라고 물었을 땐 난 적당한 거짓말을 둘러댈 수밖에 없었다.

난 부처님의 제자가 될 자격이 없는 걸까? 나는 나의 신앙에 관해 고민을 하던 끝에 부모님께 의논을 해보기로 맘을 먹고 긴급 가족회의를 소집했다.

엄마는 내 행동은 옳지 않다고 말씀해 주셨고, 아빠는 내가 아직 성인이 되지 않았으니까 어른이 될 때까지는 부모님의 종교를 따르는 것이 좋겠다고 하셨다.

하지만 난, 이번 신흥사에서 연 '청소년 겨울 수련대회'에 와서 큰스님의 설법과 찬불가를 통해 많은 것을 배웠다. 특히 「불자의 노래 2절, '이 땅의 불자들아 긍지를 가져라' 하는 부분에서 말이다. 난 이제 불자로서의 긍지를 갖고 누구에게나 나의 종교는 불교라고 떳떳이 말할 수 있다. 집에 도착하면 내 친구에게 제일 먼저 말해주고 싶다.

"나는 자랑스런 불타의 전사다."라고 말이다.

불기 2547(2003)년 겨울 청소년 수련대회

보현행원으로 보리 이루리

불법 만나 수행하기도 바쁜데…

양병옥

이번 동계수련대회는 나에게는 두 번째 수련대회이다. 노심초사 중생교화 및 구제에 애쓰시는 스님을 뵐 때 역시 잘 왔다는 생각이 들었다.

지난 여름수련 때보다 인원은 적었으나 더욱 가족적이고 번잡하지 않아 수행일정과 내용도 더욱 알차게 진행된 것 같다.

처음 오신 신도들이 큰스님의 좋은 설법을 듣고 환희심 내는 것을 보니 바로 부처님께서 설법하시고 그 제자들이 환희심을 내는 것과 다름이 없어보였다. 나 자신도 더욱 불심에 환희심을 고취시켰다.

연말 연시에 집사람이 요즘 사람들은 스키장이나 온천에 가느라고 야단법석이라며 이 오탁악세에 불법을 만나 수행하기도 바쁘고 수행하여 극락세계 가기도 시간 없는데 스키장이나 온천에 갈 시간이 어디 있느냐고 하여 한바탕 웃었다. 사실 우리는 죽을 때까지 수행하여도 다음 생에 사람으로 다시 태어날지도 모르는 불법세계에서 어찌 수행을 늦출 수 있을까!

이렇게 인연공덕으로 큰스님을 만나 불법을 알게 되었으니 그 은혜에 보답하기 위해서라도 열심히 수행할 것을 다짐한다.

삼보께 귀의합니다

신민수

나는 재작년 9월부터 허리가 아팠다, 나았다가 또 재발되는 여러 번의 과정을 거치며 이번의 수련대회 참석도 불안하였다. 하지만 백팔참회문과 주지스님의 설법을 듣고 나서 역시 모든 것은 마음의 병이라는 것을 알게 되었다.

'삼보께 귀의합니다' 라는 경건한 믿음을 가지고 인생을 살아가고자 한다. 지금까지는 내 자신, 내 마음이면 모든 것이었지만 자꾸 왜소해지는 인간사의 굴레 속에서 허덕이는 본인이 너무 초라함을 느낀다. 신실한 법우들의 믿음을 보아 나 역시 기쁨이 충만하다.

부처님 법과 스님들의 설법을 앞으로 제2세의 교육에, 가정생활에 반영하여 인생을 산다면 정말로 행복한 생활이 될 것이다. 이곳에 보내주신 이모님, 어머님과 함께 기쁨을 같이하고자 한다. 성불하겠습니다.

마음을 넓게 이끌어주신 스님께 감사 드린다

노승란

이 고장은 나의 고향이다. 코흘리개 때부터 할머니와 함께 절에서 잠도 자곤 하며 자랐다. 그 때는 법문이 무엇인지도 모르고 절에 오면 먹을 것이 많으니까 할머니께서 절에 가시면 공양미를 들고 따라가곤 했다.

오직 부처님께 절만 하면 공부도 잘하게 해 주시고 복을 주시는 것인 줄만 알았다. 결혼을 해서도 설법 들을 생각은 하지 않고 사월초파일이나 칠석, 우란분재 때나 절에 가는 것인 줄 알고 설법시간에는 도망치듯 집으로 가곤 했다.

수련회 기간 동안에 설법을 마음 놓고 들을 수 있고 토론회 시간이 있어 그 동안에 몰랐던 법문을 배울 수 있어서 참 기뻤다. 앞으로는 많은 시간을 내서라도 법문을 조금씩 조금씩 배워 나갈 것이다.

수련회 동안에 남을 원망하는 마음보다는 내 탓으로 돌려야 하겠다는 생각을 갖게 되었다. 마음을 넓게 가지도록 설법해주신 주지스님께 감사 드린다.

새로운 삶을 위하여…

김광용

전에는 안 그랬는데 정신적으로 많이 해이해져 있었다. 그러던 차에 수원포교당에서 성인수련대회 소식을 들었다. 또다시 힘내서 열심히 살려면 마음과 정신을 깨끗하게 해야겠다는 생각이 들었다.

아내와 상의를 했다. 교육을 받아야 새로운 마음으로 모든 일에 자

신감을 가지고 정진할 수 있을 것 같다고 했더니 흔쾌히 다녀오라고
했다. 수련대회에 참가하여 설법을 듣고 그간 모르고 있던 법문을
배우니 머리도 맑아지고 기분이 좋아졌다.

초등학교 3학년, 5학년인 아이들도 어린이수련대회에 참가시킬
예정이다. 그리고 한 달에 한 번이라도 꼭 가족들과 함께 법회에 참
석해야겠다.

'정말 잘 왔구나'

오수경

작년 10월부터 이상하게 마음이 심란하고 자꾸 어디 깊은 산 속에
가고 싶은 생각을 했다. 불심이 두터우신 어머님 덕에 항상 기도하
시는 모습을 보았고 늘 부처님을 생각하게 해주시는 터라 쉽게 어머
님께 말씀 드렸더니 신흥사에서 성인 수련대회가 있는데 새해에 가
보라고 하셨다.

9월부터 하루도 쉬는 날이 없어서 '절에 가고 싶다, 가고 싶다' 하
면서 못 간 터에 새해에는 꼭 가야지 생각하면서 막상 2박 3일을 가
있어야 하니 자꾸 게으른 마음에 '다음에 가지 뭐' 하며 이럴까 저럴
까 생각하고 있는데, 친구가 어머님이 절에 가고 싶어하시는데 같이
가는 게 어떠냐고 했다.

그래서 처음 절에 오시는 친구 어머님을 모시고 전법하는 계기도

될 수 있는 기쁜 마음으로 오게 됐다. 와보니 '정말 잘 왔구나' 하는
기쁜 마음이 일었고, 지난 해 내가 지은 모든 죄를 참회하고 부처님
과의 좋은 인연을 맺게 해주신 스님께 감사 드린다. 또 더욱이 친구
의 어머님께도 부처님과의 인연을 맺게 해주셔서 너무나도 감사 드
린다. 이번 수련을 통해 좀더 신심이 두터워지길 간절히 기도한다.
감사합니다.

올 1년 농사 풍작을 이룰 것 같다

김관진

새해 연휴, 무엇을 하며 지낼까 생각하다 얼마 전 아버님을 여의고
슬픔을 이기지 못하시고 눈물로 하루하루를 보내시는 어머님을 모
시고 수련대회에 참가해야겠다고 결정했다. 생각할수록 잘 왔다는
마음이다.

어머님께서 너무 기뻐하시니 좋고, 난 나대로 새해 아침부터 규칙
적이고 절제된 생활을 하게 되어 올 1년 농사를 풍작을 이룰 것 같
다. 무엇보다도 불교, 부처님의 가르침에 처음 첫발을 들여놓았다는
기쁨도 뺄 수 없다.

평소 어떠한 종교를 하나 가져야겠다고 생각하던 중에 자기 수양
을 목적으로 하는 불교에 관심이 많았는데 이제 1993년 새해를 맞
아 그 소원도 이루었으니 기쁘기가 한량없다.

수련대회 기간 중 큰스님의 설법시간이 가장 가슴에 남는다. 실천 불교의 오계라든가, 그 외 부처님에 대한 이야기 등등 좀더 공부를 하고 싶다.

두드려야 문이 열린다

양응자

그냥 막연히 1년에 한두 번 절에 가서 인사드리는 것이 고작이었는데 수련대회를 통해 많은 것을 깨달았다. 누가 종교가 무엇이냐고 물으면 불교라고 말한 내 자신이 부끄럽기만 하다.

불교에 대한 지식은 없다손 치더라도 열심히 믿으려는 마음도 노력도 하지 않고 접근하기 어렵다고 푸념만 했었는데, 이번 수련대회를 통해 내가 어떤 신앙을 가지려면 누가 일깨워주기만을 기다리지 말고 내가 열심히 문을 두드려야 문이 열린다는 참된 진리를 깨달았다.

그리고 무엇을 바라는 기도가 아닌 업장 소멸을 위한 기도라는 것 또한 깨달았다.

불기 2537(1993)년 겨울성인 수련대회

내 마음 속 깊은 곳에 있는 불심을 끌어낸 수련

엄기준

나는 가족과 같이 절을 가끔 다녔지만 불교에 대한 지식이란 전혀 없는 문외한이라는 것이 항상 마음속에 자리하고 있었다. 언젠가 기회가 주어지면 기초적인 과정부터 배워야겠다는 생각이 있었으나 내 성의 부족 탓인지 좀처럼 기회가 주어지지 않았다가 금번 직장에서 신흥사, 직지사, 송광사, 통도사 등 큰절에서 하계수련대회가 개최된다는 신문광고를 접하게 되었다.

내가 현재 살고 있는 곳에서 가까운 신흥사로 가야겠다고 결심하게 되었다. 다른 집들은 산이나 바다, 고향으로 휴가를 대부분 다녀와 우리 가족에게는 좀 미안한 생각도 들었다. 하지만 아내가 나보다 절에 더 열심히 다니므로 신흥사에 가서 2박 3일간 수련대회를 다녀오겠다고 하자, 아내도 "금년에 당신이 다녀와 경험을 얻어 내년에 같이 가자."고 하며 오히려 내가 이곳에 올 수 있도록 격려해주어 고마웠다.

8월 6일 오후부터 수련이 시작되면서 내가 받은 인상은 다른 사찰과 비교해 볼 때 느끼지 못했던 많은 사안들이 있었다. 첫째가 주지 스님의 말씀부터 과장된 이야기가 아닌 진실됨, 바로 이것이 불교의 참뜻이었구나 하는 인상을 받았다. 그리고 짧은 기간이었지만 그 동안 건성으로 절에 다녔기에 기본적인 사항인 부처님 앞에서 절하는 법조차 제대로 하지 못했었다는 수치심마저 느꼈다.

또한 다른 사찰에서는 좀처럼 볼 수 없었던 남자 신도에게 대우를 해주려고 노력하시는 면이 보이는 주지스님의 훌륭한 마음을 느끼면서 감동을 받았다. 수련장소도 그렇다. 신흥사는 직지사, 통도사, 송광사 등 우리나라에서 역사와 전통이 있다는 큰 사찰보다 좋은 것 같았다. 내가 잘 몰라서인지 모르지만 규모도 크고 공간이 넓고 시설 또한 세밀한 부분까지 수련장소로서의 손색이 없도록 신경을 많이 쓰고 있다는 면을 엿볼 수가 있었다.

그리고 무엇보다 훌륭하고 착한 분들이 많았다. 많은 수련생들이 이곳에서 불법을 익혀 국민의식 수준이 향상될 수 있도록 했으면 하는 생각도 든다. 그리고 수십 년을 절에 다닌 결과로 반성할 수 있는 기회도 되었다. 짧은 기간을 통해서 내 마음속 깊은 곳에 있는 불심을 끌어내었다는 것이 상당히 중요한 것이었다고 본다. 특히 불자로서 앞으로 내가 가는 길에 감시 감독도 해주는 역할을 담당해 줄 '수계' 의식의 엄숙한 절차는 생애에 처음 겪은 감명 깊었던 순간이었으며 삼귀 오계에 대하여 내 삶에서 절대 지켜야 하겠다는 각오를 굳게 해주었던 식이었다.

또한 스님들의 전통식사법인 발우공양은 참으로 거룩하고 신비롭고 경제적인 식사예법이 아닌가 본다. 이 식사법은 군기가 엄한 군대에서도 볼 수 없었던 엄한 식사법을 배웠다는 것이 큰 보람이 아닐 수 없다. 우리 나라 사람들이 식사 후 남긴 음식물 쓰레기가 엄청난 경제적 손실을 가져 오고 있다고 말씀하셨는데 전 국민이 이와 같은 식사법을 따를 수 있다면 얼마나 국민경제에 미치는 것이 클지 나름대로 생각하고, 회향하면 내 가족부터라도 이러한 식사법을 본받아 실천해야겠다고 각오를 단단히 한 바 있다.

지난 밤 보현행원 촛불제 및 불꽃놀이 한마당은 우리 수련생들의 가슴에 깊이 간직될 감동과 감명을 선사하였다. 그리고 오늘 아침 큰법당에서 주지스님께서 주관하신 사경참회법회 또한 새롭고 신기하고 불교의 심오한 진리의 면을 보고 느끼는 행사라 하지 않을 수 없다.

욕심 같아서는 더 좀 깊이 알고 체험하고 내가 모르는 모든 것들을 알고 갔으면 하는 마음이지만 모든 제약요건 때문에 못 이루고 오늘 오후 회향하는 것이 못내 아쉽다. 짧은 기간 많은 것을 익히고 배우고 체험한 것을 기초로 불자로서 최선을 다하겠다는 각오를 해 본다. 그리고 내년에도 수련대회가 있다면 가족과 더불어 기필코 참석해야겠다는 생각 또한 마음속 깊이 약속해 준다.

스님의 원력과 자비행이 아니 계셨다면…

최형배

오래 전부터 마음속으로 벼르고 벼르던 일을 실행해 보니 무척 기쁘고 좋다는 말밖에는 나오지 않는다. 한마디로 첫날 온양에서 오신, 특별 찬조하신 스님의 말씀대로 "쓰리 따봉 원더풀"이다.

일부러 휴가를 신청할 때만 해도 금쪽 같은 올 여름 휴가를 꼭 이렇게 보내야 하나 하는 망설임이 잠시나마 있었다. 하지만 꼭 경험해 보고 싶은 생활이었으므로 초행길이었으나 마음을 굳게 다지고 참가하고 보니 만약 참가하지 않았다면 한평생 두고두고 아쉬운 한

이 될 뻔하였다. 마음은 항상 불교를 믿으면서도 같이 오지 못한 결단력 없는 선배가 아쉽고 또 아쉽다.

지금 이 순간 스님께 진심으로 존경하는 마음으로 삼배를 올린다. 스님의 원력과 자비의 행이 아니 계셨다면 어찌 이 많은 사람들이 부처님의 대자대비의 품안에서 잠시라도 지치고 괴로운 몸과 마음을 쉴 수 있었을까? 비록 2박 3일의 수련대회였지만 부처님의 아들딸로 다시 태어나 수레바퀴처럼 도는 일상생활로 돌아가더라도 다시 싱싱한 마음으로 푸르게 살아갈 것이다. 그리고 그 싱그러움과 푸르름이 지쳐 누렇게 떠서 우리의 삶이 힘들 때 나는 다시 이곳의 부처님을 생각하고 다시 찾아오리라는 희망과 위안을 마음속에 새기며 아쉬운 마음을 달래본다.

흐려지는 자신을 다시 가다듬으며

이선한

해야 할 것과 하지 말아야 하는 일에 대한 생각도 점차 흐려지는 자신을 돌아보며 무엇보다 마음을 깨끗이 하고 싶다는, 아니 내가 얼마나 단정하지 못한가를 보고 싶어 수련에 참가했다.

발우공양은 하루에 세 번이나 하는 식생활의 단정함을 느끼게 해주어 감사했고, 108배는 자만과 내 작은 생각에만 갇히기 쉬운 자신을 일깨워 주어 감사했다. 조금은 생소하게 느껴지는 찬불가 시간은, 많이 가졌음에도 쉽게 불평하던 마음에 지족과 감사를 노래해 주었다. 물론 참선시간은 괜히 바쁜, 그래서 들뜬 나를 가라앉혀 주어 감사하다.

이 같은 소중한 자리를 마련해 주시어 2박 3일의 수련 중 기도하지 못했으나 가장 기쁜 시간을 가졌다. 사경참회 시간이었다. 한 자 한 자 정성껏 사경을 했고 한 배 한 배마다 "참회합니다"를 웅얼거렸다. 이제 마음이 평온하다. 신흥사를 떠나서도 수련하는 마음으로 생활할 것을 다짐하며 다음 기회를 고대한다.

불기 2537(1993)년 여름 성인수련대회

이 환희심 어찌 표현할 수 있을까

법광 정재현

처음 신흥사·청소년수련원을 찾아오게 된 해가 1988년이었으니 햇수로 6년이 지나고 7년을 맞이한다. 불기 2533(1989)년부터 일요가족법회에 참여하여 오늘 성인수련대회에 참여하기까지 거의 빠짐없이 건강하게 법회에 참여하고 수련대회에 참여한 것이 부처님의 가피가 아니고 무엇이겠는가.

젊은 시절엔 자신만을 믿고 모든 일을 내 의지력으로 할 수 있다고 큰소리 쳐 왔고, 중장년엔 특정한 목표의식 없이 무조건 질주하려 했던 일들이 얼마나 무모하고 오만방자했던가. 얼굴을 들기가 부끄럽다. 부처님을 모르고 지냈던 지난 날들, 그 때도 '내 마음'이라고 큰소리쳤지만 그 '마음'이란 어떠한 마음이었던가!

오만이 만들어낸 헛된 명예욕에 사로잡혀 진실한 삶의 가치가 무엇인지도 모르고 지냈던 날들, 한 가지 다행이라 한다면 원력이 크고 높은 선지식이신 오성일 신흥사 주지스님을 만나게 된 인연은 나의 인생의 획을 바꾸어 놓은 큰 전환점이 되었다. 지금 순간순간 일어나는 이 환희심을 어찌 필설로 다 표현할 수 있겠는가.

신도들 한 사람 한 사람 그 근기에 맞춰 인도해 주시는 가르침과 그 자상한 배려, 신심을 바르게 심어주시고 불교가 무엇인지 그 실천 방법을 제시해 주시는 수련 생활은 우리가 불교를 어떻게 믿고, 불교적 삶은 무엇인가를 가르쳐 주시는 백미다. 여름성인수련대회, 겨울성인수련대회, 부처님 출가 일을 맞아 행하는 일일출가수련대

회 등의 수련을 통해 맛보는 회향일의 성취감은 수련을 통하지 않
고는 느낄 수 없는 감동이며, 환희이다.

  어젯밤 행해졌던 보현행자 서원 결행식 의식 중 참회문을 작성하
여 불태워 보낸 의식은 너무나 나의 마음을 후련하게 해주었다. 앞
으로 더 많은 수행으로 불법승 삼보의 은혜에 보답하고자 한다.

아름다운 인연

김주란

  내게 무슨 복덕이 있었을까, 이처럼 아름다운 인연으로 새해를 경
건하고도 지순한 마음으로 열게 되었으니 말이다. 불교와 인연을 맺
은 지 4년, 불교의 기본 교리들은 주로 책을 통해 습득하고 이해했을
뿐, 진정으로 마음 깊이 나 자신을 돌아보고 또 불교를 나의 실생활
에 적응시키기가 힘이 들었는데, 오늘 이처럼 수련회를 마감하면서
진정 내가 의지하고 참 삶의 등불이 되실 분이 부처님이심을 절감하
게 되었다.

  활활 타오르는 모닥불을 보면서 내 안에 숨쉬는 참 나의 생명을 느
끼며 감추어진 참 나를 모닥불처럼 뜨겁게 빛을 발하리라 다짐할 수
있었다.

  스님의 법문 중에서 보시에 관한 법문이 가장 깊이 느껴지고 끝없
는 참회를 하게 하셨다. 법보시에 인색했고 말 한 마디, 행동 하나,

표정 하나 모두가 보시다운 보시에 들지 못했었다. 그러나 다행히 이제라도 느꼈으니 한 걸음, 한 동작, 한 소리에도 불법의 향기를 담기 위해 노력할 것이다.

단 한 번의 연비로도 지난 나의 잘못들이 가슴을 때리고 아픔을 느낄 수 있으니, 이것이 진정 참회이고 부처님의 가피가 아닌가 생각한다. 이제 이 수련회를 통하여 부처님 가까이 한 걸음 더 다가섰으니 다시는 물러섬이 없이 더욱 정진하여 내 마음 맑히고 다른 사람들에게도 인연 짓게 할 것이다.

내게 남은 복덕이 있다면 모든 생명에게 수미산의 티끌만큼이라도 나누어지길 바라며 수련회를 열어주신 스님들과 동참하신 불자님들의 성불을 부처님전에 빈다.

신흥사보를 도둑질해 보았더니…

이제원

불교에 관심을 가진 지 1년 우연히 우편함 속에 있던 이사 간 거사님의 이름으로 온 신흥사보를 도둑질하여 본 것이 이곳 신흥사에 온 동기다.

망설임과 설레임 속에 이론적으로 책에서 본 불교를 몸소 체험하여 무엇이 얻어질까 의심도 하였다. 마음을 다스리지 못하여 항상 편하지 못해 불교서적들을 몇 권 섭렵하여 보았으나 막상 행으로 실천까지는 엄청난 거리인 것 같다. '평상심이 도'라는 말처럼 자기 생활을 열심히 하는 것이 도라 하였거늘 돌이켜 생각해보니 지금까지 살아온 내 삶이 온통 거짓 망상과 번뇌투성이뿐, 빈 껍데기 인생인 것 같다.

짧은 기간이나마 신흥사 큰스님의 적극적이고 능동적인 삶에 찬사를 보내고 싶다. 다음에 찾아올 때에는 착실한 불자로 변할 것임을 자부하며 정성 들여 설법을 하여주신 큰스님께 진심으로 사의를 표합니다. 감사합니다.

그래도 수련대회는 참가해야 된다

우애숙

1년에 2번씩 꼭꼭 하는 수련대회라 이번 겨울수련대회는 빠지고 다른 사찰에서 성지순례 가는 곳에 가려고 마음을 다짐했는데, 막상 떠날 날이 오니 신흥사의 주지스님 얼굴이 떠오르고 이번에는 어떤 프로그램으로 진행될까 궁금해지기 시작했다. 그리고 가슴이 두근두근, 갈까 말까 두 마음의 갈래에서 '아니야, 그래도 수련대회는 참가해야 된다'는 마음 결정을 하고 나니 그렇게도 편안할 수가 없었다.

올해는 1박 2일이라는 짧은 시간이었지만 2박 3일 동안 진행되었을 때보다도 알차게 했다고 생각한다. 수련생들의 해이해지는 마음을 잡기 위해 잠시라도 짬을 주지 않던 우리 스님께서 이번에는 '불도섭 답사'라는 프로그램을 넣으셨다. 스님께서 고정관념을 깨신 것일까? 여하튼 직접 가보니 듣는 것보다 실감이 났다.

그리고 스님의 설법은 몇 번을 들어도 새롭다. 삼귀오계에서 돌이 아빠의 이야기는 어쩜 그렇게도 몇 번을 하셔도 실감 있게 몸에 와 닿게 설법을 하시는지 모르겠다. 설법을 들으면서 삼귀오계 지킬 것을 또다시 새롭게 다짐해본다. 수련대회에 참가한 것을 뿌듯하게 생각하면서 주지스님께 감사를 드린다. 스님 성불하세요.

가장 반갑고 섭섭할 때

양병옥

건강하게 오늘도 부처님 도량에서 성인수련대회에 참가하여 부처님 법계에 귀의할 수 있다는 것에 우선 감사하고 싶다.

많은 세속의 인연 때문에 불연을 갖지 못하는 중생들도 우선 부처님과의 인연을 최우선으로 갖지 않는 한 불법과의 만남은 어려울 것으로 생각한다. 이렇게 수련대회에서 다시 볼 때 반가운 것을 서로 느낄 때 감사하고, 지난 번 수련대회에 참가했던 분이 보이지 않을 때 가장 섭섭하고 안타깝다. 세속의 인연을 끊어야 할 텐데….

많은 인연을 뿌리치고 먼 울산에서 매번 수련 오시는 성말규 거사님의 가족을 만날 때 솔직히 말해서 정말 기쁜 마음이었다. 6개월 만의 만남은 먼 옛날 부처의 인연처럼 느꼈고, 또한 작년 1월 수련에서

212

만났던 아가씨 보살이 인사할 때 정말 가족애를 느꼈다.

　다음 수련에서도 이번에 만난 분이 다 참석한다면 몇 년 후에는 신흥사 수련원에 다 수용할 수 없을 것이다. 그 때는 한국불교도 정토화가 될 것이 분명하다. 이렇게 기원하면서 항상 건강하게 기도할 수 있는 불제자 되기를 합장 발원한다.

불기 2538(1994)년 겨울 성인 수련대회

사람이 바뀌어진다

이금선

이사도 하고 힘이 들어 집에서 편히 쉬고 싶었으나 신흥사 수련대회에 갔다 오면 사람이 바뀌고 정신이 맑아지며 올바른 사람이 된다고, 마음을 닦고 몸을 바르게 단련시키고 오라고 남편이 신흥사에 나 홀로 두고 떠나버렸다. 혼자라서 서먹서먹하기도 하였지만 나중에는 여러 도반을 알게 되어 기뻤다.

발우공양을 하면서 공양을 하기까지의 힘든 경로, 절약하는 법, 환경공해에 대해 생각을 하게 되었다. 그리고 파렴치하고 끔직한 범죄가 늘어나는 오늘날, 작은 벌레라도 소중히 여기라는 부처님의 자비심을 가르쳐준 이번 수련대회를 너무나 감사하게 생각한다.

아이들 셋도 어린이 수련대회에 갔다 온 후 많이 달라졌다. 출퇴근하는 아빠에게 두 손 모아 공손히 인사하고, 칭얼대지 않고, 엄마 일을 많이 도왔다. 내가 집안일 때문에 걱정이 되어서 수련대회에 가기를 꺼려하니까 자기들 셋이 아빠 밥도 해드리고 집안일 잘 할 테니까 걱정하지 말고 다녀오라고 했다. 이번 수련대회를 끝내고 집에 가면 아이들에게 평소와는 다른 넉넉함을 보여주고 모범이 되는 엄마로서 바른 생각, 바른 말, 바른 행동을 해야겠다.

매일 아침 일찍 일어나기가 너무 힘이 들었지만 아침예불로 시작하여 저녁예불까지 질서와 순서가 있어 인내심을 길러주었고 부처님에 대해 존경심을 길러 주었다.

이제 수계증을 받았으니 5계를 지킬 것이며 열심히 불교에 귀의하겠다. 이번 성인수련대회를 열어주신 주지스님께 감사드린다.

새로운 각오로 새해를 맞이하다

이은영

1년을 정리하며 새롭게 새해를 열겠다는 각오로 수련회에 참가하였다. 방학이면 늘 간사 입장에서 참여했을 뿐 수련생으로 참가하기는 처음인 듯하다.

처음 토론회가 시작되면서 정견반 보살님들과 인사가 있었고, 그 중 나이가 적은 나는 무척이나 어렵고, 어르신들과 함께 생활할 것이 조금은 부담스럽게 느껴지기까지 하였다. 하지만 차츰 부모님과 같은 따스함을 느끼게 되었고, 더 많은 삶을 살아오신 그 분들의 대화에서 새로운 것을 느끼고 배울 수 있었다.

특히 5계에 대해 많은 것을 생각하게 한다. 일상 생활과 불교를 밀접하게 연관시키며 하루하루 생활 속에서 흡수시키시려는 그 분들의 모습을 보며 처음에는 '마음이 중요하지 꼭 의식적으로 규제된 생활을 해야 하나'라는 의문이 들었다. 하지만 그 뒤로 5계를 계속 생각하며 '나는 불교인으로 얼마나 그 약속을 생활 속에서 실천하고 있는가' 반성하게 된다. 큰스님의 법문과 보살님들의 대화를 듣고, 나도 이제는 생활 속에서 실천하도록 노력하는 모습을 지니며 살아야겠다는 각오를 한다. 이번 수련회는 지난 1년을 반성하며 새로운 한 해의 원을 세우고, 또 그 원을 이룰 수 있는 용기를 주는 것 같아 짧은 시간이었지만 많은 것을 느끼며 뿌듯한 마음으로 돌아간다.

도를 닦으면 아이 같아진다

윤민순

6월부터 올 여름엔 꼭 수련회에 참석하겠다는 마음을 가졌는데 일간신문을 자세히 봐도 수련회가 있다는 소식을 보지 못했다. 그러던 차에 뜻하지 않게 '신흥사보'를 보게 되었고, 수련회에 갈 마음을 먹었다. 다행히 휴가 날짜도 수련회 일정과 꼭 맞았다. 지금 와서 생각해보니 6월부터 수련회에 가고 싶다는 소원을 부처님께서 들어주셨다는 믿음이 생겼다. 왜냐하면 신흥사보를 보기 전까지 신흥사라는 절이 있다는 것도 모르고 있었고, 그렇게 휴가와 수련회 날짜가 꼭 들어맞는 일이 우연이 아니라고 여겼기 때문이다.

신흥사에 도착해 사찰을 둘러보니 놀라운 점이 한두 가지가 아니었다. 대체로 우리나라 사찰은 재래식 화장실을 비롯해 시설 면에서 낙후된 곳이 많지만 신흥사는 수세식 화장실은 물론 샤워 시설 등 모든 편의시설이 잘 갖춰져 있어 기분이 상쾌했다.

법문도 우리 마음에 잘 와 닿았다. 조별 토론시간에는 오랜 기간 종교 생활을 하신 분들의 이야기를 직접 들을 수 있어서 많은 도움이 되었다. 발우공양 처음 할 때는 낯설어 뭣 모르고 단무지를 미리 먹어서 그릇 닦기가 힘들었으나 그 이후로는 적응이 되어 괜찮았다. 환경오염 문제는 사람들의 탐욕과 무절제함에서 비롯된 것이라는 점을 발우공양을 하면서 배웠으며 불교에서는 작은 행동 하나하나에서도 도를 닦는다는 감동을 받았다. 경건하고 감사하게 공양하면서 자신의 덕행을 되돌아 반성하며 새로운 다짐을 해본다.

찬불가 시간엔 가슴속에 신심이 살아나는 느낌을 느낄 수 있었다. 둘째 날 아침예불과 참선을 할 때는 정신이 맑아져 기분이 참 좋았으나, 셋째 날 아침엔 피곤이 쌓였는지 집중이 잘 안 되었다. 매일 아침마다 예불을 드리는 스님들이 새삼 위대하고 속세의 번뇌에 휩쓸리지 않는 복 받은 분들이라고 느껴졌다.

제일 인상 깊었던 것은 주지스님의 법문시간이었다. 한참 집중하여 경청하고 있는 중에, 스님께서 갑자기 서너 살짜리 아이와 같은 해맑은 웃음을 지을 때가 종종 있었다. 나는 그런 웃음을 잊고 살았다. 언제인지는 모르지만 삶의 무게에 눌려, 그렇게 솜털처럼 가뿐한 웃음을 놓쳐버렸었다. 스님은 때론 엄격하시지만 마음은 항상 어린아이의 순수한 마음을 지녔다는 걸 알 수 있었다. 스님의 서원은 "스스로가 모든 사람을 좋게 생각하는 것"이라고 말씀하셨다. 스님의 마음이 이미 부처님 마음이 되었으니 모든 중생이 좋게 여겨지고, 그러니까 항상 해맑은 웃음을 지닐 수 있는 것 같다.

이번 수련회에서 아주 닮은 두 사람을 발견했는데, 그 두 사람은 피아노 선생님의 아들인 지오와 주지스님이다. 그 두 사람의 공통점은 노래와 웃음으로 참석한 사람에게 무외보시를 듬뿍 했다. 도를 닦으면 아이와 같아진다는 말이 생각났다.

나는 참 복이 많다

김학임

우리집은 대대로 불교를 믿고 있지만, 나는 사실 무교에 가깝다 하겠다. 1년에 몇 번 어머니 따라 절에 갈 뿐 그 외의 신행생활을 하는 것이 없으니 말이다. 이번 수련회에 참여하게 된 것도 내 스스로 자진해서 온 것이 아니고 동료의 권유로 오게 됐다.

수련회 첫날 아침에도 망설임 끝에 피서(부처님 노하시겠지만) 겸 가르침도 배울 겸 하고 짐을 챙겨 집을 나섰다. 처음 수련회에 참여하는 나로서는 호기심, 기대감으로 신흥사에 들어서는데, 현대식으로 지은 건물과 현수막을 보고 '수련회를 많이 열어 포교를 위주로 하는 절이구나' 하고 느끼게 했다.

아주 짧은 2박 3일이었지만, 발우공양이라는 참으로 지혜로운 식사법, 새벽예불·기도, 그리고 청명한 목소리의 부담 없는 그래서 가부좌한 다리가 아파도 계속 듣고만 싶던 주지스님의 설법, 수계식 등등 그 모든 것을 접할 수 있었던 나는 분명 '복이 많구나' 하고 생각했다. 그저 감사한 마음이 들고, 또 기회가 주어진다면 부모님도 모시고 오고 싶다. 이렇게 수련회에 참여하는 좋은 기회를 갖게 해준 동료에게 감사한다.

잊을 수 없는 수련회

최윤임

즐거운 토요일, 신흥사 수련대회에 가는 날, '룰룰루 랄랄라' 절로 콧노래가 나오고 기분이 너무나 좋았다. 신흥사의 깨끗하고 시원한 모습과 솔바람 소리, 추녀 끝에 매달려 울리는 풍경소리에 마음이 정화되고, 뜨거운 햇살이 법당 가득하고 하늘엔 흰 구름이 조금씩 흐르고 있어 평화로움이 전해졌다.

스님의 온화한 미소와 열심히 기도 드리는 모습이 내 자신을 돌아보게 하였고, 처음 받아보는 발우공양이 내겐 어설프기만 했지만 다음 날 조금 나아지고 있는 것을 느끼고 익숙해졌다.

둘째 날, 별이 아름답게 빛나는 밤에 펼쳐진 촛불전야제의 활활 타오르는 불빛을 보면서 지난 날의 어리석음을 참회하고 새로운 다짐을 했다. 기회가 주어진다면 또 오고 싶은 수련회, 잊을 수 없을 겁니다.

다음 수련회는 집사람과 동참하리라

이상범

10여 일 전 수원포교당 거사회 회장님으로부터 신흥사 하계 성인 수련회 참가 권유를 받고 수련법회에 참석하여 무엇인가 나 자신이 좀 달라져야겠다고 마음을 굳혔다.

막상 수련회장에 와보니 평소 생각했던 것과는 다른 상황이 전개되었다. 거사님들이 주축이 되어 쉴 틈 없는 과정이 숨가쁘게 돌아갈 줄 알았는데 노보살님들이 주류를 이루었고 그 중 난생 처음 조장을 맡아 난감하기까지 했다. 그러나 엄명인 걸 어찌하랴!

내 생애 최고의 무더위 속에서 멈출 줄 모르는 시간의 흐름은 시작되었다. 발우공양 시간, 주지스님께서 발우공양에 대한 자상하고 논리적인 설법은 참으로 합리적이고 과학적인 공양법이라 공감이 컸다. 보람 있고 값진 경험을 했으니 집에 돌아가 할 말이 많이 생겼다.

진지하고 열성적이면서도 이야기식으로 전개되는 주지스님의 법문 말씀은 자연스럽게 부처님 말씀에 빠지게 하여 불교의식, 법당의 명칭 등 전에 모르던 것을 알게 되는 기쁨이 컸다. 법문을 하시면서 즐거워 크게 웃으시는 주지스님, 그렇게 환희에 차서 법문 하시는 모습을 뵈올 때 저절로 머리가 숙여지기도 했다. 평소 생활을 뵈어도 일반 중생과 더불어 같이 생활하시는 스님을 뵈오니 '시법평등 무유고하(是法平等 無有高下)'란 경의 말씀을 몸소 실천하시나 싶다. 수련회에 참가하여 느끼고 배운 점 너무도 많다. 다음 수련회 땐 집사람과 동참할 것이다.

'나도 성일 스님같이 하리라'

해득(海得)

찌는 듯한 여름! 가히 살인적인 더위라 할 만한 폭염이 40일 가까이 기승을 부리는데 그래도 올 여름은 가슴 뿌듯한 계절이다.

항상 쫓기는 포교당 일과지만, 올 여름은 어린이집 행사 때문에 더 헐레벌떡 살았다. 어린이집 여름 캠프로 시작해 여름불교학교, 학생회 수련회, 교사 연수, 교사 수련 및 수계 등을 치렀으니 나도 어지간히 극성스럽고 별난가 보다. '웬만큼 하고 두고 보아도 될 텐데' 하면서도 밤을 새워가면서 그 막히는 도로를 위험한 곡예운전을 하고 길을 헤매면서 왔는데, 오늘은 '참 잘 왔구나' 싶다.

항상 존경하는 성일 스님! 멀리서나마 항상 고개 숙여 모시는 분. '내 성불 한 생애 늦추더라도 금생에는 포교하리라' 는 스님의 글을 대하며 가슴이 뭉클했었다. 그 이후로 나의 생각도 정리가 되었다. '나도 성일 스님같이 하리라', 그러나 항상 자신의 한계를 느끼곤 한다.

승가대 졸업할 무렵 한 1년쯤 스님 밑에서 부족하나마 도와드리면서 현장 수련하고 싶었지만, 은사스님의 열반으로 그 꿈은 포기할 수밖에 없었다. 6년 만에 다시 찾은 신흥사는 너무나도 많이 변해 있었다. 거대한 수련원의 위용을 보면서 눈시울이 뜨거워졌다.

한국불교의 자존심! 우리 비구니의 긍지! 오성일 스님. 우리 선생님들을 이곳 신심 장하신 스님의 곁으로 인도케 하신 부처님께 감사드린다. 부디 병아리 교사들 가슴 속 깊이 부처님의 거룩한 가르침이 굳게 뿌리내려 우리 아기들을, 우리 어린이들을 자랑스런 아기 부처님으로 키워주소서! 우리의 꿈나무들이 한국불교의 동량되게 하소서! 우리 교사들이 이곳 성인수련대회에서 인기를 독차지하였다니 고맙고 기특하다. 그 동안의 피로가 한꺼번에 스러진다.

지난 봄, 매스컴을 떠들썩하게 한 불교계의 소용돌이. 참으로 가슴 아프고 얼굴 뜨거운 일들이었다. 하지만 나는 무서운 진통과 모진 아픔 뒤에 반드시 새로운 역사가 열리리라고 굳게 믿는다. 그리고 전국 각지에서 묵묵히 뼈를 깎는 수행과 포교를 하는 많은 스님들의 모습에서 한국불교의 미래는 결코 어둡지 않다는 것을….

성일 스님! 부디 오래도록 건강하소서! 스님의 모습 가득히 푸근한 웃음은 제 마음 속에 영원히 남을 것입니다.

기독교인으로 참석했으나…

함혜순

송광사 수련회 참가 신청을 거절당한 후 실의에 빠져 있는 내게 어느 고마운 거사님이 신흥사 수련회를 추천해 주셨다. 특히 주지스님의 설법이 매우 훌륭하다며 추천해 주시는 그 분의 말씀을 듣고 바로 신청하려고 신흥사에 전화를 했다. 당일 접수한다는 어느 스님의 목소리를 듣고 참여를 못하게 되는 건 아닌가 하는 불안감에 여러 번 확답을 듣고 그 날이 오기만을 기다렸다.

드디어 8월 5일 동료랑 같이 가려 했는데 못 간다는 말에 벌을 받는 건 아닌가 하면서 가야 하는지에 대한 회의에 빠졌다. 성당에 다녔던 내가 불교 수련회에 참가하려 했던 것은 기독교에서 얻을 수 없었던 것을 얻을 수 있지 않을까 하는 막연한 기대감 때문이었다. 정말 막연한 기대감이었다. 왜냐하면 어릴 때부터 습관처럼 몸담아 왔던 기독교를 떠날 거라는 생각은 추호도 없었고, 단지 요즘 나 자신의 삶의 회의를 느끼면서 새로운 삶을 열어줄 뭔가가 없을까 하는 일말의 기대감에서 절을 생각해냈기 때문이다.

그러나 사실 절은 내게 그렇게 생소한 곳은 아니다. 오히려 친숙하다 할 수 있을 것이다. 전공이 역사이다 보니 무수한 사찰을 견학할 기회를 가졌다. 그리고 그 모든 절들이 역사적인 고찰 이외에는 그저 그렇다는 생각이 지배적이었다. 그런데 언젠가부터 절에 대한 내 생각이 달라졌다. 일본의 그 유명한 고찰인 동대사는 우리나라 사찰에 비하면 별거 아니라는 것을 직접 보고 실감했다. 그래서 우리나라 사찰에 대해 좀더 구체적이고 실제적인 것을 공부하고 싶었다. 특히 그 안에서 생활하는 스님들의 생활을 체험해 보고 싶었다.

갈까 말까 망설이던 내게 그 누군가가 가라고 명했다. 보이지 않는 그 힘에 의해 나는 이 곳에 올 수 있었다. 수련대회만을 위해 지어진 것 같은 절 분위기에 한때 실망도 했지만 수련생활을 하면서 주지스님의 보다 큰 뜻이 포교에 있다는 걸 알고 이 절이 시대를 향도한다는 데서 그 존재 의의를 갖는다는 것을 깨달았다.

첫날 밤 당장 돌아가고 싶은 기분이었지만 다음 날 아침 어느 거사님이 어떠했느냐는 질문에 한마디로 힘들었지만 유익했다고 마음 속으로 외칠 정도로 보람된 수련이었다. 모든 것이 처음이었으나 정감이 가고, 특히 발우공양은 주지스님 말씀처럼 사회제도에도 반영

해야 할 것 같은 깊은 의미가 있었다. 무엇보다 인상 깊었던 건 사경 참회법회로 비록 장소는 다르지만 고려시대 팔만대장경을 조판했던 우리 조상들의 정신을 체험하는 듯한 기분이었다.

지리산 정상을 등산한 것같이 다리는 쑤셨지만 정말 많은 것을 배우고 얻었다. 즉 2박 3일 동안 용맹 정진하는 스님들과 더불어 함께 생활하며 구도에 힘쓰시는 그 분들의 정서를 엿볼 수 있었다. 그리고 전혀 생각지 않았던 수계도 받았다. 기독교인이 불교신자가 되는 의식을 치렀다는 것으로 한동안 괴로웠던 내게 주지스님이 불교의 오계는 불교인이든 비불교인이든 누구나 지켜야만 하는 일반성을 지닌다는 말씀에 안심을 했다. 보편적인 진리는 종교와 이념을 초월한다는 내 평소의 신념에 따라 나는 내가 받은 계율을 지킬 것이다.

나는 기독교인이다. 그러나 수련대회를 마치는 이즈음 나는 언제나 기독교인이고 기독교인일 것이라는 그 믿음에 확신을 가질 수가 없다.

너무 아쉽다

안정자

이웃 도반의 권유로 사찰수련대회가 있다 하여 절의 수련대회는 어떤가 하여 호기심에서 따라왔다. 1시간 반 만에 절에 도착하니 거대한 가람이 마음을 엄숙히 가라앉게 해주었고, 청결한 법당의 장엄

하신 부처님은 조용히 미소를 지으며 나를 맞이해 주셨다.

그 날 2시부터 본격적인 공부에 들어갔다. 처음 뵙는 스님은 비구니스님이신데 첫 법문부터 한마디 한마디가 그렇게도 마음에 와 닿을 수가 없었다. 수십 년을 절에 다녔어도 발우공양은 처음 해보는 경험이었다. 말로만 듣던 발우공양은 긴장되었고 밥이 어떻게 먹어졌나 모르겠다. 그러나 일생을 두고 잊지 못할 추억이 될 것 같다.

교양시간에는 주지스님의 강의가 있었는데 너무도 몰랐던 부처님 말씀을 차근차근 일러주시고 깨우쳐 주시어서 고맙기 한이 없다.

3일 동안의 일정이 너무 짧고 아쉬웠다. 그 동안 배운 부처님의 법과 진리는 일평생의 마음의 양식이 될 것이다. 집에 돌아가서도 부처님의 영원한 불자로서 널리 포교를 하겠다.

포교 열정으로 가득한 스님을 따라가고 싶다

김현숙

경북 영풍군 풍기 영전사에서 수련원을 향해 먼 길을 떠날 때의 마음은 그저 '힘들겠구나' '수계식도 한다던데…' 하며 탐탁치 않았던 건 사실이었다. 그러나 신흥사에 발을 내딛는 순간 은은한 향내와 풍경소리에 매료되어 그런 잠시 어리석었던 마음이 부끄러웠다.

풍체만큼이나 큰 자비를 베푸신 스님, 발우공양, 수계식, 사경참회 법회, 예불 등을 직접 경험하면서 점점 불교라는 종교의 매력에 빠져 들게 되었다. 이제 부처님은 이미 내 마음 속에 자리하고 계신다.

함께 했던 많은 분들, 노보살님, 거사님, 스님들께 감사드린다. 왜냐하면 겉도는 듯한 나의 신심을 뿌리 깊이 불교와 부처님께 심어주는 데 많은 영향을 주었기 때문이다. 손녀 같은 나에게 관자재보살에 관해 진지하게 말씀해주신 '전금강월' 보살님, 찬불가 대회 때는 젊다는 이유 하나만으로 재롱을 떨어 귀여움을 받았던 풍기어린 이집의 식구들, 철인 정신으로 달려오신 영전사 해득 스님, 특히 좋은 법문 많이 해주신 큰스님, 이 모든 분들에게 가졌던 이 감정을 다음에도 가질 수 있는 기회가 생겼으면 좋겠다.

젊은이들이 불교에 귀의하기란 좀 어려운 생각이 든다. 순간의 즐거움을 추구하는 요즘 젊은이들에게 어렵게만 느껴지는 불교교리, 절하는 법 등이 좀처럼 쉽게 받아들여지지 않을 것이다. 그러나 이런 수련대회의 기회가 주어진다면 누구든 부처님께 귀의하지 않을 사람이 있을까.

부처님과 약속한 삼귀의, 5계를 영원히 지킬 수 있는 불자로서 다른 이에게 모범이 되어 부처님 법을 널리 알릴 수 있게 공부도 많이 해야겠다. 또한 포교를 위해서 열정을 다하시는 큰스님의 마음, 그 마음을 따라가고 싶다. 영원한 아름다운 연꽃이 되고 싶다.

불기 2538(1994)년 여름 성인 수련대회회

나의 희망 사항

양봉희

철없던 시절 어머님의 손목에 이끌려 절을 찾은 것으로 인연을 맺은 지 35년이 지난 지금 누구에게나 나는 '불교신자'라고 자신 있게 말할 자신은 있다. 그러나 '내가 진정 불자로서의 길을 걷고 있는가' 라는 의문을 가지고 살아오던 중 신흥사보(57호)에 게재된 "1년에 몇 번 절에 다니는 10년 신도보다 정기법회에 동참하는 1년 신도가 더 신심과 질이 높고, 정기법회에 1년 동참한 신도보다 2박 3일 수련대회에 1번 참가한 신도가 훨씬 더 불자로서 신심과 질이 높다." 는 주지스님의 말씀이 나의 마음을 움직였다.

신흥사는 나에게 생소한 사찰도 아니고 8년째 인연을 맺고 있는 절이었지만 왠지 이번만은 설레이는 마음으로 도착하여 다시 한번 마음을 가다듬고 수련에 임했다.

수련회는 스님들의 생활을 조금이나마 체험할 수 있는 좋은 계기가 되었으며, 속세에서의 생활이 시간낭비의 연속이었음을 새삼 느낄 수 있었다. 그리고 스님의 설법을 통하여 남에게 피해를 끼치지 않고 봉사하고 스스로 노력하며 보시하는 불자의 기본자세를 배우게 되었다. 또한 내가 속해 있는 직장에서 어떻게 포교활동을 전개하여 많은 중생들을 부처님께로 인도할 것인가 하는 책임의 막중함을 느끼게 되었다.

그 동안 지어온 탐진치 3독에 대한 참회문을 쓰고 발원문을 촛불발원의식 시간에 태우면서 나 자신의 머리와 마음을 씻고, 수계를 받으면서 몸과 마음이 더없이 청정해졌다. 지금의 나의 몸은 비록

108배의 후유증으로 다소 피곤해 있을지 모르나 머리와 마음은 그 어느 때보다 가볍고 청정하며, 앞으로 5계를 지킨다면 나의 머리와 마음이 계속 청정해질 수 있다는 희망이 나를 더욱 기쁘게 한다.

다음 수련 때는 나의 온 가족은 물론 주위의 분들까지 대동해야겠다는 다짐을 부처님 앞에서 새겨보며, 수련에 참여하도록 인연을 맺어준 부처님의 은덕에 머리 숙여 감사드린다.

올해 제일 큰 일을 하다

홍광희

한 해의 끝에 와 서매 사십대에 접어들면서 뭔가 소홀하고 허전하고 무엇을 했나 후회스러웠는데 수련대회가 있어 참가할 수 있게 됨을 무한한 영광으로 생각한다.

가정의 테두리에서 홀가분하게 벗어나 부처님 품안에서 여러 신도들과 함께 할 수 있고 또 불자로서의 신심을 돈독히 하며 생활하는데 꼭 필요한 많은 도움과 가르침을 주셔서 진심으로 감사드린다. 108배와 참선, 사경을 비롯해 좋은 법문을 들을 수 있어서 내겐 잊지 못할 뜻 깊은 날들이었다.

우리 식구들에게 지난 3년은 무척이나 고달픈 시간이었다. 스님께서 100일 기도를 올리라고 하셔서 기도 입재를 하고 가르쳐 주신 대로 기도를 드렸더니 원을 들어주셨다. 겨울이면 서너 달 동안 수입이 없이 지내야 했었는데 스님 말씀대로 실천을 했더니 남편에게 일이 끊어지지 않고 연결이 되어 얼마나 고맙고 감사한지 모른다.

이제 며칠 안 있으면 100일 기도도 끝나가고 삼재도 나가는 해고 (우린 셋이나 되었다) 그 안에 수련대회가 있어 참가할 수 있었음은 올해 제일 큰 일을 한 것이 아닌가 싶다.

내가 수련회에 올 수 있도록 친손주도 아닌 외손주를 셋씩이나 봐주시는 친정어머님께 감사 드리고, 초등학교 2학년인 큰애가 동생들 잘 보고 할머니 말씀 잘 듣고 있을테니 편히 다녀오라고 해서 고맙고, 신흥사 간다니까 두말 않고 보내준 우리 남편에게도 감사하다. 그리고 백일기도와 수련대회를 통해 많은 믿음과 신뢰와 무한한 가피를 주신 주지스님께 진심으로 감사드린다.

불기 2539(1995)년 겨울 성인 수련대회

이 생을 마칠 때까지

보현심

절에 다닌 지는 5년이 되었다. 봉은사를 원찰로 신행생활을 하며 나름대로 불자로서 자부심을 느꼈다. 이번에 처음으로 수련대회에 참석하였다. 2박 3일 동안 너무도 많은 것을 보고 체험하고 나이가 좀 젊었으면 얼마나 좋았을까 아쉬움이 남는다.

나름대로 최선을 다하여 보았지만 몸도 말을 안 듣고 실수 투성이였다. 그렇지만 이번 수련에서 얻은 것은 무어라 말할 수 없는 환희심과 신심이 생겼다. 이 마음을 생이 마칠 때까지 기억하고 노력하겠다.

세상에 불교 아닌 것이 없다

이동원

불교는 수행이 중시되는 종교라 생각되어서 본 수련대회에 참가하게 되었다. 믿음이 굳건한 신도들을 보고 놀란 점도 많다. 예불, 발우공양 등이 주는 경탄감도 매우 컸다. 엄격한 통제생활은 비록 짧은 기간이었지만 사회생활을 영위하는 데에도 많은 도움이 될 것이다.

내가 여기에서 가장 크게 느낀 것은 불교란 무엇인가에 대한 답이다. "악을 짓지 말고, 선을 행하고, 마음을 깨끗이 하면 이것이 바로 불교다."라는 말씀이다. "세상에 불교 아닌 것이 없다."라는 말과도 통하는 것이라 생각된다. 열심히 노력하겠습니다.

기도를 생활화할 것이다

김영순

어렸을 때 교회에 다니다가 결혼해서 무종교인으로 살다가 돌아가신 아버님 사갑을 맞이하여 절에서 재를 지내드린 인연으로 부처님의 제자가 되었다. 처음에는 1년에 초파일이나 가는 것으로 알다가 삼선포교원에 다니면서 매주 법회에 참석하고 있다.

삼선포교원에서 경전 공부와 찬불가 합창 등 생활불교를 실천하며 신심을 키웠다. 그러나 정작 기도생활을 잘 모르고 지내다가 수련회에 참가하여 스님께 기도방법을 배웠다. 수련을 통해 앞으로 기도를 생활화할 것을 다짐해본다. 우리 온 식구가 부처님께 귀의하여 언제나 즐거운 가운데 화목한 가정이 되기를 기원한다.

자기 성찰의 기회

박경숙

인간은 누구나 어렵고 힘들 때 종교를 찾나 보다. 요 몇 달 동안 힘들고 어려운 일들 속에서 여름휴가를 맞아 기초교리공부와 불교를 정식으로 배우고 접해야겠다는 생각으로 불교수련회에 참석하게 되었다.

새벽 4시 예불과 참선을 하고 마칠 때의 뿌옇게 밝아오는 풍경의 절제된 자연의 모습은 오묘하고 신비롭기 그지없었다. 처음 접해본 발우공양은 환경이 오염되고 물질만능주의에 빠진 우리 사회에 꼭 필요한 신선한 공양법이었다. 저녁예불시 108배를 올리며 등이 축축이 젖어오는 속에서 어떤 충만감과 희열을 느꼈다.

이번 수련회를 통해 오랫동안 쌓였던 피로와 모든 걸 잊게 하고 자기성찰의 기회를 주었다. 그리고 일체유심조(一切唯心造), 모든 것이 마음에 있다는 것을 다시 한번 깨닫게 되었다.

아주 특별한 행운

조인순

신흥사 성인수련대회에 참석하게 된 것은 나의 신앙생활을 더욱 굳건하게 할 수 있었다는 점에서 특별한 행운이었던 것 같다. 어떤 특별한 고통이나 시련 속에서 시작된 신앙생활이 아니라 가정에서부터 자연스럽게 접하게 된 종교라서 부처님에 대한 믿음을 확인하고 마음을 가다듬을 수 있는 기회가 드물었는데 그런 점에서 무엇보다 좋았다.

예불시간에 어슴푸레한 대웅전 밖의 먼 산을 바라보고 앉아 참선하던 그 기분은 정말 최고였다. 자연과의 일체감, 내가 지금 생생하게 살아있다는 실감, 그리고 부처님의 따뜻한 숨결이라도 느껴지는 듯한 기분이었다.

참회사경도 스님의 죽비 소리에 맞추어서 한 글자 한 글자 적어나가면서 한 글자라도 빠뜨릴까, 혹시 한 글자를 더 쓰지는 않을까 마음을 졸이면서 열심히 썼는데 스님의 마지막 죽비 소리가 들리기 두 번 전에 정확히 마지막 글자까지 완벽하게(?) 7자로 맞추어졌을 때는 굉장히 흐뭇했다. 내 방에다 소중한 기념으로 간직하리라 마음먹었다.

발우공양, 보현행원 촛불제, 참선시간에도 작은 해프닝이 벌어졌으나 재미있고 인상적인 기분이었다. 또 초청법문도 가슴속이 뿌듯하고 환하게 밝아지는 기분이 들어서 열심히 메모를 하면서 기억하려고 노력했다. 역시 스님들의 말씀은 들으면 들을수록 좋다.

각반 간사님들의 헌신적이고 친절한, 정말 마음속에서 우러나오는 듯한 그 확신에 찬 행동들이 감동적이었다. 정말 불교인으로서 자긍심을 가지고 신앙생활을 열심히, 올바르게 하고 있다는 느낌이 들어서 나도 배워야겠다고 생각했다.

무엇보다 감동적이고 감사해야 할 점은 주지스님의 활동이었다.

수련대회 기간 내내 새벽예불부터 같이 참석하시고 하나하나의 프
로그램마다 세심하게 살펴주시고 적극적으로 이끌어주시며 지켜보
시는 모습이 정말 고맙고 인상적이었다. 신흥사의 오늘이 어떻게 이
루어졌는지, 또 미래가 어떠한 모습인지 충분히 상상할 수 있었다.

우리 자식들은 신심이 없어 서글프다

백풍현

나의 인생 70세를 넘게 살면서 말로만 듣던 수련대회라는 것을 실
천해봤다.

놀랍게도 비구니스님께서 이런 행사를 이끌어 가신다는 데서 매우
존경스럽다. 또한 젊은 처사님과 보살님께서 많이 오셔서 적극적인
봉사를 하시는 것을 보고 한없이 고마웠고 감사하였다. 우리 자식들
은 신심이 없어 나는 항시 서글프다. 이곳에서 활동하시는 분들을
보고 부처님의 가피를 흠뻑 받아 가시라고 기도했다.

범국민적인 차원에서 보급되어야 할 발우공양

김중영

2박 3일 동안 하계수련회를 통하여 수준 높은 불교의 의미를 알게 되었고 설법을 통하여 마음의 오염을 정화시키게 되어 대단히 고맙게 생각한다.

특히 사회적으로 많은 문제를 야기시키고 있는 식생활문화를 개선할 수 있는 발우공양이야말로 우리 불교인들뿐만 아니라 범국민적인 차원에서 널리 보급되어야 하겠고, 불자들은 본보기가 되어야 된다는 생각이 든다. 그리고 삼복더위에도 불구하고 불자들의 신심을 고양시켜 주신 스님네께 감사 드린다.

어릴 적 출가의 원을 이루었다

신복균

69년을 살아오면서 말로만 들어오던 수련대회에 와 있다는 것이 실감이 안 날 정도로 너무너무 감개 무량하다.

넓고 깨끗한 도량이며 주지스님의 늠름하신 모습에 극락이 따로 없구나 하는 생각이 들었다. 나 혼자 와 있기는 너무나 아쉬웠다. 어릴 적에 절에 사는 것이 동경의 대상이었는데 2박 3일의 짧은 일정이나마 출가의 원을 이루었다고 생각한다.

　엄한 규율에 다소 힘든 점도 있었으나 스님들의 어려운 수도생활을 새삼 느끼게 되었다. 절하기도 매우 힘에 부쳤는데 이곳 신흥사에서 큰 힘을 얻어 생각보다 많은 절을 한 것 같다. 밤의 촛불행사는 내 평생 잊지 못할 추억거리다. 아침에 잠시 한가한 시간을 이용해 몇몇 법우들과 구봉산에도 올라가 보았다. 생각하면 할수록 감격스런 시간들이었다.

신흥사 불자들이 부러웠다

김기덕

　승가대학에 재학 중이신 화평 스님께서 오성일 스님의 영험록 테이프를 주시면서 한번 들어보라고 하셨다. 테이프를 듣고 나서 느낀 점도 많고 꼭 한번 직접 뵙고 설법을 듣고 싶었다.

　불교TV의 퀴즈프로에서 우리 영화사팀과 1승을 하고 올라온 신흥사팀의 대결 녹화장소에서 신흥사팀의 체계적이고 열심히 공부한 모습을 보고 '아, 나도 열심히 공부를 해야 되겠다'고 다짐을 했다.

　시골에 계신 시어머님께 초등학교 2학년, 5학년인 두 아이를 부탁드리니, 흔쾌히 다녀오라고 말씀하셨다.

　첫날 밤, 기쁨으로 잠을 이루지 못하고 설핏 잠결에 "새벽예불입니다."라는 보살님의 말씀에 전에 몇 번 해보지도 못한 새벽예불에

236

임하게 되었다. 오성일 스님의 힘있는 목소리로 시작되는 새벽예불, 백팔참회, 참선에 진지하게 참여하다보니 새로운 신심이 새록새록 솟아나는 것 같았다.

TV에서나 보고 얘기로만 들었던 '발우공양'의 예식을 치를 때마다 힘들고 어려웠지만 이제야 진정한 불자가 된 것 같은 뿌듯한 기쁨을 맛봤다.

특히 예불시간에 매일 한문으로 된 어려운 천수경 독경에서 벗어나 한글로 된 이해하기 쉽고 알기 쉬운 천수경 독경은 돌아가서 우리 절에서도 시행해보고 싶었다. 신흥사 신도님들이 많이 부러웠다. 일 때문에 참여하지 못한 남편과 다음에는 꼭 같이 오고 싶다. 오성일 스님, 건강하셔서 오래오래 좋은 법문 많이 하시고 불사 많이 하시기를 두손 모아 부처님전에 간절히 기도 드립니다.

처음 불자가 된 날

한상용

나에게 종교가 무엇이냐고 물으면 불교라고 이야기를 한다. 어머니도 불자시고, 아내도 절에 다니며, 아이들도 종교가 불교라고 생각하니까 나도 덩달아 불자인 셈이다. 그러나 볼 일이 있어 신흥사에 오면 주차장 차 안에서 아내를 기다리며 불전에 절 한번 하지 않고 돌아가곤 하였다.

마음은 부처님 앞에 있었지만 늘 부처님과 스님 뵙기가 송구스러운 터에 어머니께서 성인수련대회에 한번 참여하도록 권유하셨다. '그래, 이번에 처음으로 불자가 되는 마음으로 수련대회에 참여해 보자' 라는 마음으로 수련대회에 참여하였다. 그러나 마음은 내가 부처님 앞에 나선다는 게 약간은 두렵고 벅찬 가슴으로 수련에 임하였다.

'어차피 이번 수련은 고행이다' 라고 생각하고 참고 이겨내 약간이나마 신심을 갖고자 하였으나 처음 해보는 발우공양부터 고행은 시작되었다. 깨우침이 없는 상태에서 마음은 무겁고 머리는 띵한 상태에서 처음 발우공양을 하려니 지병인 헛구역질이 나기 시작하는 것이다. 한 숟갈 먹을 때마다 헛구역질하면서도 '나무 아미타불' 을 외우며 겨우 공양을 끝마쳤다.

힘든 수련기간이 다 가고 마지막날 예불 사경시간에는 설사가 나서 죽을 지경이었으나, 절 한 번 하고 '나무 관세음보살' 한 번씩 외우며 무사히 경전을 다 써낼 수 있었다.

이러한 고행은 좀더 깊은 신심을 불어넣어 주기 위한 부처님의 뜻이라 생각한다. 이번 기회에 불심을 갖고 믿음을 심었으나 아직 부처님의 말씀과 예를 하나도 모르고 불자로서의 행동은 아직 아득하니, 오늘을 처음 불자가 되는 날로 삼아 수행을 해야겠다.

또 한번의 시발점

심무

모처럼 하기휴가가 황금시기에 잡혔다. 하지만 며칠 전 아내로부터 예기치 않은 제의를 받았다. 8월 5일부터 수련대회에 참석하자는 것이다. 별 생각 없이 대답을 했으나 내용을 알아보니 당혹스러웠다. 하지만 한번 한 대답을 번복할 수가 없었다. 우리 내외는 약 6년간 아이들 학교 일로 놀러갈 수가 없어서 이번 휴가는 상당한 기대를 했으니 처음에는 유감스러운 게 사실이었다.

수련대회에 참석하기 전날 밤 잠을 설쳤다. 잠을 설친 탓일까, 아침 일찍 출발하여 운전을 하는 데 졸렸다. 물어 물어 신흥사 수련원에 도착하니 생각했던 것보다 규모가 크고 경치가 정신수양에 괜찮을 것 같았다.

아침예불과 동시에 시작된 수련대회는 집을 나설 때의 상상과는 아주 거리가 먼 것이었다. 반 야유회 겸 수련대회에 참석하였는데 그것은 참으로 큰 망상이었다. 정신적·육체적 준비도 안 된 상태에서 어정쩡하게 시작된 수련대회는 처음엔 정말 견디기 힘들었다. 시간이 흐를수록 적응되어 가면서 나의 생활의 극히 일부이지만 너무나 많은 것을 경험할 수 있었다.

종교의 진수 그것이랄까. 발우공양, 백팔참회를 하면서 나는 내가 모르는 세계에 빠져들었다. 그리고 주지스님의 엄청난 노력은 인간의 힘 이전의 신의 경지에 이른 것 같은 착각이 들게 하였다.

참으로 많은 감명을 받았다. 앞으로 내 인생이 변화되는 또 한번의 시발점이 될 것 같은 생각이 든다. 내년에는 우리 애들도 수련대회에 참석시켜 내가 느낀 것을 똑같이 느끼길 바란다.

며칠 만에 너무 정들었다

김경숙

나는 어려서부터 당진 보덕사에 다녔다. 성인수련대회에 참가하게 된 일도 보덕사 주지스님께서 '한번 가보거라' 하셔서 오게 되었다.

새벽에 일찍 일어나 예불하고 108참회를 하는 것도 좀 힘들긴 했지만 몸이 개운해지고 땀을 흘리는 가운데 내가 지었던 모든 죄나 나쁜 물질이 빠져 사라지는 것 같았다.

발우공양을 하며 정숙한 분위기, 다기를 하나하나 다루는 법, 공양하는 법을 배우게 되어 기쁘고 앞으로 음식을 남기지 않고 버리지 말아야겠다는 다짐을 했다. 나이는 어리지만 보살님들과 친구처럼 어울려 놀고 이야기하는 것이 너무 정이 들었다. 이런 수련회가 있다는 걸 늦게 안 것이 안타깝다.

불기 2539(1995)년 여름 성인수련대회

남도 하는데 내가 못하랴

유선자

신흥사 성인 수련대회에 참가하게 된 것을 무한한 영광으로 생각합니다. 처음 절을 찾을 때는 어렵고 어색하여 낯설던 곳이 이제는 편안하고 안락하게 느껴집니다.

무작정 어디엔가 끌려 수련대회에 참가한 것이 얼마나 다행인지 모릅니다. 이렇게 힘든 줄 알았다면 저 같은 중생은 신청을 안 했을 것입니다. 하지만 '남도 하는데 내가 못하랴' 하는 오기가 나서 2박 3일을 무사히 마치게 되었습니다.

새벽 일찍 일어나 기도도 하고, 선체조, 발우공양, 참선, 수계식, 보현행원 촛불제 등 제가 아직까지 겪어보지 못한 수련회 내용이 얼마나 좋았는지 모릅니다.

2박 3일 기도 중 제 못난 성격과 오만함, 성냄을 뉘우치고, 부모님께 효도하고, 이웃에 다정하며, 형제간에 우애 있고, 항상 웃는 얼굴로 생활할 것을 다짐합니다.

가슴 깊은 희열

심종석

지난 10여 년간 쫓기는 듯한 나날을 보내고 작년 이맘때쯤부터 조금은 여유로운 생활을 하게 되었다. 마음에 여유가 생기자 자신을 돌아보게 되고 좋아하는 산행과 자연의 생태에도 조금씩이나마 눈을 돌릴 수 있었다. 지난 해에 비해 몸과 정신은 안정이 되었으나 마음 공부는 잘 되지 않고 어딘가에 매여서 헤매기 일쑤였다. 해서 생각 끝에 15년 전 대학시절 수련대회를 회상하며 성인 수련회에 참석해보기로 마음을 먹었다.

내게는 수련회 참가, 그것만으로도 족했다. 절에 들어와 법당에 삼배한 후 찬불가 연습을 하며 무언가 내가 하고 싶은 것을 실컷 할 수 있다는 흥분감 같은 기분이 느껴지며 가슴 깊은 희열을 느꼈다.

발우공양, 감동을 주시는 스님 설법, 사경, 1080배 용맹정진 등등 감사한 마음뿐이다. 정말 감사한 마음으로 큰 보배를 얻고 간다. 부처님께 진정으로 귀의합니다.

잊을 수 없는 수련회

박형만

평범한 직장인으로서 짧은 기간이나마 자기계발과 성찰할 수 있는 기회를 제공한 신흥사 모든 분께 감사드린다.

인상 깊었던 것은 호흡과 명상, 요가 등에 관심을 갖고 강좌시간이 있었다는 점이다. 무릇 공덕은 쌓으면 쌓을수록 좋고 업장은 소멸하면 소멸할수록 좋듯이 일상생활이나 수련에 다 좋은 호흡, 명상, 선체조, 요가 등도 배우고 알고 익히면 어찌 좋지 않을 수 있겠는가.

나는 심정적으로 불교에 익숙하고 귀의했다고 생각하고 있었으나 이번 수련회 참가를 계기로 실지로 행한 것과 정서적으로 알고 있는 것과는 많은 차이가 있다는 것을 절감했다.

일례를 들면 성철 스님 생존시에 친견해보고자 하는 마음이 있으면 3000배는 거뜬히 할 수 있는 거겠지 하는 생각이 있었으나 금번 신흥사에서 1080배를 하고 나니 특단의 각오나 신념없이 3000배는 불가능하다는 생각이 그것이다. 발우공양의 경우도 사진이나 책에서나 보던 것을 실지로 해보니 공양게송을 진실로 받아들여야만 그것이 가능한 것을 체험했다. 체험과 단편적 지식의 차이가 이렇게 다를 수 있다는 것을 새삼 생각케 해준 계기였다.

어쨌든 나에게는 잊을 수 없는 신흥사 수련회였다. 수계도 처음 받고, 큰스님의 강인하신 인상과 감동적인 설법도 잊을 수 없다. 모든 소중한 것을 마음 속 깊이 간직하고 불법승 삼보에 귀의합니다.

불기 2541(1997)년 여름 성인 수련대회

진짜 불제자가 된 것 같다

박진영

우리 집은 외가 쪽이 모두 불교를 믿으신다. 당연히 나도 자연히 불교에 호감을 가지게 되었고, 누가 종교가 무어냐고 물으면 대뜸 '불교' 라고 대답한다.

어릴 적부터 행사 때마다 부모님과 함께 절에 다니면서 그냥 절만 하면 되는 줄 알았다. 그러나 신흥사 수련원에 와서 보니 모두들 불교에 대해 많이 공부하셔서 내가 초라해 보였고 부끄러웠다. 특히 모든 일에 적극적이고 불심이 강한 남자 간사님들을 보면서, 나도 이 다음에 불교를 믿는 사람과 결혼하여 수련원에 오신 부부 불자님처럼 주말에 남편, 아이들과 함께 절에 가고 싶다는 생각을 해봤다.

1080배를 과연 할 수 있을까 두근거렸고, 수계식 할 때 연비가 아플까 걱정도 했다. 하지만, 1080배를 할 때는 "부처님은 한 번 하신 약속은 꼭 지키신다".는 주지스님의 말씀을 떠올리며 죽기 살기로 해냈다. 그리고 수계를 받고 나니 나도 부처님의 뜻을 받드는 진짜 제자가 된 것 같아 그 뿌듯함은 이루 말할 수 없었다.

처음 해보는 참선은 진짜 어려웠다. 앉아 있기가 너무 힘들었지만 이제 속세로 나가면 무엇이든 해낼 수 있을 것 같은 자신감이 생겼다. 또한 불교에 커다란 자부심을 갖게 되었으니 부처님의 제자로서 더 많은 것을 배우고 싶다. 무엇보다 웃는 모습이 아기동자 같은 스님께 감사 드린다. 스님께서 많은 지식을 주셔서 나의 정신세계는 허기를 잊게 되었다.

자녀들에게 물려줄 값진 유산

유현석

불교에 관심을 가진 지는 오랜 세월이 지났으나 이전까지만 해도 형식적인 불교신자였다. 금번 제2기 불교대학에 입학하여 체계적인 프로그램의 강의를 듣고 나서 이제부터라도 불교에 대해 확실하게 배우고 싶어 신흥사 겨울수련대회에 참가하게 되었다.

생전 처음 해보는 1080배, 해냈다는 나의 체력보다도 불심이 한층 커졌다는 성취감에 기쁘다. 이번에 계와 법명도 받았다. 인생의 영원한 값진 보배를 얻었다고 해도 과언이 아닐 것이다. 이 보배를 더욱 더 정진하여 갈고 닦아 영원히 지킬 것을 부처님 앞에 맹세하려고 한다. 부모의 행동이 자녀들에게는 무언의 교육이라 했는데 5계를 받았으니 꼭 지켜서 이제 사춘기에 접어드는 자녀들에게 값진 유산을 물려주려고 한다.

이제 직장에서도 불심으로써 교정교화에 앞장서서 범죄 없는 밝은 우리 사회가 되도록 조금이나마 이바지하려 한다. 무엇보다도 나 스스로 참다운 불자가 되어 신행생활에 열심히 정진해 나갈 것을 다짐해본다.

불기 2542(1998)년 겨울 성인 수련대회

인간다운 삶을 찾아서

정주택

3년 간 마음에 두고 참가하려고 했던 수련회를 드디어 결심을 굳혀 여름휴가를 대신하여 두 달 전부터 준비하였다. 단순히 불교를 접한다는 의미보다 개인적으로 지나온 인생과 앞으로의 인생을 생각하며 보다 인간적인 삶을 사는 게 무엇인지를 생각하는 기회를 갖고 싶었다.

정신적 평안함만이 이 세상을 아주 지혜롭게 사는 것이라는 결론을 얻고 수련대회 중 가장 느낌이 좋았던 것은 주지스님의 '지혜와 복덕을 갖춘 사람이 되기 위해 보시를 하라' 는 설법이 너무나 마음에 와 닿았다. 베푼 만큼 공덕이 쌓이고 그것이 언젠가는 자기에게 되돌아온다는 단순한 진리를 이제는 남은 생 동안 열심히 실천해야겠다는 결심을 굳히는 아주 좋은 계기가 되었다.

이번 수련회에서 많은 불자님들과의 만남은 사회생활 속에서 만나는 사회인들과는 전혀 다른 느낌, 모습, 친절함에 너무나 오랜만에 인간 세계에 살고 있음이 얼마나 좋은가를 느낄 수 있었다.

부처님 나라로 가는 문

신승우

　어머니 손을 붙잡고 이곳저곳의 여러 절을 찾아다니며, 어머니 흉내를 내며 절을 하고 경전을 따라 읽고 하던 조그만 아이가 이제는 어른이 되어 성인수련회에 참석하게 되었다.

　같은 학교 선생님의 권유로 처음 찾았던 이 곳 신흥사에서 108배도 처음 해 보았고, 신도등록도 했다. 일요법회에 참석하지 못해서 죄송한 마음을 가지고 있던 터에 수련회가 있다는 말씀을 전해 듣고는 꼭 참석하리라는 결심을 했다.

　첫날 일직근무가 있어서 조금 늦게 도착해 갈아입은 법복의 편안함에 감탄하며 발우공양실에 앉았다. TV로 구경만 했던 발우공양이 보기보다 쉽지 않았다. 그릇에 혹시 고춧가루 하나라도 남아 있지 않나 이리저리 훑어보면서 발우공양의 정신은 비록 불교신자가 아니더라도 배울 만한 것이라는 생각을 했다. '음식물 쓰레기 줄이기'를 부처님은 오랜 옛날부터 이미 실천하고 계셨던 것이다.

　그리고 다도 실습과 사찰음식에 대한 강연으로 수련회의 내용이 더욱 풍성해졌고 1,080배는 이번 수련회에서 가장 큰 고비였다. 수련회를 거치며 내가 배우고 가야 할 길을 찾은 것 같았고, 그 첫 관문이 1,080배라는 생각을 했다. 과연 내가 첫 관문을 무사히 통과할 수 있을까 하는 두려움에 다소 긴장하며 시작한 1,080배는 세 시간이 조금 더 걸려 끝이 났다. 마지막 108배를 하면서 정신이 하나도 없고 다리가 많이 떨렸지만 이 고비를 넘지 못하면, 다시는 1,080배에

도전하지 못할 것 같은 느낌이 들었다. 합장을 하고 부처님을 바라보며 정신을 가다듬었다.

'부처님! 당신의 나라로 가는 첫 관문을 열 수 있게 도와주세요. 그리고 1,080배를 다할 때까지 기다려 주세요.' 하고 기도를 했다. 마지막 삼배를 마치고 법당 문을 나설 때까지 부처님은 변함 없는 눈빛으로 나를 내려다보고 계셨다. 결국 당신에게 들어가는 문을 허락해 주신 것이었다.

불교를 새롭게 이해하게 되었다

박건화

본 수련대회에 참가하기 전까지 나는 불자가 아닌, 불교에 관심과 호기심을 가진 상황이었으며 친구의 권유로 단순히 휴가기간을 이용하여 조용한 산사에서 참선을 배우며 머리나 식힐까 하고 참석하게 되었다.

그러나 참석 첫날부터의 수련일정은 나를 당황하게 만들었다. 계속 남아서 일정을 소화할 수 있을지 망설여졌으나 일단 모든 것을 비우고 일정에 따라 열심히 해보자고 마음먹었다. 비록 몸이 제대로 따라주지 않아 힘은 들었지만 모든 고정관념을 버리고 성일 큰스님과 법사스님의 설법과 지도에 따라서 하다보니 뜻밖의 많은 것을 얻을 수 있었다.

　대중과 함께 호흡하고 수련하면서 나보다는 남을 먼저 배려할 줄
알게 되었고, 불교신앙 생활에 대한 큰스님의 자세한 설법과 안내말
씀으로 그 동안 피상적으로만 느껴왔던 불교를 정말 새롭게 이해하
게 되었다. 어떠한 인연으로 참석하게 되었건, 일단 내가 짧은 기간
이지만 수련회에 참석하여 수계도 받고 법명도 받게 되었으니 앞으
로는 불제자로서 깨달음을 향한 수행에 정진하도록 노력하겠다.

불기 2543(1999년)년 여름 성인수련대회

불심의 씨앗이 터지다

최미애

지그시 눈을 감아야만 보이는 선영이 있다. 가만 울리는 풍경소리가 마음에 닿을 때, 그 때 오감을 제한 느낌으로만 볼 수 있는 것, 환상이라 해도 좋다고 꿈이라 해도 상관없다고 생각했던 그것, 나는 그것을 불심의 씨앗이라고 생각한다. 그것이 누구나의 마음속에 있다고, 그것을 불러내라고, 깨치지 않는 한 한 세상을 끝내는 날까지 씨앗으로만 남아 있을 작은 불심의 씨앗을 톡 터뜨릴 수 있는 기회를 이번에 맞이하였다.

처음, 뜨거운 햇볕을 두 손으로 막으며 절을 향하면서, 따끔한 향불에 정신을 바짝 차리면서, 다리를 꿇고 머리를 조아리면서 씨앗이 터진 것이다.

얼마나 오래 내 마음 깊숙이에 있었는지, 그 긴 시간의 보상으로 약간의 따끔함으로 터진 씨앗은 아직은 그 봉우리조차 발하지 못하고 있다. 하지만 오래 마음속에 담고 있었던 만큼 오래오래, 그리고 고이고이 간직하고 싶다. 환하게 핀 맑은 연꽃처럼….

정말 뜻깊었던 나 혼자만의 외출

이상숙

5년 전 어린이 법회에 막내아들과 큰딸을 뺀 세 딸아이가 겨울 어린이수련대회에 다녀왔다. 그 뒤로 월간 「불광」지를 통하여 신흥사와 주지스님의 10년 두문불출 기도 원력을 알게 되었다.

늘 마음 한 구석에 신흥사에 한번 가봤으면 하는 바람을 갖고 있던 중, 약 보름 전에 딸들을 동원시켜 남편에게 부탁해 신흥사에 왔다. 정말 오래간만에 일곱 식구 모두 부처님전에 모이니 그 어느 때보다 설레고 기뻤다. 그 때 팜플렛에서 8월 2일 성인수련대회가 있음을 알고 참석하고 싶었다. 아무 장애 없이 참석할 수 있도록 해달라고 기도했다. 결혼 21년 만에 처음인 나 혼자만의 외출이기 때문이다.

감사하게 신흥사 법당에 섰다. 청법가를 부르는데 눈물이 나고 목이 메었다. 수련회에 처음 참석하여 이제까지의 모든 것을 참회하고 15년 전 기독교에서 개종하여 오늘에 이르기까지의 나를 돌아보았다. 말로만 불자인 생활, 정말 이번 기회에 삶의 일대 전환점으로 삼고 최선을 다할 것을 기도했다.

신심 좋은 분은 웃으시겠지만 법회 시작 전에 부처님께 졸지 말고, 기침이 나와 남을 방해하지 말고, 중간에 화장실 가는 일 없이 한 말씀도 놓치지 않게 되기를 기도했다. 스님의 법문은 너무 재미있고, 신심이 일어 감히 생각도 못해본 1,080배를 무사히 마쳤다. 1,080배 도중 혼자 웃고 말았다. 애들 아빠가 늘 다리가 숏다리라고 놀렸는데 절할 때는 더없는 복이라는 생각이 든 것이다.

부처님, 이번 수련회를 기회 삼아 밝고 맑은 청정한 마음으로 부처님 잘 믿고 열심히 기도 정진하여 부처님 전에 복 많이 짓는 바른 불자의 삶으로 인도하여 주시길 간절히 기도한다.

'아, 이래서 절을 하는 것이구나!'

박병우

신흥사에서 수련회를 한다고 집사람이 동참할 것을 권유하였다. 마지못해 허락을 하고 수련회 참석차 가방을 메고 더위와 싸우면서 신흥사에 도착하였다. "열정은 자신감을 낳고 자신감은 모든 일을 성사시킨다"는 말이 머리를 스치고 지나간다.

입제식을 치른 후 스님의 설법을 듣고 발우공양을 하였다. 신기하고 까다롭지만 흥미도 있었다. 쓰레기와 환경오염문제로 허덕이는 이 시대에 맞는 행사 같다. 집에 가서 개조하여 실행해 볼 만하다.

고추도 같이 따고 발우공양도 같이 하며 1,080배도 같이 하는 스님의 교육 방법이 마음에 딱 맞아 기분이 좋다. 1,080배를 힘껏 하고 나서 몸을 걱정하였으나 다음 날 아침에는 언제 했느냐는 듯 몸이 가뿐하고 정신이 맑았다. '아, 이래서 부처님께 절을 하는 것이구나!' 하는 생각이 들었다.

여러 가지 배울 점이 많아 기쁘고 뿌듯한 마음으로 집에 가서 아이들에게 들려주며 실천할 수 있게 할 것 같다. 체험 학습의 정신을 살려 집에서는 물론 언제 어디서나 불심을 살리고 설법에 따라 행할 것을 굳게 다짐해 본다.

잡생각과 싸우기도 하였지만…

손선자

나는 과천에 사는 주부다. 지난 연말 동서의 권유로 처음으로 절에 가게 되었다. 그 절에 갔을 때는 불교에 대해서 설명을 해주는 분이 안 계셨기 때문에 왜 절을 하는지조차도 알지 못하였다. 그러던 어느 날 신문을 통해 신흥사에서 여름수련회를 연다는 기사를 보고 너무나 반갑고 기뻤다. 이 기회에 불교에 대해서 조금이라도 알아야겠다는 마음으로 또한 자신을 반성해 보아야겠다는 마음으로 참석하게 되었다.

큰스님의 설법시간에 다리가 아프고 허리가 쑤셨다. 그러나 좋은 말씀을 되도록 많이 머리 속에 기억하고 가야겠다는 마음으로 자세를 바로잡기도 하고 잡생각과 싸우기도 하였다.

처음부터 끝까지 우리 수련생들과 함께 하시고 좀더 쉽게 이해하고 받아들이게 하기 위해 노력하시는 스님들의 모습을 보면서 마음 깊은 곳에서 우러나오는 존경과 고마움을 전하고 싶다. 너무나 큰 인연으로 함께 수련을 마치시는 모든 분들에게 고마움을 전하며 특히 큰스님과 선관 스님 고맙습니다.

부처님께 다가가는 법

이지연

이번 수련을 통해서 내가 가지고 있는 인연의 끈에다가 불교라는 내 가슴에 담기에는 너무도 커다란 어쩌면 내 인생의 지표가 될지도 모르는 큰 가르침을 묶게 되었다. 이번 수련회는 나태하고 지친 나의 삶 속에 큰 충격을 가져다 주었다.

나는 어려운 법문이며, 발음하기도 힘든 말들은 잘 모른다. 그저 스님께서 쳐주시는 목탁소리에 내 마음의 평정을 찾고, 한 배 한 배를 거듭하면서 '아, 이런 것이 바로 부처님의 가르침이구나' 라며 나 나름대로 부처님께 다가간다.

누구에게나 인연은 다가가 있는 것이다. 나 역시 불교의 인연은 8년 전부터 닿아 있었다. 다만 그 인연의 끈을 간절히 바라고 찾아 묶는 데까지 참으로 아파하고 고뇌하는 시간이 많아야 비로소 스스로 인연을 찾아가게 되는 것 같다.

이제 내 인생에서 외롭거나 쓸쓸히 걸어가게 되는 일은 없을 것 같다. 내가 가는 그 길에는 항상 말없이 부처님께서 함께 해주실 것이라는 걸 이제 알게 되었기 때문이다.

일석이조의 휴가

김미영

　우연히 인터넷 검색사이트에서 '불교'를 입력했었다. 평소에 다니는 절이 있었던 것도 아니고, 그저 향냄새가 좋다며 산에 가면 한번씩 절에 들르던 것이 고작이었는데, 그 날은 어떻게 '불교'라는 단어가 머릿속에 떠올랐는지 모르겠다. 조계종 홈페이지에서 수련회 정보를 보고 신청하게 되었는데, 지금 생각해 보면 산사에서 일석이조의 휴가를 즐겨보자는 얕은 생각이 지배적이었던 것 같다.

　기독교도 마찬가지겠지만 기복신앙의 성격이 특히 강한 종교가 불교라고 생각했다. 지독히도 속썩이는 네 딸들을 위해 아침마다 물 떠놓고 비시는 어머니, 절에서 108배 하시는 어머니 뒷모습만 바라보다 오는 제일 골칫거리 딸인 나….

　2박 3일간의 짧은 출가, 참 '나'를 찾아서…. 어디에도 '나'는 없었지만, 불기 2544년 신흥사 여름수련대회, 도일심(내 법명)은 분명 2박 3일간 그 곳에 있었다.

나의 발원

이성근

비 오는 날, 아주 우연히 들렀던 인터넷 동호회 까페, 그 까페의 이름은 '청년여래회'였고 무심결에 그 곳에 가입하게 되었다. 그 후 청년여래회를 잊고 살다가 함께 동참하고 싶어 글을 올렸는데, 회사에서 얼마 떨어지지 않은 곳에 회원들이 모이는 절이 있었다. 열심히 수행하겠다는 생각으로 부랴부랴 절을 찾았고, 이렇게 성인수련대회도 동참하게 되었다.

2박 3일 동안 한동안 해보지 못한 1,080배도 해보고, 나름대로 참선공부도 해보았다. 즐겁고 보람된 시간이었고, 순간 게을렀던 내 자신을 참회하며 이렇듯 발원기도를 해 본다.

'불퇴정진하여 나를 찾아나서겠습니다.'

'하화중생을 실천하여 기필코 어려운 이웃과 함께 하겠습니다.'

나 자신과의 싸움

정지현

어렸을 때 부모님 따라서 와보고는 처음으로 절에 와봤다. 뭔가 모를 힘에 이끌려서 왔다. 친구의 권유도 있었지만 한번 와보고 싶었던 곳이라 흔쾌히 받아들였다. 그런데 너무도 잘한 일인 것 같다. 우선 신흥사에 오자마자 느껴지는 푸근함과 편안함이 마음에 들었고 새로운 세계가 아닌 곳인데도 내가 모르는 세계에 온 듯한 기분이었다. 첫 느낌이 아주 좋았다.

TV를 통해 절에서 수련하는 모습을 보았었기 때문에 낯설지 않은 느낌으로 수련을 할 수 있었다. 너무나 훌륭한 수련장 시설과 깔끔한 큰법당, 순박한 모습의 사리석탑, 너무나 정교하게 그려져 있는 탱화들을 보며 놀라움을 금치 못했고, 어린이법당이 있다는 것도 새로웠다.

첫날 입제식이 시작되었을 때 난 흥분된 감정을 주체할 수 없었고, 주지스님의 말씀이 시작되면서 그 흥분은 조금씩 가라앉았다. 절에 들어오기 전에는 절이 조금은 무서웠고 어려운 곳이라 생각했지만 시간이 지나가면서 오히려 편안하고 안락한 곳이라는 것을 알 수 있었다.

내가 절에 와서 가장 해보고 싶었던 것이 절이었다. 108참회를 할 때는 예상했던 것보다 너무나 쉽게 할 수 있었다. 고비는 1,080배였다. 두려움이 앞선 가운데 꼭 해야 된다는 생각을 버리지 않고 시작했다. 힘이 들었지만 나 자신과의 싸움에서 질 수 없는 승부였다. 마지막 108번을 남겨 놓았을 때는 힘이 솟았고 마지막 절을 하는 순간 이겨냈다는 자신감과 모든 것들을 다 할 수 있는 의욕을 가지게 되었다. 너무나 뿌듯했다. 마지막 날 밤에 했던 불꽃놀이는 너무나 좋았고 잊을 수 없었다. 2박 3일 짧은 기간이었지만 많은 것을 배운 수련회였고, 절과 좀더 친숙해진 기회였다. 앞으로 이런 기회를 많이 가져야겠다.

불기 2544(2000)년 여름 성인수련대회

부처님의 힘으로…

수연주

솔직히 부모님의 권유를 거절하지 못하여 우연치 않은 기회에 참석하게 된 것임을 우선 밝혀야겠다. 절에 열심히 다니지는 않았지만 부모님의 덕으로 이리저리 들은 이야기만으로 불자임을 칭하고 다녔다. 이번 수련회에 참석하여 1,080배도 하고, 이런저런 생각을 할 수 있는 시간과 부처님께 열심히 예불할 수 있는 기회를 주신 부모님과 스님께 감사 드린다.

1,080배를 하면서 처음에는 기운으로, 중간에는 기도로, 마지막에는 부처님의 힘으로 이룰 수 있게 되었다고 생각한다.

2001년 새해에는 부처님의 자비 안에 지낼 수 있는 해가 될 수 있을 것 같아 기분이 참 좋다. 앞으로도 좋은 인연 맺도록 노력하며 살아갈 것이다.

'보현행원으로 보리 이루리'

명지행

신홍사의 수련회에 꼭 한번 참석하고 싶었는데 이렇게 인연을 맺게 되어 무엇보다 반갑다. 마침 성도재일과 겹쳐서 더욱 더 환희심이 넘쳐난다. 신흥사 신도님들께서 모두들 열심히 정진하고 계시는 것을 보니 나도 열심히 기도해야겠다는 생각이 든다.

또한 스님께 감사 드린다. 청소년 포교를 위하여 이렇게 열심히 포교하고 계신 점에 다시 한번 감사 드립니다. 저도 이제부터 첫째는 나를 위해, 둘째는 남을 위해 열심히 부처님 말씀을 이웃에게 전하겠습니다. 항상 우리 곁에 계시는 부처님 감사합니다! '보현행원으로 보리 이루리.'

부끄럽지 않은 삶을 위하여…

심재승

이번 수련대회를 접하고 멀리서 바라보기만 했던 불교생활이 이제는 짧은 체험 속에서 내면의 세계에 입문하게 되었다. 이러한 행운만으로도 부처님의 가피를 입었다 할 수 있겠다.

앞으로 불교를 알고자 하는 열의와 관심 속에서 많은 법문을 청취하여 끝없는 공부와 노력으로 부처님의 가르침을 배우고 노력하여 생활 속의 불교를 실천할 것이다. 물론 어리석은 중생이 성인의 말씀을 실천으로 행한다는 것 자체가 어렵겠지만 하고자 하는 의지를 가지고 불교생활을 한다면 다소나마 무거운 업장을 소멸할 수 있지 않겠는가 생각한다. 함께 부딪치며 보고, 듣고, 행하는 불교생활을 통해 부끄럽지 않은 이승에서의 삶을 유지해야겠다는 생각으로 소감문을 가름한다.

부처님 품안에서 새해를 맞이한 보람

한효정

엄마에게 강제적으로 떠밀리다시피 해서 이곳에 오게 되었다. 예전에는 절에는 엄마만 열심히 다니시는 곳이라고 생각해 왔었다. 이런 생각 때문인지 3일간의 수련생활 역시 성실하게 참여하지 못했던 것 같다. 하지만 이번 수련 경험을 통해 '이런 것도 있구나' 하는 생각을 가지게 되었고, 나름대로 좋은 경험이었다.

앞으로 살아가면서 언제 또다시 한 해의 마지막(12월 31일)과 처음(1월 1일)을 절에서 맞이할 수 있을까. 다른 건 몰라도 올해의 처음을 부처님의 온기 안에서 맞이할 수 있었다는 것 자체가 2001년 내게 큰 믿음이 될 것 같다. 그리고 난생 처음 해본 발우공양, 108배, 새벽예불 등은 잊지 못할 추억이 될 것이다.

3일 내내 징징거리며 보냈던 것이 부처님께 정말 큰 죄송함으로 남고, 한 가지 더, 이곳에 오신 다른 보살님들을 보면서 '엄마'에 대해 다시 생각하게 되었다. 너무나 열심히 예불 드리고, 기도하시는 모습들이 우리 엄마도 저렇게 하시겠구나 하는 생각에 감사한 마음이 들었다. 아무튼 2박 3일간 정말 색다르고 뜻깊은 생활이었다. 감사합니다.

불기 2545(2001)년 겨울 성인수련대회

● 생동하는 포교도량 신흥사

청소년 수련원

불법이 만고의 진리임을 다시금 느끼며…

박형군

짧은 2박 3일의 일정에서도 평소 시간에 얽매여 여유 없이 쓸려가는 생활에서는 느끼지 못했던 많은 감정들이 왔다가 가고를 몇 번이고 했던 것 같다. 이곳에서 평소 행하지 못했던 자신을 돌아볼 시간을 갖다보니 짧은 일정이 꽤 오랜 시간이 지난 듯하다.

알지 못하고 지내던 사람들과 새로운 인연이 닿았던 것도 큰 즐거움이었다. 하지만 인연만큼 큰 주고 받음이 적었던 것은 무척 아쉽다. 각자가 얻는 것은 각자의 하기 나름이라고 하는데 함께 하는 시간 동안 불자로서 서로 함께 일하며 격려하고 즐거움을 나누는 시간들이 적었음은 내게 아직은 모자라는 부분이 많이 있음을 다시금 뒤돌아보게 한다.

신심이 높은 사람이 옆에 있으면 같이 신심이 높아지고 그렇지 않은 사람 옆에 있으면 그렇지 않게 되는 것을 훈습이라고 했던가. 그러한 것을 느낄 때 좋은 행동이 나타날 수 있도록 나를 다시 깨우지만 아직도 미숙함을 느낄 뿐이었다.

재물이 없어도 할 수 있는 7가지 보시를 알아서 실천하려 노력하고 있지만 그렇게 쉽지는 않은 듯하다. 그러나 부처님의 말씀이 생활 속에서 우리에게 고통을 벗고 즐거움을 줄 수 있는 만고의 진리임을 다시 한번 느끼며 불제자로서 용맹 정진할 것을 다짐한다.

이번 수련대회에서 얻은 또 다른 좋은 점은 너그러운 부처님의 마음으로 타이르시고 하나하나 보살펴주신 주지스님과의 만남이다.

법문도 우리에게 친근한 것들이었고 수계식에서도 새로운 나를 만들어 갈 것을 재삼 다짐하게 되어 큰 힘을 얻었다. 연세가 더 드셔도 중생제도의 기쁨으로 더 건강하시고 성불하시길 진심으로 바란다. 신흥사에서 일하시는 모든 분들에게도 광대 원만한 부처님의 복덕이 내리기를 바라며 감사드린다.

잃어버린 나를 찾기 위하여

황영환

　많고 많은 눈물을 가져다준 부처님의 가르침. 부처님 법을 만나 배우면서부터 날이 갈수록 웬 잘못이 이리도 많고 참회를 하고 또 해도 나의 업장은 여전히 두텁게 남아 있다. 부처님의 법 배우면 배울수록 지나온 삶이 잘못 아닌 것이 없으니 내가 살아온 삶에는 무엇이 남아 있을까? 남는 것 없고 잘못만 많아지지만 참회로 자꾸만 마음에 평화, 행복, 고요가 찾아오는 것은 무엇 때문일까?

　'나' 라는 관념, 내가 옳다는 아집으로 세상을 바로 보지 못하고, 꿈 속 삶을 살아온 나를 찾기 위하여, 잃어버린 나를 찾기 위하여 또 수련대회에 참가하게 되었다. 잃어버린 나를 찾는 것은 쉬운 것이 아니라고 생각하지만 끝내 찾고야 말겠다는 불퇴전의 정진력으로 임하려고 했으나 뒤돌아 생각하니 아쉬움이 크게 남는다.

수련대회를 마치며 서원을 세우다

조용호

이렇게 훌륭하고 좋은 도량에서 수련대회를 가질 수 있도록 물심양면으로 애써주신 오성일 주지스님께 먼저 진심으로 감사드린다.

2박 3일 일정 동안 보여주신 스님의 자상하고 친절하신 가르침에 깊은 감명을 받았다. 또한 스님께서 재미있고 쉬운 내용으로 자세히 들려주신 설법도 매우 인상 깊게 잘 들었다. 그 중 육바라밀에 대한 법문은 나로 하여금 삶을 살아가는 방법에 대해서 다시 한번 더 생각하게끔 해주었다.

그래서 이번 수련대회를 마치며 하나의 서원을 부처님과 주지스님, 사부대중들 앞에서 세울까 한다. 앞으로 생활함에 있어 항상 보시를 습관화할 것이다. 수련기간 중 받은 계를 파하지 않고 열심히 정진할 것이다. 이 두 가지 서원이 헛되이 되지 않도록 또한 열심히 정진하겠다.

스님이 하시는 수련을 통한 포교활동이 스님과 모든 중생들에게 공덕으로 회향되길 바란다. 끝으로 우리 모든 수련생들의 지금 마음가짐이 이후 생활에서도 큰 원력으로 작용하여 계속 정진할 수 있기를 부처님 앞에 기원 드린다.

극락세계에 입성한 기쁨

배재수

'수련대회를 가기 위해서 소쩍새는 밤부터 그렇게 울었나 보다.' 초등학교 때부터 사찰에 할머니와 같이 다니던 때가 그리 얼마 되지 않았건만, 벌써 대학교 불교학생회의 3년이란 시간이 흘렀다.

나름대로 불교를 안다고 자부하고 있었고, 불교를 실제로 생활화하고 있다고까지 생각해 왔었다. 하지만 언제나 부족한 무언가가 있음을 느꼈고, 그것이 교만임을 나 자신이 너무나 잘 알고 있다는 것에 또한 허탈과 실의에 젖었다.

수련대회를 떠나기 전날 무척 고심했다. 요즘 들어 부쩍 늘어나는 지적 호기심은 나의 유한성을 느끼게 했고, 고대학자들이 연구해 왔던 학문적 성취가 쉽게 무시되는 것이 당연지사인 현실을 대할 때면, 그것은 곧 채찍이 되었다. 그것이 어쩌면 집착이라고도 이름지을 수 있을 것 같다. 그래서 마음을 돌렸다. 극락세계에 입성한 기쁨을 위해서….

'신흥사'를 향하면서 많은 교감들이 물결쳤다. 어쩌면 수련대회가 삶의 의미를 되새겨줄 수 있고, 새로운 시각을 내게 줄 수 있을지도 모른다는 것이었다. 도착한 인원은 적었지만 우리들은 자신들이 충분히 백 명의 상대도 능히 이겨낼 만한 신심으로 무장하고 있다고 정당화시키고 있었다.

이번 수련대회를 계기로 좀더 삶을 진지하게 생각하며 불법의 참뜻을 믿고 가난과 핍박에 시달리는 모든 이들에게로 좀더 넓게 눈을 돌려볼 수 있는 계기를 가진 것 같다. 이것이 이 땅에 좀더 평등하고 자비로운 사회를 이룩하기 위한 자그마한 초석이 될 수 있다면 더없이 기쁠 것 같다.

같이 수련했던 모든 이들에게 감사드리고 지극한 마음으로 임했던 나 자신에게도 박수를 치고 싶다. 찬 바람이 법당의 지혜를 핥으며 새어들어 온다. 이제 집으로 가야 한다. 아쉽다.

스님, 정말 고맙습니다

임상희

신흥사는 내게 정말 소중한 인연이다. '84년 내가 초등학교 시절 수련대회를 보낸 이후 거의 10년 만에 대학생으로서 수련대회를 가지게 되어 정말 기쁘다. 그 때의 추억으로 어린이회 간사 일을 맡아 보기도 하였으며, 나아가 불교라는 커다란 실체가 가까이 느껴지게 되었다.

지금까지 수차례 수련대회를 해왔지만 어린이 수련대회는 정말 아직까지 기억에 남는다. 우리 반 담임선생님은 긴 머리를 질끈 동여매신 여선생님으로 불교의 위대성에 대해 말씀해 주시곤 하셨다. 스치고 가는 것만도 인연인데, 이 인연은 내게 있어 불교포교활동과 신행활동을 열어주는 초석이라고 하지 않을 수 없다.

2박 3일간의 수련대회 일정 중 스님의 모습이 가장 인상적이었다.

지치시지 않는 열정이 나를 부끄럽게 하기에 충분하였다. 나는 겨우 몇 년 포교활동을 하다가 고민과 실망으로 커다란 목표를 잃은 채 좌절하였기 때문이다. 끝없는 회의와 실망과 의심은 나 자신을 나태와 좌절에 빠뜨렸다.

어제 용맹정진을 하면서 새로이 각오를 하게 되었다. 청소년 포교활동의 시작과 더불어, 나 자신의 구도열에 대한 다짐으로 가슴이 뿌듯해졌다. 부처님께서 이루신 커다란 위업은 오직 고통받고 신음하는 중생구제에 있었다는 것을 알면서도 실천하지 못했음을 참회하였다. 불교 이론서의 탐닉으로 인해 실천수행이 게을렀던 것을 참회하며 앞으로의 새로운 각오를 가슴 속에 간직하게 되었다.

주지스님의 불교에 대한 열정·애정을 되새기며 나의 나태해진 마음을 다잡고, 불퇴전의 정진력으로 모든 일을 행하여 나갈 것이다. 신흥사와의 소중한 인연을 생각하며 앞으로 부처님의 가피력과 정진력이 항상 함께 할 수 있도록 하겠다. 앞으로는 조금이라도 베푸는 삶, 회향하는 삶이 될 수 있도록 끊임없이 정진할 것이다. 스님, 정말 고맙습니다.

행하는 불자가 되리라

이소현

'처음' 이란 단어가 갖는 묘한 두려움과 호기심에서 참여한 나에게 이 수련회는 많은 것을 남겨주었다. 모든 것이 새롭고 신기하고 힘들었던 수련대회였다.

먹는 음식의 의미보다는 도를 닦는 즉 수행의 한 부분으로서의 발우공양이 처음에는 어색하기도 하고 찝찝하기도 했었다. 하지만 이러한 발우공양의 정신(평등, 청결, 절약, 공동, 복덕)들을 되새기다 보니 음식 하나 밥 한 톨까지 소중하게 생각하게 된 것 같다.

정신을 맑고 깨끗하게 하여 주고 마음을 고요한 평정으로 이끌어주는 참선과 저녁예불을 마치고 시작한 1,080배가 수련대회 기간 중 가장 잊혀지지 않는다. 도중에 그만두고 싶은 생각도 없었던 것은 아니었으나 나도 할 수 있다는 생각에 정진했던 일이었기에 1,080배를 마친 후에는 가슴 한 곳에 뿌듯함도 느끼고 좋았던 것 같다.

이곳에서 처음 수계 받은 법명 '신심행(信心行)'처럼 이 수련대회를 마치고 집에 돌아가서도 믿는 마음을 행하는 불자가 되겠다. 마지막으로 좋은 설법 들려주신 주지스님께 감사드리고 스님께서 행하시는 모든 일들에 부처님의 자비와 복덕이 함께하시길 빕니다.

불기 2537(1993)년 동국대학교 불교학생회 수련대회

시대에 부응하는 포교활동

최필영 · 상주고등학교 교사

신흥사에 도착했을 때 제일 먼저 놀란 점은 사찰의 규모와 시설이었다. 종단 차원에서 특별한 지원이 있으리라 생각했지만, 주지스님의 원력으로 세우신 것을 알고 놀라움을 금치 못했다. 다른 지역에서는 아마 사찰 측의 지원, 후원이 힘들어 각 지역포교사들은 알게 모르게 무척 힘들 것으로 생각한다. 하지만 여기 신흥사에서는 주지스님께서 포교에 뜻을 두고 계시기에 이 지역 주민들은 복밭에 산다 하겠다.(왜냐하면 대부분의 지역에서는 종단 차원은커녕, 사찰에서의 지원조차 힘이 들고 포교사들이 사비를 털어 포교 활동을 하고 있는 실정이기 때문이다.)

전반적으로 수련회 프로그램이 새롭고 좋았다. 간사들의 나이가 젊어서인지 프로그램이 대체로 청소년에게 호응이 가는 내용이 많았다. 질서가 없는 가운데서도 질서를 볼 수 있는 마치 '카오스' 이론을 연상하게 하는 듯하였다. 모든 일이 주지스님의 뜻에 따라 움직일 수 있다는 점에 있어서 일의 진행에 착오가 없고 정확했다.

간사님들의 적극적인 활동 또한 수련회를 활성화하는 데 가장 중요한 요소의 하나라고 하겠다. 현대적 감각으로 학생들을 지도함으로써 학생들과의 친화관계가 쉽게 형성이 되었다. 거룩하고 접근하기 힘든 곳으로서의 사찰이 아니라, 쉽게 접근할 수 있고 보다 친근한 곳으로서의 사찰로 인식 전환을 이룰 수 있는 수련회 기간이었던 걸로 느껴진다.

마냥 좋은 말만 할 수 없듯이 미비했던 점은 '주지스님' 혼자 너무 고생을 많이 하신다는 점, 한편으로는 감사하기도 하지만 다른 한편으로는 너무 죄송스럽게 생각이 든다. 프로그램 내용에 '사찰예절'을 넣어 청소년들이 익히고 또 익히도록 할 필요가 있음을 느꼈다. 어느 학생회든지 학생회가 전통이 많으면 많을수록 문제점이 나타나기 마련이다. 그 문제점 중 가장 중요한 요소 중의 하나가 선후배 간의 잘못된 나쁜 악습이 전해지기 마련이다. 선배가 지도간사가 되어 후배를 지도하는 신흥사 수련회는 최신 프로그램으로 최대의 효과를 올려, '신흥사 수련회'를 참석한 사람이면 누구든 훌륭한 신심을 발심케 할 수 있는 역할을 계속해 준다면 앞으로의 한국 불교가 거듭날 수 있으리라 생각된다.

스님, 저희 '상주불교학생회'에 많은 것을 배려해 주셔서 감사 드립니다. 이번 수련회를 바탕으로 해서 앞으로의 상주지역 불교학생회를 활성화시키는 데 최선의 노력을 다하겠습니다. 다음 다시 한번 학생들을 소집해서 여기 신흥사에서의 수련회에 참석할 수 있길 간절히 바랍니다.

생동하는 포교도량 신흥사

김제환 · 상주여상 교사

'상주 교사불자회' 주최로 수련회를 이끌어 오면서 그 동안 많은 어려움도 있었고 보람도 많았다. 그러나 매년 여름과 겨울 두 차례의 수련회를 마칠 때면 늘 어떤 허전함과 미안함을 느끼곤 했었다. 아이들에게는 그 수련회가 삶의 중요한 계기가 될 수도 있었는데 행사를 치르다 보면 버거워서 대부분의 경우에 그것을 기쁨보다 힘든 과정으로 여기며 마지못해 제출하는 숙제처럼 여겨지기도 했고, 느꼈던 문제점들이 그대로 나타나곤 했다. 즉 인격적인 만남과 사귐이 빠져버린 불교교리의 단순한 암기와 전달만 있을 때, 죽비를 들고 호통 치는 나의 모습은 문제아를 꾸짖고 벌 세우는 학교의 교사일 뿐, 그 틀을 벗어나지 못한 중생일 뿐이었다.

상주에서 4시간 30분을 묻고 물어 찾아온 신흥사는 일반 사찰과는 다른 규모와 시설을 갖추었지만 처음에는 별 감동을 주지 못했다. 그러나 계단에서부터 미소짓는 간사들의 친절한 태도와 주지스님의 힘찬 모습과 말씀에서 지금까지와는 다른 수련회를 만나게 되었다는 느낌이 들었다.

과연 신흥사는 오랫동안의 경험과 전통이 있는 수련원답게 모든 일정을 원만하게 이끌어 갔으며, 우리들은 그러한 신흥사의 힘을 지켜보면서 감탄하지 않을 수 없었다. 특히 주지스님의 원력과 기도의 힘을 가까이에서 접하면서 나의 부족한 수행이 매우 부끄러웠다.

그리고 교사·간사회의 헌신적인 활동은 너무나 보기 좋았다. 일부의 간사님들은 예불시간에 졸거나 일과 중에 장난을 거는 경우도 있었지만, 대부분의 간사님들은 매우 신심이 깊고, 주지스님의 훌륭한 가르침을 따라서 매우 세심하게 수련생들을 배려하면서 봉사하는 모습을 보고 무척 감명을 받았다. 3박 4일의 수련을 마치면서 신흥사의 힘은 기도와 수행에 있음을 보았고, 아무도 알아주지 않더라도 묵묵히 봉사하는 수행자들이 있기에 한국불교가 살아있음을 보았다.

우리들은 상주에 돌아가서 신흥사를 자랑스럽게 말할 것이고, 그 좋은 점을 배우려 노력할 것이다. 주지스님께서도 말씀하셨듯이 요즘 아이들은 옛날과는 많이 달라졌고, 수련방법 또한 그에 따라 달라져야 한다. 앞으로도 변화하는 시대의 흐름을 읽어 청소년 수련과 포교에 으뜸이 되고, 누구든지 편안하게 다시 찾을 수 있는 신흥사가 되기를 간절히 기원한다.

불기 2543년 1월

모든 프로그램은 백퍼센트 모두 좋았고…

김진석 · 한일여고 교사

학생회 간부 수련회의 취지에 맞게 여러 가지 프로그램을 개발하던 중 우연히 신흥사에서 발간한 회보를 접하고, 이 정도의 프로그램이라면 학생간부로서의 자질과 통솔력 등 능력을 신장시키는 데 도움이 되리라는 확신이 들어 여름수련회에 참가하게 되었습니다.

'마음을 닦아 참된 나를 찾고, 나보다 먼저 남을 위하고, 부모님께 효도하고, 나라에 충성하라' 이곳 수련원의 원훈처럼 학생들이 정진할 수 있도록 이끌어 주시는 것이 인상적이었습니다.

3박 4일 동안 프로그램은 백퍼센트 모두 다 좋았습니다. 특히 주지스님께서 주안점을 두시고 인도하는 모습을 발견할 수 있었습니다. 발우공양과 부모님께 효를 행하라는 가르침과 수계식인 것 같습니다. 앞으로도 청소년의 윤리와 도덕관을 심어주는 수계식과 부모님의 은혜(대보부모은중경), 환경오염을 막아주는 발우공양 등에 비중을 많이 두시어 설법과 가르침을 주시는 프로그램이 되었으면 합니다. 끝으로 이렇게 좋은 장소와 시설에서 가르침을 주신 주지스님, 여러 담임 간사님의 노고에 진심으로 감사 드립니다.

수련회 간사를 맡고 나서

이경화 · 어린이 청소년법회 간사

여름 어린이 불교학교도 그랬고 이번 청소년 수련회 모두 나에게 는 새롭고 뜻깊은 추억으로 남을 것 같다. 할머니와 부모님의 권유 로 간사를 시작했을 때는 놀러 가는 기분이었던 것이 사실이다

그러나 짧은 기간 동안 많은 어린이, 청소년들과 함께 하면서 수련 회의 필요성과 간사로서의 책임감을 다시 한 번 생각하게 되었다. 다양한 수련회 프로그램으로 수련생뿐 아니라 간사인 나도 불교에 대해 많은 관심을 가질 수 있는 기회였다고 생각된다.

수련회가 끝나는 시점에서 우리 반, 더 나아가 우리 수련생들에게 더 잘 해 주지 못한 것이 아쉽다. 또한 더 많은 중고생들이 수련회에 참가했으면 하는 바람도 든다. 감각적이고 개성이 톡톡 튀는 우리 청소년들에게 스님의 설법은 많은 도움이 되었으리라 생각한다.

특히 『대보부모은중경』은 나에게 반성의 시간을 갖게 했다. 다시 서울로 가면 우리 숙명반 친구들이 많이 그리울 것 같다.

3박 4일 동안 부족한 간사들을 따라 고생한 숙명반 친구들에게 고 마운 마음을 전하고 싶다. 맑고 신선한 공기, 스님의 설법, 쾌적한 환 경의 수련회를 수련생들이 오랫동안 기억하길 바란다. 끝으로 함께 고생했던 숙명반 간사(석철, 은영)에게 고마움을 전한다.

나의 든든한 후원자 신흥사 부처님

홍희숙 · 교사, 수련회 간사

여름불교학교를 마치고 난 후의 그 여운이 청소년 수련회에 나의 발길을 닿게 했다. 참 많은 움직임과 변화가 있었음을, 그리고 나와 신흥사와의 빈 시간을 단 5분 만에 느낄 수 있었다. 가능한 한 많은 도움을 주고 싶었지만 어느 새 홍희숙이라는 이름이 주인이 아닌 객이 되어 버렸음에 잠시나마 서글픔을 위로해야만 했다. 내가 없어도 될 만큼 모든 간사는 내 존재에 의존하는 것 같지 않아 교사 연수나 시댁으로 갈까 하는 갈등으로 하루를 넘기고 말았다.

3박 4일은 그저 그렇게 안타까움과 답답함으로 먼 발치에서 바라보며 시간을 보냈으니… 전에 내가 마이크 잡고 진행할 때 맨 뒤에서 미소로 바라보시던 심재근 선생님이 문득문득 떠오르곤 했다. 그분도 지금의 내 심정과 같았겠구나 라는 생각에 절로 웃음이 나오기에…

이번에 그저 한 반의 담임간사로서 스님네께 큰 도움이 되어주지 못해 너무 송구스럽다. 기회가 된다면 이번 겨울수련회엔 지금의 아쉬웠던 프로그램, 팀의 협동심을 길러주는 미니올림픽이나 불자로서 하나되는 경쾌한 리듬의 레크댄스를 해주고 싶다. 학교에서는 '나' 하나만을 위해 스스로 경쟁한다면 불교 수련회는 이 사회가 가장 필요로 하는 협동심을 경험시켜주고 싶다는 바람이, 그리고 스님의 원력에 누가 되지 않게 수련회를 빛내주고 싶은 욕심에 내가 수련생을 위해 해줄 수 있는 일을 찾아보았다.

참 많이 변했다. 수련생이고 간사고…. 학교의 선생을 우습게 아니 대학생 간사를 어려워할 일 있나? 수련생을 탓하기 전에 간사로서의 태도와 자질을 준비시키는 것이 절실하다는 생각이 든다. 수련기간 중 대학생 신분이 아닌, 교사라 생각한다면 이렇게 문란하지는 않았을텐데 같이 장난하고 있으니 안타까울 수밖에….

초등학교 3학년부터 결혼 후 지금까지 한 교육기관의 리더로서, 지금의 내가 있기까지는 부처님의 든든한 빽과 주지스님의 체온이 일년 중 단 10일이라도 이 신흥사 수련원과 함께했기 때문이 아닐까 생각한다. 지금은 이렇게 말 안 듣는다고 야단맞는 수련생 법우들이지만 그래도 가슴속에는 인생의 큰 다짐과 계획을 담아가고 있음을 안다. 나도 그랬기에. 잠시동안이나마 나를 돌아보게 해준 신랑과 또다른 각오로 내일의 시간을 맞게 미소로 격려해주신 부처님, 스님들께 진심으로 감사 드린다.

불기 2544년 11, 12월

오성일 스님께!
– 청소년 수련대회를 다녀간 고3 남학생이 보내온 편지

황석찬 · 철원 심원사 학생회

안녕하세요. 스님!

저는 강원도 철원에 사는 황석찬이라고 합니다. 저는 고등학교 1학년 때 신흥사 겨울수련대회에 참석하여 많은 것을 배웠던 청소년 불자 중 한 명입니다.

저는 사실 어려서부터 절과 인연이 있었지만, 불교에 대해서 아무 것도 몰랐습니다. 그저 어렸을 때 동네 누나 따라 몇 번 절에 다녀서 친숙할 뿐 맹목적으로 다녔습니다. 그러다가 본격적으로 일요법회에 참석한 것은 중3 겨울방학 때부터였지만 맹목적으로 다니긴 마찬가지였습니다. 그러다가 고1 겨울방학 때 신흥사와 인연이 되어 수련회에 참석하였고 많은 것을 배우고 느꼈습니다. 말로는 표현 못하지만 그 전에는 느끼지 못했던 것을 느끼고, 수련회 3박 4일 동안 참석해서 '불교가 이렇게 좋은 종교구나' 라는 것을 마음속으로 확립할 수 있는 계기가 되었습니다.

성일 큰스님의 설법은 아직까지 제 기억 속에 남아 있어 수련회에 참가하지 못한 저희 절 불자들에게 가끔씩 이야기해 주고 있습니다. 그럴 때마다 저는 자부심을 느낍니다. 수계를 받고 법명을 받았을 땐 다시 태어난 것같이 기쁘고 뿌듯했습니다. 지금은 고3 수험생이라 정신적·육체적으로 힘이 듭니다. 그럴 때면 눈을 감고 부처님을 생각하고 수련대회 때를 생각하면 고통을 이겨낼 수 있는 힘이 생깁

니다.

사실 저는 절에 다니기 전에는 불량서클에 가입도 했었고 나쁜 짓도 많이 했지만 지금은 저한테 거의 그런 모습은 찾아 볼 수 없을 정도로 건전한 청소년 불자가 되었습니다. 저뿐만이 아닐 겁니다. 수련대회에 참석했던 모든 청소년 불자들은 수련대회에 참석해서 저처럼 많은 것을 느끼고 배웠을 겁니다.

스님! 얼마 전 불교 잡지에서 스님께서 말씀하신 내용을 읽고 또 한번 감동했습니다. "내 한 생 성불을 늦추더라도 이 생은 포교하리라, 청소년 불자들을 위해서 현세에 뭐든지 하겠다." 정확하진 않지만 마지막 부분에 이런 내용을 읽고 감동했습니다.

그리고 매달 저희 집에 보내 주시는 '신흥사보'는 저로 하여금 신흥사 식구가 된 것 같습니다. 비록 몸은 떨어져 있지만 '신흥사보'를 받을 때마다 마음은 신흥사 법당에 있는 것 같습니다. 제가 불자라는 것에 많은 자부심을 느낍니다. 마지막으로 청소년 불자를 위해 힘쓰시는 스님께 정말 감사 드립니다.

석찬이에게

　석찬이 편지 받고 바로 답장을 쓰려고 하였는데 그 동안 이곳에서 전국적인 행사를 치르다 보니 겨를이 없어 너무 늦었구나. 그 동안 굳건한 불심으로 대입 수험생으로서 열심히 공부하며 최선을 다하고 있을 줄 믿는다. 이제 며칠 남지 않은 시험을 위하여 마지막 큰 힘을 내어라. 스님이 하루 4번 기도하면서 석찬이 기도도 부처님께 올리고 있으니 마음 든든히 가지고 편안한 마음으로 임하기 바란다. 우리 신흥사 학생회원들도 수험생이 열두 명이나 되어서 일요법회에도 나오지 못하고 수련 때 밤에 들어와서 1080배를 하고 간다. 모두 열심히 해서 대학 들어가면 어린이, 청소년을 지도하는 간사가 될 것이라고 희망에 차 있다.

　그러면 시험 볼 때 스님이 가르쳐 준대로 하면 시험 잘 볼 수 있을 것이다. 시험지를 받으면 먼저 법당의 부처님 생각을 하면서 "나무석가모니불" 3번 "나무관세음보살" 3번 부르고 답안지 쓰기 시작하여, 알고 있는 문제부터 쭉 쓰고, 모르는 문제 있으면 잠깐 멈추고 또 부처님을 염송하면 그 순간에 마음이 안정되고 지혜가 솟아나 답이 잘 나올 것이다. 그래서 선배들이 시험을 잘 치른 사람이 많다.

　꼭 합격하여 대학에 들어가서 내년 여름방학부터 이곳 어린이, 청소년 수련 때 간사로 오기를 기다린다. 그리고 편지를 잘 써서 이번 12월 신흥사보 수련특집에 석찬이 편지를 실었다. 부처님 가피가 가득 내려 건강하고 시험 잘 보기를 다시 한번 기원한다.

　- 불기 2541년 11월 5일 신흥사 주지 성일 스님이

불기 2541년 10, 11, 12월

부처님 저는 바르고 착하고 행복하게 살기를 원합니다
- 집단폭행을 한 여중생들 특수수련을 마치고

성일 스님

서울 모 여자중학교에서 집단폭행을 두 번이나 한 중3 여학생 7명을 수련시켜 달라는 위탁이 왔다. 수련기간이 아니어서 수련시킬 수 없다고 하였더니 그렇지 않으면 퇴학을 시켜야 한다고 하였다. 한 번 더 수련 기회를 줘서 선도되면 퇴학을 시키지 않는단다.

그렇다면 여기서 수련을 시키지 못하여 퇴학을 당할 경우 그 아이들이 가야 할 곳은 뻔하다. 타락의 늪으로 퇴폐의 골목에서 지금보다 더 나빠지게 되면 먼저 아이들이 스스로 희망을 버리고 절망에 빠질 것이고, 그 아이들로 인하여 그 가족들이 고통을 겪게 되고, 나아가서 사회의 악이 되어 많은 사람들이 고통을 당할 것을 생각하니 안 되겠다 싶어 어렵지만 특수수련을 시키기로 하였다.

부모들과 수련원에 도착한 그 학생들에게 회색 수련법복을 입혀 큰법당에 와서 제일 먼저 하게 한 것이 "부처님 저는 바르고 착하고 행복하게 살기를 원합니다."를 한 줄 쓰고 절 3번, 한 줄 쓰고 절 3번 하기를 108번씩 절을 하는 강도 높은 3박 4일의 특수수련 일정이 진행되었다.

그러다 보니 보통 청소년 수련과정보다 훨씬 힘드는 수련이었다. 하지만 술 담배까지 하던 이 소녀들은 별 저항 없이 수련에 잘 임해 주었다. 부모들까지 오시게 하여 상담하고 최선을 다하여 수련시켜 학교로 돌려보냈다.

그리고 얼마 후에 몇 아이들이 공부를 잘 하고 있다는 감사의 편지를 보내 왔다. 수련이 끝난 뒤 우리는 제발 우리의 노력이 헛되지 않도록 해달라고 계속 기도를 해 주고 있었는데 감사 편지를 받고 보니 참으로 흐뭇하였다.

그리고 그 해 겨울방학을 며칠 앞두고 그 여학교 학생주임 선생님이 전화하시기를 "아이들 일곱 명이 한 명도 낙오자 없이 공부도 열심히 하여 모두 성적도 올라가고 더 좋은 고등학교에 진학하여 세 아이는 반에서 반장까지 한다."고 감사하다는 전화가 왔다.

참으로 너무나 고맙고 기쁜 일이었다. 수련을 시킬 때에는 힘들어도 그런 보람 때문에 오랜 세월 이렇게 기쁘고 환희에 찬 마음으로 수련을 시키고 있다.

불기 2544년 7월

청소년 수련대회 설문지

이준우 · 당산중 3년

1. 프로그램 중에서 가장 인상 깊었던 것은? 촌극 발표
2. 프로그램 중에서 가장 미비했다고 생각되는 것은? 어떤 점에서 미비했다고 생각되는가?

   찬불가 대회. 다른 것은 모두 좋았는데 연습시간이 짧은 것 같았다. 그 시간을 대폭 늘림으로써 더 수준 있는 대회를 마련한다면 더 좋았을 걸 하는 아쉬움이 있다.
3. 수련기간 중 가장 좋았을 때는?

   화엄놀이(선재동자의 구법행각)
4. 수련을 통해 신앙에 변화를 가져온 점이 있다면?

   예전엔 신앙이라는 것에 대해 깊이 생각한 적이 없는데 불교와 접하면서 그 깊은 의미를 느끼게 되었다.
5. 자신의 생활태도에 있어서 수련을 통해 고쳐야겠다고 느낀 부분이 있다면?

   과학을 위주로 하는 서양의 것보다, 정신세계에서 앞서있는 우리의 전통문화가 자랑스럽게 느껴진다.
6. 토론의 주제로 절실히 필요로 하는 것이 있다면?

   모든 청소년들을 대상으로 종교에 대한 인식변화
7. 수련의 소감과 앞으로의 결심을 간단히 쓰시오.

   전보다 더 편한 수련을 한 것 같고, 프로그램 면에서 매우 재미있었다. 그리고 부처님에 대한 믿음을 더욱 깊게 하겠다.

8. 간사님께 하고 싶은 이야기

"고맙습니다. 감사합니다."라는 말뿐….

9. 스님께 하고 싶은 이야기

사람의 힘으로 하기 힘든 여러 가지 일들을 하시는 데 대해 많이 놀랐습니다. 앞으로 불교를 위해 더욱 힘써 주시기 바랍니다. 성불하십시오.

수련회에서 잔뼈 굵었죠

한준구·간사

국민학교 4학년 때부터 한해도 빠지지 않고 경기도 화성시 서신면 신흥사(주지 성일 스님) 어린이 불교학교에서 불심을 키운 한준구(26) 불자. 올봄에 청주대 영문과를 졸업하여 어엿한 사회인이 됐는데도 어릴 때와 다름없이 신흥사에서 여름을 보내고 있다. 다른 것이 있다면 대학 진학 후 배우는 입장에서 가르치는 입장으로 바뀐 것뿐이다. 신흥사에는 한준구 씨 같은 간사들이 20여 명이나 있어 '여래회'란 이름으로 활동하고 있다.

"간사 역할이 힘들지만 보람을 느낍니다. 주지스님께서 하시는 일이 꼭 필요한 불사이므로 스님 품에서 부처님 가르침을 양식으로 삼아 성장한 우리들이 당연히 할 일이라고 생각합니다."

9년간 수련대회를 통해 공부하고 5년째 주지스님을 돕고 있는 한준구 씨는 "수련대회는 성장기 청소년들의 도덕·순결 교육에 큰 몫을 하고 있습니다."라며 체험의 소리를 들려준다. "사찰수련회는 경쟁의 집단인 학교와는 달리 친구들간에 허물없이 마음을 터놓게 합니다. 그래서 스님의 설법이나 오계정신은 늘 가슴속에 살아 있고 또 법우들끼리의 우의가 더욱 돈독합니다."

자신이 수련생일 때는 가족적이던 신흥사에 초대형 수련장이 들어선 것이 자랑스럽다는 한 간사. 전국사찰 곳곳에 이런 수련원이 생겨서 국민 도의 교육현장이 되길 바랬다. 그는 앞으로 간사역할을 계속할 것이며, 본격적으로 경전공부를 해서 전문 포교사가 되길 희망하고 있다.

일일출가 수련에 참가하고

법광 정재현 · 총진행 간사

∴수련대회 강령

-. 우리는 부처님의 가르침을 이어 받아 참다운 구도자가 되겠습니다.

-. 우리는 부처님의 가르침을 체득하여 올바른 인격자가 되겠습니다.

-. 우리는 부처님의 가르침을 실천하여 이 땅에 불국토를 건설하겠습니다.

∴수련생 선서

　우리들 수련생은 참다운 구도자, 올바른 인격자, 이 땅의 불국토 건설을 목표로 정진할 것이며, 수련 기간 중 서로 화합하여 제반 규칙을 성실히 준수할 것을 선서합니다.

불기 2536년 3월 15일
수련생 대표

　아직도 한 법우의 강령 제창을 하는 그 우렁찬 목소리가 생생하고 노란색 수련복이 온통 수련원을 환하고 밝게 청량하게 했던 그 감동은 잊을 수 없다.

　작년에 처음 시작한 부처님 출가 열반절을 봉축하는 일일출가수련대회의 총 사회를 맡아 보면서 참으로 잘 시도한 수련이라고 생각하였다.

　불교 5대 명절 중 출가절과 열반절에 이제까지 불교계에서 특별한 행사가 없었다. 작년에 처음으로 이 기간 중에 '불교도의 경건주간'으로 선정하여 불교신문들과 불교 방송국에서 '연꽃으로 피어나라'는 주제로 홍보하면서 여러 사찰이 다채롭고 특색 있게 봉축행사를 가졌다.

　우리 신흥사는 청소년수련원에 맞게 발우공양 수련을 중점으로 해서 시행하였다. 이 발우공양 수련은 음식낭비가 심하고 식생활이 무절제한 현대인들에게 참으로 좋은 각성제가 되고 귀감이 될 수 있는 불교만이 가지고 있는 자랑스런 공양법이다.

　그래서 그 날 발우공양 수련상황을 불교방송에서 취재해 가서 방송되었다. 200여 명의 신도들이 참석하여 하루 동안 수련하는데 일요가족법회에 꾸준히 참석하는 부부가 함께 참가하여 그 동안 설법을 통해 듣기만 했던 수행법을 일부분이라도 몸소 실천해 보니 다시 새롭게 불교의 깊고 오묘한 뜻을 이해할 수 있어 더욱 신심이 났다.

조별 토론 시간을 통해서 그 동안 늘 법회 때 잠깐 잠깐 얼굴만 대했던 신도들이 한 자리에 모여 앉아 불교의 발전과 돈독한 신행생활에 대해 허심탄회하게 이야기하고 발표해서 우리는 함께 부처님 제자라는 공동체 의식도 함양되었다.

그리고 그 동안 평범하게 넘겼던 신행생활의 여러 단면들이 나타나는 중요한 시간이었고 부처님의 가르침에 더욱 더 접근해 갈 수 있는 소중한 기회였다.

불자로서 수련은 꼭 해보아야 한다고 생각이 들어 그 이후의 수련도 다 참가하여 신심을 키우고 생활에 큰 힘이 되는 정진을 게을리하지 않으려고 열심히 노력하고 있다.

이러한 좋은 체험을 만들어 주는 수련에 꼭 참가하여 우리도 부처님처럼 정진하여 불도를 성취하자고 모든 법우들에게 권하고 싶다.

나무 석가모니불

발우공양과 현대 식품학

전재근 · 신흥사 신도회장(현 서울대학교 식품공학과 교수)

일요일이면 하루쯤 머리를 식히고 올 만한 사찰을 찾다가 들리게 된 곳이 신흥사다. 어린이 청소년 성인 수련교육을 통한 포교에 원을 세우신 주지스님(성일 스님)이신지라 첫째, 셋째 일요일엔 일요법회를 열고 경전을 강의하신다.

지식에 찌든 머리 새삼스런 공부가 즐거울 리 없겠지만 부처님의 진리의 말씀은 묘하게도 머릿속에 든 지식을 지혜로 바꾸어 주는 희열을 느끼게 한다. 그러다 보니 법회참석에 최우선 순위를 두고 생활하게 되었으며 10년 가까이 법회에 결석하지 않게 되었다.

가슴이 확 트이도록 넓은 수련원 발우장에는 질서 있게 정돈된 발우들이 그득하여 방학 때면 청소년 수련생들이 발우공양을 하는 것을 보면서 '나도 좀 젊었더라면 저 발우를 들어 볼 수 있었을텐데' 하는 아쉬운 감이 있곤 했었다.

그러던 차에 지난 해 일일출가수련대회, 성인여름수련대회에 참가하여 3일간 발우공양할 기회를 갖게 되었다.

발우공양에 깃든 의미처럼 부처님의 이 발우공양법은 지구상에서 가장 경건한 식사방법으로 귀하게 다루어지게 되었으며, 이 땅에서도 불법이 전해진 지 1,600여 년이 지났음에도 더욱더 필요해지고 의미를 되새겨야 할 공양법이다.

발우공양을 알리는 스님의 근엄한 죽비소리가 호기심에 어렸던 나를 순식간에 숙연케 만들었으며, 부처님을 생각하는 게송이 읊어진다. 200여 명의 수련대중의 온 마음은 발우로 옮겨져 "이 공양이 어디서 왔는가, 나의 덕행으로 받기가 부끄럽네, 이 몸을 지탱하는 양약으로 알고 도업을 이루기 위하여 이 공양을 받습니다."라는 공양게가 게송된다. 발우 속에 담긴 음식이래야 밥, 된장국, 김치, 짠지가 전부이지만 음식을 대하는 자세가 그렇게 엄숙하고 한 술 한 술이 이렇게도 법답게 이루어져야 하는 지는 미처 몰랐었다.

현대 식품학은 인체의 생명유지 활동에 필요한 영양소와 에너지원으로 식품을 다루고 있으나, 정작 우리 몸을 지배하는 마음의 영양원은 다루고 있지 못한데 발우공양은 다분히 마음을 올바로 쓰게 하는 심양학(心養學)이라고 말할 수 있을 것 같다.

나의 온 마음이 세 개의 발우를 넘나들며 그릇을 비우니 밥은 사라져 육신 속에 색(色)이 공(空)했고〔色卽是空〕, 육신 속에 허기를 채우니 공(空)이 색(色)했다〔空卽是色〕.

다른 한 개의 발우에 담긴 천수물은 또 어떠한가. 짠지 한 조각 행주 삼아 밥그릇을 닦아 한 톨의 밥알도, 양념 한 조각 없이 닦아내니 또 마음은 짠지 조각으로 이 그릇 저 그릇을 넘나든다. 어느덧 탁해진 천수물을 마셔버리니 불구부정(不垢不淨)을 생각지 않을 수 없고 옆 사람의 천수물을 내가 마실 수 있을까 생각할 때 대승·대아(大乘·大我) 운운하는 나를 부끄럽게 만들어 버린다.

천수물 속에 찌꺼기가 남으면 시궁창 속에 사는 지옥중생 아귀가 고통을 받는다고 한다. 몸에 좋다면 이놈, 저놈 잡아먹는 오늘날에, 이 발우 공양법은 상상을 초월하는 식도(食道)이며, 수행 자체라 하지 않을 수 없다.

생태계(生態系)는 약육강식(弱肉强食)이라는 먹이사슬로 먹히는 쪽이 강한 자의 생명을 좌우함을 알아야 한다.

풍요 속에 사는 오늘 우리 사회에는 온갖 산해진미(山海珍味)가 가득한 뷔페식당 등이 인간의 식욕을 충족시킬지는 모르나, 이들 음식이 어디서 왔는가를 생각인들 하겠는가. 하물며 뜻없이 버리는 음식의 낭비는 어떤 결과를 낳을지 관심인들 있겠는가!

생태계에는 자정능력(自淨能力)이란 것이 있는데 우리는 이 한계를 훨씬 넘게 버리고 있다. 산하는 오염되어 시궁창 속의 박테리아(아귀)가 포식하도록 정화 처리 시설을 세운다. 여기서 발생하는 것은 메탄가스가 주된 성분인데 이 물질은 지구를 감싸고 있는 오존층을 파괴하여 인간을 위협한다. 이는 다름 아닌 절제 없는 탐욕이 낳은 결과이다.

무창(無窓) 사육 시설이라는 것이 있다. 돼지나 닭을 먹이고, 재우고, 살찌우고, 병이 걸리지 않도록 한 최신의 사육시설이다. 이 속에서 사는 가축은 외부에서 균이 오염될 리도 없고 고기질도 좋아진다. 그들은 햇빛 한번 못 보고 생을 마치고 포장육으로 품화되어 판매되어진다. 육신의 욕망에 집착하는 오늘날의 우리들 생활이 잘 갖추어진 무창화로 가는 것이 아닌 지 생각해볼 만하다.

부처님은 보잘 것 없는 하나의 발우로 법답게 음식을 섭취함으로써 마음을 살찌울 수 있는 지혜를 보여 주신 것이며, 우리 모두가 같이 오래도록 잘 살 수 있는 길을 보여 주신 것이다.

수많은 스님들이 수행하는 산사의 계곡물이 티없이 맑은 것은 발우공양의 공덕 때문일 것이다. 몇 권의 경전보다, 하루의 발우공양에서 얻음이 더욱 큼에서 수련장 속에 가득한 발우를 준비하고 귀하게 다루는 뜻을 알 만하다.

생활 속의 발우공양

김계숙 · 찬불가 지도간사

뷔페식당에 간다 하면 현대를 사는 모든 사람들은 가장 즐거워하며 고급스럽게 생각한다. 그러나 이미 3천여 년 전 부처님께서 뷔페식 식사를 하셨다는 사실을 몇 사람이나 알까? 사실 나도 신흥사 수련대회에 참석하여 발우공양을 처음 해 보았고, 오성일 주지스님으로부터 발우공양에 대한 유래를 듣고서야 항상 첨단을 향해 가신 부처님의 지혜에 놀라지 않을 수 없었다.

신흥사에는 300여 벌의 발우가 있어 청소년 수련 때에는 늘 발우공양을 한다. 주지스님께서는 작년(1992년)부터 일일출가 수련대회와 성인 수련대회를 시작하셨다.

성인에게도 발우공양의 기회가 주어진 것이다. 남녀대중이 한 자리에 모여 평등하고 청결하게 조금도 낭비 없는 절약과 화합으로 공덕을 성취하는 복덕 공양 그 자체였다. 부처님을 회상하고 그 공덕을 찬탄 공경 예배하고 공양이 올 때까지 모든 이들의 노고와 은혜를 감사하며 모든 배고픈 중생들과 함께 나누어 먹는 자비의 마음을 함께 했다.

일일출가 수련대회 일정 중 조별 토론이 있었다. '발우공양 어떻게 실천할 것인가' 라는 주제를 가지고 우리 정진반은 토론을 했다.

발우공양법을 현 식생활에 어떻게 적용시키는 것이 좋은가에 대해 여러 의견이 있었지만 몇 가지 생활 속에서 쉽게 실천할 수 있는 것을 적어본다.

한국 음식은 여러 가지 종류여서 먹고 조금 남은 것은 버리게 된다. 그것을 모아 시장기 있는 어느 날 밥 위에 골고루 얹은 후 계란 프라이로 살짝 덮어 고추장과 참기름을 둘러 맛있는 비빔밥을 낸다는 어느 보살님의 의견이 있었다. 보살님의 알뜰한 식단은 가족들로 하여금 낭비 없는 검소한 생활을 절로 실천하게 하시는 것 같았다.

어느 보살님은 가족마다 반찬 접시가 있어 먹을 양만큼 음식을 골고루 담아 남아 있는 반찬이 먹다 남은 찌꺼기가 되지 않도록 두고 먹을 수 있게 청결히 보관하신다고 했다.

또 다른 분은 집에 찾아오는 손이나 이웃에게 식사를 대접하면서 밥그릇에 밥알이 남아 있으면 다신 못 오게 하신다고 엄포를 놓으시면서 발우공양에 대해 설명해 드리고 집에서도 실천하도록 꼭 권유를 하신다고 했다. 참 훌륭한 이웃 포교였다.

우리 지욱이는 3살 때부터 신흥사에 다니면서 절에서 공양을 하던 습관 덕택에 밥 그릇에 밥알이 몇 개 남아 있으면 꼭 물로 헹궈 말끔한 그릇으로 만드는 것이 습관이 되어 그 누구 집엘 가더라도 칭찬을 받는다. 생일 때 맛있는 음식과 친구를 불러 파티를 여는 요즈음 호화로운 생일 대신에 자기 용돈으로 생일불공발원 불전과 방생을 하는 지욱이의 생일은 그 어느 날보다 귀하고 의미가 있다.

발우공양의 의미는 현대를 사는 우리에겐 음식문화의 정화와 조금도 낭비 없는 절약정신을 가져다주는 훌륭한 공양법임에는 틀림이 없다. 특히 요즈음 아이들처럼 부족한 것 없이 풍족한 생활 속에서 자기만 알고 남을 생각할 줄 모르는 이기주의와 개인주의의 세대에 쌀 한 톨이 만들어지기까지의 모두의 공덕을 알게 함은 우리 어른들의 큰 사명이 아닐 수 없다.

나보다 남을 위하는 마음, 더 나아가 방생의 의미를 깨우쳐 실천하게 함은 우리 아이들의 인생을 일찍이 살찌우게 하는 비결일 것이다.

분임 토의에 대한 소감

이영재 · 화엄회 거사

도심의 권태와 번뇌를 뒤로 멀리 하고 자연의 운치 속에 안온하게 자리한 신흥사의 수련대회에 참석할 수 있다는 행운이 불자들만 유일하게 누릴 수 있는 행복이라고 생각한다.

불자들의 수행과정의 일환인 수련대회 과정 동안 겪는 신행활동 중에서 분임토의는 간과할 수 없는 중요한 프로그램 중의 하나이다. 또한 자칫 관행에 의해 소홀히 관리될 수 있는 프로그램이기도 하다.

바쁜 수련대회 일정 중에서 소일하는 잡담시간으로 잘못 인식되어 진행되는 경우도 발생될 수도 있다. 이 부분은 진행자의 중요한 과제로서 분임원들이 전체 참여를 유도해서 주제에 대한 전체의 의견을 취합, 결과를 도출해 맺어야 한다.

정작 불자들이 신행 생활에서 느낄 수 있는 궁금함이나 의구심 등으로 생긴 선입견들을 일정한 주제를 통해 각자의 잘못 인식되고 편협된 종교관을 각자 분임토의 과정을 통해 의견을 나누다 보면 타당

성 있고 정도로 귀결하므로 올바른 신행생활의 좌표가 될 수 있고, 또한 참된 불자로서의 행보를 추구할 수 있을 것이다.

분임토의에 대한 나의 소감으로는 첫째, 불자들 간에 처음 대면으로 생기는 서먹함을 무릎과 무릎을 맞대고 의견을 주고받으면서 교감으로 인간관계가 성숙되어 수련대회를 성공리에 마칠 수 있을 것이다.

둘째, 일정한 주제에 대한 토의를 통해 각자의 불교에 대한 종교관이 비교되어 신행생활의 올바른 길로 인도될 수 있을 것이다.

셋째, 불교에 대한 궁금증이나 의구심 등 평소 어려워서 질문하지 못했던 것을 토의를 통해 정확한 교리를 알게 되어 참 불자로서 신심을 갖게 될 수 있다.

넷째, 같은 사찰의 신도들이 이런 분임토의 과정을 통해 각자의 사고와 심성들이 교류되면서 친밀한 유대관계가 정립되어 향후 사찰에서의 모든 행사에 단결심이 생겨 사찰 발전에 기여할 수 있다.

이러한 분임토의에 반복 참여하게 되면서 불교에 대해 점차적으로 개안(開眼)이 되면서 참다운 불자상이 정립되며, 또한 초발심자들은 종교의 필요성을 재인식케 되면서 정진의 계기가 될 수 있다. 나아가 중생들이 종교에 대한 참된 나, 성숙된 나를 발견해 가면서 사회인, 가족, 중생으로서 올바르고 참된 8정도의 삶을 영위하게 되어 향과 초를 불사르는 희생의 정신을, 방사하는 마음을 갖게 될 것이다.

보다 성숙된 듯한 참 나를 새기면서 탐진치 3독을 해제하고, 일체유심의 참뜻을 음미하며 입가에 자비로운 부처님 엷은 미소를 일심으로 합장하여 맘속에 오래 간직하고 싶어지는 것은 어쩔 수 없어라!

세상에서 제일 행복한 사람들

"여보 고마워요"

고현자

남편에게 불교교리 공부를 해야겠다고 말을 꺼냈을 때 남편은 "학교 다닐 때 공부했으면 됐어. 그 정도만 해둬!"라며 반대했다.

내가 스스로 사찰을 찾은 것은 고등학교 1학년 겨울방학 때, 성도재일 날이었다. 친구를 찾아간 절이 중곡동의 기원정사였고, 마침 그날이 성도재일이라 철야기도를 한다고 하여, 1,080배와 참선을 하며 철야기도를 한 것이 인연이 되어 학생회를 다니게 되었고, 결혼과 함께 불교교리 공부와 멀어졌다.

교리 공부에 목말라하던 나에게 불교대학이란 정말 감로수와 같았다. 강의실 위치도 수원이라 버스를 한 번만 타면 다닐 수 있는 위치이고 하여, 첫 강의 시간에 수강신청을 했다. 일찍 퇴근하는 남편에게 아이들을 부탁할 생각이었는데, 남편은 마침 출장 중이라 아이들만 두고 집을 나섰다. 두근거리는 마음 반, 아이들 걱정 반 이렇게 첫 강의를 들었다.

출장 중이던 남편이 전화를 걸어서 "나 오늘 일찍 퇴근하는데, 어디 갈 데 있어?" 하고 물어보는데, "사실은 오늘 수원에 가야 하는데…."라고 대답하자, "결국 신청했구만." 하는 남편의 무뚝뚝한 말에, "사실 학교 다닐 때는 건성으로 배웠지 신경 써서 배웠나. 이번에는 체계적으로 배우고 싶어서 그래요. 그리고 기간도 짧고."라고 하였고, "몇 시까지 가면 돼." 하는 남편의 허락으로 마음 놓고 강의를 들을 수 있었다.

이렇게 남편의 수원 강의실 출근은 시작되었다. 남편은 한 번도 빠지지 않고 강의실까지 데려다 줄 뿐, 강의를 듣지는 않았다. 한 번만 들어보라고 권했지만 싫다고 거절하는 남편을 억지로 듣게 하고 싶지는 않아서, 데려다 주는 것에 고마움만 느낄 뿐이었다. 한 번은 너무 피곤해 하는 것 같아 집에 있으라고 했더니 "아이들 씻기고, 잔소리하고, 재우고 하느니 수원에 오는 편이 낫다". 고 했다.

종강을 듣고 집에 돌아온 남편은 아내 때문에 회사 일을 제대로 하지 못했다고 하기에 큰일이다 싶어서, 얼마나 못했느냐고 물었더니, '땡' 하면 퇴근하느라고 급한 일만 처리했기 때문에 두 달 동안 일이 밀렸다고 한다.

"사실 내가 불교대학 다닌 공덕의 절반은 당신 덕이라고 부처님도 알고 계실 거야." 하고 위로의 말을 해주었더니, 남편은 빙그레 웃었다. 불교대학에 다니면서 신심이 더욱 굳어졌고, 불교를 모르는 남편도 마음이 너그러워졌다. "여보, 고마워요!"

제2기 불교대학 모집에 다시 한번 도전하고 싶다. 불교대학을 다니면서 한 가지 원이 생겼다. 이렇게 지극 정성인 남편을 불교에 입문시켜야겠다는 원을 세운 것이다. 스님 말씀 따라 될 때까지 기도할 것이다.

불교대학에서 배운 것을 모두에게 회향하리

양승희

불교에 입문한 지 어언 20여 년이 흘렀다. 결혼 전에는 친정어머니를 따라 다녔고 결혼한 뒤에는 시부모님을 따라 다녔다.

법당에 부처님전에 엎드려 가족의 건강과 안온을 열심히 빌었다. 당연히 신심과 정성이면 다인 줄 알았다. 그러나 갈수록 마음 한 구석에 무언가 채워지지 않는 것이 있었다. 부처님의 말씀 즉 부처님의 가르침을 잘 이해하지 못하면서 입으로만 하루에도 수십 번 불자라 했던 것이다. 이런저런 핑계가 많아서 공부도 게으르게 하였고 법회도 이유가 많아 빠지는 날이 다반사였다.

그런 가운데 조금이나마 복덕이 있었는지 좋은 인연이 되어 불교대학 학생이 되었다. 여기저기 흩어져 있던 생각들이 조금씩 고리가 되었다. 또한 수업이 끝나고 집으로 돌아와서 큰소리로 '학교 다녀왔습니다' 소리 치면 그런 내 모습을 보며 아이들이 굉장히 재미있어 하고 남편 또한 "대학생! 공부 열심히 했어?"라며 묻는다. 그러면 나는 그날의 공부를 우리 가족에게 다시 회향한다.

정말 고마운 일은, 우리 불교대학 1기생의 인연이다. 오늘의 신행 실수가 마치 여고시절의 수학여행을 함께 보내는 것 같다. 앞으로 더욱더 정진하며 성불합시다.

자신을 돌아보며

이원자

부처님전에 무한한 공덕을 감사드리며 불교대학을 설립하시어 많은 것을 배우게 하여 주신 신흥사 주지스님께 감사드린다. 그리고 3개월 동안 열심히 부처님 말씀을 전해주신 포교사님께도 감사드린다.

수년 동안 절에는 다녔어도 아무 것도 모른 채 무조건 엎드려 절만 하면서 남편과 자식들만 잘 되게 하여 달라고 부처님께 빌었던 내가 얼마나 어리석었는지 깨달았다. 그러나 한 가지 아쉬운 것은 지금 소감문을 쓰는 이 순간도 마음 한 구석이 허전하다.

신행실수를 하면서 좀더 부처님 가까이 갈 수 없었던 나 자신이 무척 야속하며 아직도 부족한 점이 많다는 것을 알았다. 앞으로는 좀더 신심을 내어 다음 2기에는 불교대학에 더욱더 열심히 다녀 참된 삶을 살면서 모범이 되는 신도가 될 것을 마음속으로 맹세한다.

연꽃

조길연

2년 전 조그만 핑크빛 연꽃을 보고 젊은 스님이 호미를 들고 계시

기에 잘 기를 테니 캐달라고 하니 안 된다고 하시는데, 애원하다시
피 하여 연꽃을 얻는 꿈을 꾸게 되었고, 그 꿈을 계기로 동네에 있는
조그마한 절에 다니게 되었다. 그 후 방생도 가끔 갔다.

예전엔 법당 안에 들어가기가 거북스럽게 느껴졌지만 지금은 마음
속으로 기도도 하고 부처님께 삼배도 한다. 절에 다녀보니 얻는 게
너무 많고 마음의 수양도 되고 꼭 필요한 것 같다. 또한 불교대학에
다녀보니 보살님들과 대화도 하게 되고 뭔가 배운다는 게 이렇게 즐
겁고 기쁜지 미처 몰랐다. 법당에 왔다 가면 그렇게 마음이 편하고
평화가 찾아오는 듯하다.

길은 멀고 목은 마른데 졸업이라니!

양경희

온 도량이 부모님 품속 같고 짙은 풀내음과 향 냄새가 코 끝을 스
치며 이름 모를 풀벌레 소리가 새벽 하늘 목탁 소리에 화음을 맞춰
더 없는 극락이 또 어디에 있을까 생각해 봤다. 도량을 한 바퀴 둘러
보고 합장을 하니 가슴속 벅차오름을 어떻게 표현할 말이 없을 것
같다. 불법을 배우고 싶었던 욕망이 부처님의 가피로 분명 신흥사
불교대학에 입학하게 됐으리라 믿고 있다.

피아노 학원을 운영하면서 늦둥이 8살 된 아들과 고등학생, 자녀
가 둘이 있는 나로서는 도저히 엄두도 낼 수 없는 결심을 하게 된 것

도, 부처님께서 부족하고 눈이 어두운 나의 눈을 뜨게 해주셨음을 믿고 감사 또 감사하게 생각한다.

지난 3개월 수요일, 금요일에는 아침부터 저녁 찬거리 준비하며 아들과 타협(따라 갈 것인가, 친구집에서 놀 것인가)하면서도 마음은 18세 소녀의 설레이는 마음, 바로 그것이었다. 아직도 길은 멀고 목은 마른데 졸업이라니, 이 계기를 주춧돌로 삼아 앞으로 더욱더 공부하며 열심히 육바라밀행을 닦아 훌륭한 보살의 길을 가도록 삼보님께 귀의하며 참된 불자가 될 것을 약속드린다.

많은 것을 보고 배우고 느낀 불교대학

이신자

새벽의 공기가 너무 산뜻하다. 이러한 기도는 내 생애 처음 해보는 기도였다. 새벽기도는 처음 해보는 거였지만 힘든 줄 모르고 기도를 올렸다. 짧은 기도와 절에 잠깐씩 다녀와서 올리는 공양은 기도가 아닌 듯싶다.

불법에 대해 알면서 깨우쳐야만 간절한 기도가 나오련만 막연하게 기도만 하면서 절에 왔다 갔다, 의미 없이 보낸 것을 깊이 뉘우치고 깨달으며 많은 것을 보고 배우고 느끼면서 기도를 해야겠다.

스님과 포교사님의 재미있고 신비롭기만한 불법을 들을 때마다 절로 탄성이 나오곤 했다. 성지순례를 다녀와서 더욱더 의미를 느낀다. 신흥사의 발우공양은 너무 인상 깊었다. 절약정신 깃들은 스님의 말씀 정말로 생활 속에 옮겨야 할 것이다. 설거지 물을 너무 많이 마셔 배가 부르지만 모두들 새로운 것에 대한 경이로움과 탄성을 속으로 느껴본다.

습하고 더운 날씨에도 불구하고 힘든 줄 모르고 여기까지 같이 모인 오늘 졸업식 동창생 모두 화이팅….

작은 변화의 출발점

방애경

불교대학을 다니며 지금은 아주 작지만 나에게 변화가 있음을 느낀다. 이 작은 변화와 마음이 밑거름으로 나에게 힘이 되어줄 것이다. 이 변화의 시작은 부처님의 가르침에 대해 좀더 알고 싶다는 욕심과 좀더 나아가 부처님의 가르침을 지켜서 행할 수 있도록 노력하고 싶다는 점이다. 이번 1기 불교대학을 다니며 짧은 기간이었지만 불교를 믿는 불자로서 신심을 기를 수 있었던 계기가 되었다. 그야말로 큰 행운이었던 것 같다.

좀더 열심히 했었으면 하는 아쉬움도 있지만 지금 이 마음가짐만으로도 만족을 하고 앞으로 2기, 3기 불교대학을 다니며 좀더 나은 모습으로 다른 모든 불자님들께도 조금이나마 도움이 될 수 있도록 노력을 해야겠다는 생각에 환희심마저 드는 것이 정말 기분이 좋다.

오직 감사할 뿐…

정미연

어머님을 따라 절에 와 어설프게 법회에 참석하고 부처님의 말씀을 들으며 살아가던 내가 어머님의 권유로 불교대학에 입학하게 되었으며 깊고 오묘한 부처님 말씀을 조금이나마 배울 수 있게 되어 감사한 마음뿐이다.

처음으로 새벽예불도 해보고 신행(수련) 활동을 하면서 너무 부족한 내 자신을 돌아볼 수 있었고 여러 가지 기초적인 불교 예절을 배울 수 있는 좋은 기회였다.

부처님의 말씀은 앞으로도 계속 배워 살아가는 데 밝은 빛을 얻을 수 있도록 노력하겠다. 이런 기회를 주신 부처님과 스님, 어머님께 감사드린다.

뻐꾹새 울음 소리와 풍경 소리의 차이

남기석

항상 마음은 절에 있어도 몸은 뻐꾹새 우는 소리가 들리는 속세에 젖어 있는 나였기에 부처님과 우리 주지스님 뵙기가 송구스럽던 차에, 신흥사 불교대학에 입학할 수 있는 기회가 주어진 것은 이루 말로 다 표현할 수 없이 기뻤다.

뻐꾹새 울음소리야 어디에 가든지 들을 수 있지만 진정한 풍경 소리만은 본인이 직접 우리 절에 와야만 들을 수 있는 것과 같이, 실행이 근본임을 깨달았다. 특히 스님의 법문을 듣던 중 "1년에 몇 번 절에 다니는 10년 신도보다 정기적인 법회에 임하는 신도가 신심과 질이 더 높다."시는 말씀에 뒤통수를 맞은 격이다.

어언 20여 년 불자라고 말은 할 수 있어도 교리에 대한 얇은 지식조차도, 실행을 위해서 성의를 다한 바도 없었기에 1박의 신행 실수는 본인의 과거와 현재 또한 미래를 돌이켜봄과 계획을 구상할 수 있는 좋은 기회였다고 생각한다. 앞으로는 자주 풍경 소리가 들리는 우리 신흥사를 멀리서만 바라보며 짝사랑하는 격의 불심이 아닌 가까이서 실천하며 사랑하는 불심을 가진 불자가 되도록 열심히 노력하겠다.

이젠 자신있게 말할 수 있다

송희윤

불교가 어떤 종교인지 막연한 생각뿐 그저 어렵다는 생각만 하고 누구한테나 절에 왜 다니는지 왜 불교가 좋은지 난 다른 사람에게 자신 있게 말할 수 없었다.

하지만 신흥사로 오면서 주지스님의 신바람 나는 법문과 불교대학에 입학해 포교사님의 한량없는 부처님 말씀을 듣고난 뒤부터 자신 있게 그 누구에게든 부처님의 가르침이 좋고 부처님은 한량없는 공덕이 있으신 분이기 때문에 믿는다고 말할 수 있게 되었다.

진정한 불자란 지극한 신심을 가지고 환희심을 성취하기 위해 보살원력을 쌓는 신행생활과 교법(교리), 부처님의 가르침을 배우고 청정한 마음을 가지고 오계를 지키려 노력하면서 발심수행을 해서 힘을 얻어야 하겠다.

갑자기 3대 죄악이 생각난다. 모르면서 배우지 않는 것, 알면서 가르쳐주지 않는 것, 할 수 있으면서 안 하는 것. 이 말씀을 다시 한번 생각하면서 실천력 있게 지속적으로 집중해서 정진할 것을 다시 한번 다짐해 본다.

불기 2541(1997)년 신흥사 불교대학 제1기

나도 우리 스님처럼 살아야겠다

강태진

오늘 신흥사 불교대학 2기 졸업을 하면서 이곳에서 불교 공부를 할 수 있게 이끌어주신 부처님과 신흥사 주지스님 및 여러 분들께 깊은 감사를 드린다.

불교에 입문한 지 4년여가 되었지만 확실한 믿음도 없었고 종교가 불교라고 자신 있고 떳떳하게 대답도 못하였다. 4년여 동안 불교신문, 각종 불교서적, 수련회 참여, 방송 청취, 카세트 테이프 등을 들어보았지만 나의 궁금증을 해결하지는 못하였다. 그래서 모든 문제를 다 해결하고 행을 할 수도 있지만 행을 함으로써 믿음이 생기겠다는 생각에서 새벽기도, 수련대회, 불교대학 등을 다녀 보았다. 이 모든 것이 나의 궁금증을 해결하는 데 큰 도움이 되었다.

특히 오성일 주지스님의 영험담 카세트 테이프, 일타 스님의 영험담 서적은 나의 궁금증을 해결해 주는 데 충분하였다. 정말로 감사의 말씀을 드린다.

불교는 실천의 종교라고 한다. 아무리 이론에 밝고 믿음이 강하여도 실천에 옮기지 않으면 불교인이라고 할 수 없다. 하나를 알았으면 하나를 실천하고 둘을 알았으면 둘을 바르게 실천하는 참다운 불제자가 되고 싶다.

불교에 입문한 지 얼마 안 되어서 잘 모르겠으나 불교서적을 읽어보아도, 여러 스님의 법문을 들어보아도 신흥사 주지스님처럼 자상하게 설법해 주시는 스님이 드문 것 같은 생각이 여러 번 들었다. 이렇게 자상하신 스님이 계셨기에 오늘처럼 신흥사가 발전하였으며 다른 사찰의 본보기가 되었다고 확신한다. 불교대학도 너무나 자상하게 운영해 주셔서 큰 감명을 받고 나도 지도자의 한 사람으로서 자상하고 친절한 관리자가 되어야겠다고 다짐하였다.

아무튼 신흥사에서 수계 받고 불교대학을 졸업하면서 한없는 환희심을 느꼈다. 참다운 불제자가 되어 성불할 것을 다짐해 본다.

내 인생이 새롭게 열린 해

김미령

초등학교 4학년 때부터인가 어머니 옷자락에 이끌려 부처님 계신 곳을 바라본 지 엊그제 같건만 어느덧 불혹의 나이에 들고 보니 세월은 참으로 유수와 같다는 옛 성현의 말씀에 새삼 동감이 간다.

이 생에서의 삶은 너무도 짧은 것이어서 열심히 최선을 다하여 살아야 한다는 어른들의 가르침에 부지런히 움직이는 것은 고사하고 이제야 진정한 부처님 법을 만나게 되었다. 오늘에서야 그 동안 내 자신이 얼마나 어리석은 중생이며, 얼마나 많은 업장을 쌓아오고 있었는지 깨달을 수 있었다.

올해는 내 인생이 새롭게 열리는 해였다. 여름수련회를 통하여 주지스님의 가르침을 받았었고 불교대학을 통하여 깊고 깊은 부처님 법을 만나게 되면서 힘들게만 여겨졌던 내 생활의 모습이 변화되었으니 말이다.

이제 졸업식을 앞에 두고서 지나온 날들을 반추해 보면서 작은 걸음마에 불과한 부처님을 알기 위한 시작이지만 더욱 더 정진하여 주지스님처럼, 부처님처럼 불교를 믿고, 배우고 행하여 보리라.

신흥사를 둘러싸는 작은 산 언저리 곳곳에 덮여져 있는 하얀 눈을 바라보면서 참선에서 가졌던 화두 한 단어를 꺼내어 본다. 이뭐꼬!

마음 편안하니 극락이 따로 없다

이명재

신흥사 다닌 지 20여 년 한결같이 서원을 세운 것이 있다면 온 가족이 함께 부처님께 귀의하는 것이었고 특히 부부가 함께 절에 다니는 것이 제일 부러웠다. 그런데 부처님께서는 나의 간절한 기원을 들어주셨다. 애들 아빠가 불교대학에 같이 입학하여 너무 환희심이 났고 딸아이 결혼식과 불교대학 졸업식 날이 같은 날이라서 아무리 좋은 날을 택일했다 해도 부처님께 열심히 기도 드리면 되겠지 하는 마음으로 결혼식 날도 일주일 앞당겨가며 하루도 결석 안 하고 졸업식을 하게 되어 너무나 감사 드린다.

비록 요즘 남편 하는 일이 잘 안 되어 곤란을 겪고 있지만 마음은 편안하니 그것이 극락이 아니고 뭐겠느냐며 우리 부부는 서로 위로하며 열심히 기도하고 있다.

'부처님! 앞으로 주위의 모든 사람들이 하루 속히 부처님께 귀의하여 저처럼 마음의 평안을 얻고 나아가 부처가 될 수 있게 하여 주십시오. 그리하여 이 나라가 불국토가 되면 얼마나 살기 좋은 세상이 될까요.'

불자의 도리를 배우다

한은순

천주교 성당에 37년간 다니던 내가 신흥사와 인연을 맺게 되었다. 신흥사 가사불사 때 와서 아무 것도 모르고 오계를 받아 법명을 받고, 또 아무 것도 모르고 쌍계사에서 보살계를 받았으나, 역시 계율 지키는 것도 실천하지 못하고 법회에도 바쁘다는 핑계로 참석하지 않고 지냈다.

그런데, 이번에 불교대학에서 공부하고 보니 조석예불이며 정한 기도시간 엄수할 것이며, 또 법회에도 꼭 참석하여 자기 수행에 도움이 되도록 실현하는 것이 불자의 도리임을 배웠다. 앞으로 게으름 부리지 않고 열심히 정진하여 나도 부처가 되겠다는 의지로 신행생활을 할 것이다. 부처님의 위신력으로 신행생활 열심히 할 수 있도록 도와주세요.

가족과 함께할 수 있도록 노력하리라

옥민자

오늘 불교대학 졸업식 날이라니 무척 감회가 새롭다. 오랜 세월 불교를 믿었지만 불교에 대해서 깊이 알지 못했다.

마침 신흥사에서 불교대학을 한다기에 불교를 더 알기 위해 석 달 동안 열심히 듣고 배웠다. 불교에 대한 공부를 하면 할수록 어렵다는 것을 알았다. 앞으로 더욱 더 열심히 신행생활을 해서 법보시를 많이 해야 되겠다는 것을 느꼈다.

정말 이렇게 좋은 법문을 가족들과 함께 할 수 있도록 노력할 것이다. 불교가 좋은 종교라는 것을 다시 한번 알게 되었다.

포교 원력을 세우다

강행숙

처음 불교대학에 입학하여 걱정이 되었다. 절에 다닌 기간은 길었는데 불법을 깨닫지 못한 것이 창피하였기 때문이다.

말주변이 없어서인지 타종교인과 대화를 나눌 때는 무슨 말을 어떻게 해야 상대방이 잘 알아들을지 걱정이 되었었다. 불교대학에 들어와 강의를 듣고 나니 누구 앞에서라도 대화를 나눌 수 있을 것 같다. 앞으로 열심히 공부하여 포교활동을 많이 할 것이다.

　스님을 비롯하여 여러 간부님들의 노고에 대해 깊은 감사를 드린다.

행복한 삶을 위하여…

정의순

　신흥사에 다닌 지도 벌써 17여 년이 되었다. 모든 종교에 무관심했던 나로서는 그저 절에 다니는 것이 즐겁고, 원하는 것은 무엇이든지 다 이루어질 수 있다는 믿음으로 내 나름대로의 꿈과 소망을 갖고 열심히 기도했다.

　그러나 '불교란 무엇인가' 라는 물음에 한마디 대답할 자신도 없었다. 하지만 불교대학에 다니면서 많은 교리와 예절을 배웠다. 모든 불자들이 부처님의 가르침대로 행하면 모두 다 편안하고 행복한 삶을 살 수 있다는 것을 깨달았다. 불법승에 귀의하고, 탐진치 삼독심을 버릴 것을 가슴 속 깊이 되새기면서 실행하고 싶다. 불교대학의 법우들, 말은 없지만 환한 미소로 즐거운 표정들이 모두가 한마음인 것 같다. 배움의 자리를 마련해 주신 주지스님께도 감사 드린다.

오로지 부처님만을 바라보며 살아가리라

홍정자

절에 아무리 오래 다녔어도 이제야 불교대학 졸업을 하게 되었다. 먼저 신흥사 부처님께 감사를 드리며, 항상 부처님의 가피를 많이 받고 있는 것을 실감하고 있기에 이 몸이 다할 때까지 부처님의 가르침을 따라 수행 정진할 것을 부처님께 약속드리며, 신행생활 열심히 할 것을 다짐한다.

40여 년을 바라보고 살아온 우리 부처님, 세계 어느 곳 아니 계신 곳 없으시고 차별 없으시며 고루 가피를 주시는 부처님, 오로지 부처님만을 바라보며 살아가겠습니다.

세상에서 제일 행복한 사람

배현철

증권회사에 근무하는 직업 특성상 다른 사람들보다 스트레스를 많이 받으면서 혼자만이 감내해야만 하는 고통을 어디에도 하소연할 수 없어 매일매일이 지옥이었다.

어느 날인가 식구들과 바람 쐬러 나선 것이 제부도였고, 돌아가는 길목에 우연히 들르게 된 신흥사가 부처님과의 인연이 시작되는 것인 줄 꿈엔들 알았으랴!

예불하고 나오는 아가씨가 공양하고 가라고 하길래 식구들과 절밥 얻어 먹고 가자고 시작된 만남이 주지스님이 주신 선물(녹음 테이프)로 이어지고 그 테이프를 듣는 순간부터 내 인생은 다시 시작되었다. 어릴 적 할머니 손에 끌려서 절에 가는 것이 아니라 내 스스로 절에 가고 싶고, 부처님 말씀을 듣고 싶어지면서 차츰 어떻게 살아야 하는 것인지 인생의 목표가 정해졌다.

불교대학에서 스님이 가르쳐 주신 대로 아침기도를 시작하면서 모든 주위 환경이 변하기 시작했다. 무슨 일을 하더라도 내 뒤에는 부처님이 계신다고 생각하고 관세음보살님을 암송하면 두려움과 어려움이 없어지면서 직장에서도 자신감이 생겼다.

앞으로도 아내와 아들 성훈이 데리고 열심히 법회도 참석하고 부처님의 말씀대로 열심히 살겠다. 지금도 식구들 손잡고 절에 오는 생각을 하면 나는 이 세상에서 제일 행복한 사람이다. 관세음보살님의 가피와 원력으로 남에게도 베풀면서 살겠다. 우연히 연결된 부처님의 인연은 어차피 내게는 정해져 있었나 보다.

성불할 때까지 정진할 것이다

한상용

불교대학을 1기, 2기 연속하여 다니면서 무엇을 배웠으며 무엇을 깨우쳤는가 자꾸자꾸 자문해본다.

학교에서 학생들에게 왜 공부를 하는가를 물어본 적이 있다. 학생들은 제각각 훌륭한 사람이 되기 위하여, 돈을 많이 벌기 위하여라고 말하기도 하고 어떤 학생은 "부모님이 야단치므로 공부한다."라고 대답한다.

그러나 공부를 많이 한 사람만 훌륭한 사람도 아니요, 부자도 아니다. 그러면 공부는 왜 하느냐? 그 대답은 간단하다. 모르니까 알기 위해서 공부하는 것이다.

우리가 불자이면서도 불교교리 하나 제대로 알지 못하기 때문에 이번 기회에 불교가 무엇인지를 알기 위해 불교대학에 다닌 것이다. 그러나 안다는 것은 지식일 뿐이다. 지식은 우리가 살아가는 데 한 도구일 뿐이지 지혜롭게 바르게 이 생을 살아가는 지혜는 불법을 배워 그 참뜻을 헤아리고 깨달아 실천할 때 지혜의 눈이 떠지는 것이다.

우리가 매일매일 기도하고 정진하며 불법을 깨달으려 노력할 때 우주의 참 진리를 깨우치면 우리도 성불할 것이다. 우리가 성불할 때까지 계속 노력합시다.

불기 2541(1997)년 신흥사 불교대학 제2기

가슴이 트인다

지형순

법당에 엎드려 절만 올리고 나 자신의 복만을 비는 곳으로만 알고 사찰을 찾던 내 자신이 너무 답답하던 차 제3기 불교대학에 입학하였다. 불교대학에서 강의를 듣고 보니 조금은 가슴이 트이는 것 같고 신심이 생겨 일상생활에도 많은 도움이 되었다.

이제는 앞으로 정기법회에도 자주 참여해 학장스님의 좋으신 법문을 들으려 한다.

너무도 짧은 3개월의 불교대학 공부를 마치려 하니 새삼 학장스님께 진심으로 감사드린다.

새로운 발심을 하다

최후식

옛날 스님들이 저녁이 되면 "오늘도 도를 이루지 못하고 하루를 보냈으니 어찌 할꼬."라고 통곡하였다 하는데 불교대학에 입학해 많은 공부를 하려고 했으나 너무도 부족함이 많은 채 졸업을 하게 되어 한편으로 부끄러움이 앞선다.

절에 가서 법회에 참가하거나 수련대회, 신행실수 등에 참가하여 좋은 법문을 듣고 마음을 다지면 집에 돌아가서도 잘 할 것 같은데 시간이 지나면 마음이 해이해져 잘 안 되곤 했다. 3개월의 짧은 기간 이지만 자주 법문을 들으니 그 때마다 새로이 마음을 낼 수 있었던 게 너무나 좋았다.

졸업은 또다른 시작이라 하는데 지금부터라도 더욱 올바르게 불교를 이해하고 배워 앞으로 살아가는 데 있어서 참다운 불자가 되려 한다.

화 안 내는 연습을 하게 되다

최금순

불교대학에서 강의를 듣고 나도 조금은 불교에 대해 눈을 뜬 것 같은 느낌이 든다.

강의 중에 내 가슴에 '쾅' 하고 와서 닿는 말씀이 있었다.

벌컥 화가 나는 데는 1분도 걸리지 않지만 그 화를 가라앉히는 데는 30분~1시간 이상의 많은 시간이 소요된다는 말씀이었다.

난 오로지 화 안 내는 연습을 하고 있다. 내가 억울하고 분하다고 생각하는 모든 일들을 일단 내 탓으로 돌려보니 마음이 일단 편하고 괴롭지가 않아서 가슴이 시원하다.

한 가지라도 실행을 해 보려는 마음을 갖게 해주신 학장스님께 감사드린다.

현대의 절은 신흥사 같아야 한다

조지영

처음 어머니와 함께 신흥사에 와서 많은 것이 낯설었다. 내가 가본 대개의 절들은 깊은 산중의 오래된 목조건물이 거의 다였는데, 하얀 콘크리트 벽의 웅장하고 실용적이며 현대적인 건물의 신흥사는 왠지 '절' 다운 느낌이 들지 않았다.

하지만 몇 년을 더 나와 보고 불교대학에 다니며 느낀 것은 '현대의 절은 바로 신흥사와 같아야 한다' 는 생각이었다. 불교가 탄압을 받고 산중으로 들어간 것은 조선시대뿐이었다. 부처님은 항상 대중들 속에서 대중들과 함께 하셨다.

이제 어쩌다 한번 찾아가는 산중의 고찰이 아닌 생활 속의 불교가 필요한 때이다. 불교대학은 그런 방편이 되어 나를 좀더 '절' 에 가깝게, '부처님' 께 가깝게 다가서게 해주었다.

열심히 못한 게 아쉽고, 아직 배울 것이 너무나 많이 남았는데 졸업을 한다니 마음이 무겁다. 이제 막 부처님의 세계에 들어서는 때, 이 인연의 끈을 놓지 않고 열심히 수행 정진해야 겠다.

마음이 차분해지고 걱정이 없어졌다

윤경자

처음에는 불교대학에 입학하는 것을 많이 망설였다. 항상 사찰에 가서 절만 열심히 하면 되지라는 생각에 불교대학이라는 말이 가슴에 와 닿지 않았다. 그런데 입학을 하고 강의를 듣고 많은 것을 배웠다.

불교대학에 다니며 한 가지 느낀 것은 부처님 말씀을 배우고 산회가를 부르면 눈가에 눈물방울이 맺혀 가슴이 찡하여지고 마음이 편해지는 것이, 부처님의 원력을 얻어 큰 힘이 되었나보다.

항상 가슴이 답답했는데 불교대학에 나와 기도하는 법을 배워 집에서도 실천하려고 노력하고 있다. 아직까지 기도가 잘 되지는 않지만 기도하면 마음이 차분해지고 걱정이 없어진다. 앞으로도 부처님의 자비로움을 열심히 배워 큰 보살이 되겠다.

불기 2542(1998)년 신흥사 불교대학 제3기

나무 관세음보살

박병근

　사람으로 태어나서 부처님 법 만나기가 그렇게 어렵다고 하는 이야기를 듣고, '언제든지 절에 가면 부처님 법 만날 수 있는데 무엇이 그리 어려울까' 하고 가볍게 생각했다. 그런 내가 불교대학에 입교하여 불법 말씀 듣기까지, 60 평생이 다갈 즈음에서야 불법다운 말씀을 듣게 되었으니 인생 무상을 실감하게 된다.

　이제야 불법 공부를 하려 하니 너무 늦은 감에 자책을 하면서 노는 입에 염불하라는 옛 어른들 말씀 따라 틈만 나면 '관세음보살님' 명호를 찾는 것이 고작인 나의 신행생활이 부끄러워 불제자라고 남의 말 중에 끼어 들기 송구스러우니 아예 성불이란 말은 입에 담기조차 죄스러울 뿐이다.

　난생 처음 신흥사에서 절밥 먹고 잠자면서 큰스님 말씀 따라 불교대학 입재 회향을 하였으니 참으로 불쌍한 이 중생이 무슨 말을 할 수 있을까 하고 몇 자 적어 소감을 적어보는 바이다. '상구보리 하화중생' 이라는 거대한 태산 같은 부처님 법문 앞에 그저 머리 숙여 '나무 관세음보살' 을 불러봅니다.

자신감이 생겼다

황경녀

절에 가는 날이 일년에 몇 번 헤아릴 수 있을 정도였는데 이번에 좋은 말씀 많이 듣고 반성하는 가운데 나름대로 즐겁게 보냈다.

강의를 듣고 나면 주위 친구들이나 이웃에 사는 젊은 엄마들에게 다시 전해주고 또 반복해서 들려주곤 해서 많이들 부러워했다.

이제 불교에 대해서 조금이나마 알 수 있는 지혜를 배웠으니 자신감도 생겨 참뜻을 많이 전하고, 내 마음이 환희심으로 변할 수 있음을 기쁘게 생각한다.

아름다운 시간들

오세환

1998년은 내게 기쁨의 해이며 행운을 가져다 준 해다. 오늘 이처럼 좋은 날에 신흥사 불교대학을 졸업하게 되니 말이다. 또한 훌륭하신 학장스님을 비롯하여 명강의로 인기를 누리신 포교사님, 또 다정다감한 법우님들과의 만남을 소중한 인연으로 간직할 것이다.

부처님 말씀은 무조건 어렵게만 생각했고 귀동냥으로 들은 짧은 지식으로서는 이해하지 못하는 부분이 상당히 많았는데 이제 불교대학에서 불교 교리를 많이 배워 기초를 다질 수 있었다.

짧은 시간이었지만 강의 내용은 아주 알찼고, 열심히 공부하는 법우님들의 밝은 모습에서 아름다움을 느꼈다. 특히 포교사님께서 뜻을 확실히 가르쳐 주시기 위하여 멋진 그림으로 사실적인 표현과 재미있는 설화를 들려주시며 지루하지 않게 최선을 다하여 가르쳐 주셔서 정말 감사드린다. 불교를 사랑하는 모든 법우님들께서는 더 늦지 않게 불교대학에 입학하셔서 우리의 몸과 마음이 윤택해질 수 있도록 놓치기 아까운 명강의를 들으셨으면 하는 바람이다.

신흥사 불교대학은 영원히 내 기억 속에 남을 것이다. 이렇게 좋은 불경 공부를 들을 수 있게끔 불교대학을 개설해주신 학장스님께 다시 한번 진심으로 감사드립니다.

늦은 인연 안타까워 말자

김은주

긴 시간을 망설이고 망설이다가 큰법당에 들어 절을 올릴 적에는 쑥스럽고 낯설었지만 그 어느 때보다도 평안한 마음이었다. 어릴 적부터 카톨릭에서 성장하고 그 믿음을 당연시 여기며 커왔다. 성인이 되고 스스로도 모를 의구심과 거리감으로 카톨릭에서 멀어지고 꽤 긴 시간을 그렇게 흘려보냈다.

쉽사리 불교에 귀의하지 못하고 헤매다가, 어머니(불교대학 2기 졸업)의 권유로 입학을 하고 이제 졸업을 하게 되었다. 제대로 모르면서 절하고 기도하는 것이 왠지 껍데기처럼 느껴졌고, 이따금 생각 밑바닥에서 일어나는 사람과 삶과 고통에 대한 상념들에 관한 해답을 얻을 수 있으리라는 희망이 있었기 때문이다.

게으른 소치로 미처 소화시키지도 못한 강의 내용이었지만 순간순간 나를 일깨우는 말씀에 참으로 감사했다. 인간의 몸으로 태어나기 어렵고 부처님 법을 만나기는 더 어렵다고 했던가. 늦은 인연을 안타까워 말고 더 열심히 공부해야 할 텐데 여전히 난 게으름뱅이요, 핑계쟁이다. 한없는 관심과 지원을 보여주신 학장스님께, 쉽고 재미있고 열성적으로 가르쳐주신 포교사님께, 부족함 없이 공부하도록 애쓰신 회장단께 모두 모두 감사 드린다.

보람있고 값진 기회

김현순

30여 년 만에 책상 앞에 앉으니 얼마나 뿌듯하고 자랑스러운지 "부처님 감사합니다"란 말이 절로 나왔다.

솔직히 살아오면서 어려움에 직면했을 때 반신반의하며 기복적인 신앙에 의지했지만, 뜻대로 안 될 땐 부처님을 원망하며 갈등한 적이 없지 않은 어리석은 중생이었음을 먼저 고백해야겠다. 불교대학은 부끄럽지 않은 불제자가 되기 위한 첫걸음이라는 마음으로 다닌 보람 있고 값진 기회였던 것 같다.

불교는 기복종교가 아니며 부처님의 참 진리를 가르치고 깨달음을 얻는 종교이며, 우리 모두가 배워야 할 밝고 맑고 바른 심성의 길을 열어주는 실천하는 종교임을 알게 되었다.

혼자 밤길 다닐 걱정으로 이래저래 미루다 큰 용기를 내어 입교하고 보니 어머니 같으신 노보살님을 비롯해 이웃의 좋은 분들과 함께 다니게 되어 얼마나 반갑고 의지가 되었던지… "부처님 감사합니다. 부처님 감사합니다." 요즘 모든 것이 부처님의 가피에 감사할 뿐이다.

불기 2542(1998)년 신흥사 불교대학 제4기

이 곳이 바로 극락

보현행 이향숙

이번 불교대학 5기 성지순례를 잘 다녀올 수 있도록 애쓰신 모든 분들께 감사드립니다.

제게 있어 이번 성지순례는 오래도록 마음에 새겨질 것입니다. 각자의 직무와 책임과 권한이 주어진 사회 속에서 이해 득실로 가득 찬 빡빡한 조직에 길들여져 있다가 오랜만에 자비롭고 따뜻하고 넉넉한 분위기에 접하게 되니 이런 관계가 바로 극락이 아닌가 싶었고, 선배님들의 넓은 도량을 보고 느끼면서 저절로 머리가 숙여졌습니다.

회장으로서 5기생들의 안전을 위하여 그 힘든 치악산을 2번이나 오르내리시고 맛깔스러운 음식을 넉넉하게 준비해 오신 회장님 부부, 주지스님의 점심공양을 정성스럽게 준비해 오신 신영식 재무보살님, 관광 갔던 제주도에서부터 5기생들을 생각해서 따뜻한 보리빵을 보시하신 오세환 부회장 보살님, 그밖에 먹거리를 보시하신 여러 보살님들, 돌아오는 길에 문막휴게소에서 특별 메뉴로 주지스님께서 사 주신 우동 대중공양은 치악산의 감로수와 같았습니다.

무엇보다 돌아오는 길에 행복해하시고 흡족해하시는 주지스님의 밝은 모습이 제 마음에 와 닿았습니다. 포교생활 27년 동안 방생이고 기타 모든 행사에서 그에 수반되는 계획에서부터 진행과 끝맺음까지 모든 것을 일일이 다 마음 써야만 했었는데, 이번 성지순례에서만큼은(주지스님 표현으로는) 마음 편하게 신경 하나도 안 쓰고 잘 다녀왔다고 하시는 말씀에서 그 동안 우리 불자들이 얼마나 많이 알게 모르게 스님들께 은혜를 입었는지 알 수 있었습니다.

성지순례지가 보은의 까치와 선비의 전설이 담겨 있는 상원사이니만큼 목숨을 바쳐서라도 은혜를 갚아야겠다는 생각과 한 치도 어긋남이 없는 엄정한 인과의 도리를 다시 한 번 알게 되었습니다. 앞으로는 삼보(三寶:불법승)님과 나라와 중생에게 보은의 삶을 살 수 있도록, 향상하는 삶이 되도록 더욱더 정진하여 날개짓을 한번 힘차게 해 보고 싶습니다. 나날이 발전하는 전통 있는 신흥사 불교대학이 되길 부처님 전에 기원드립니다. 성불하십시오.

더욱더 깊이있는 신행생활이 되도록 노력할 것이다

진성 김민호

불교대학 입학을 3기 때부터 미루어 오다가 5기에 접수를 했던 것은 과연 얼마나 출석을 할 수 있을까 하는 의구심 때문이었습니다. 그러나 그 원을 이루어 개근상을 받게 되었습니다. 막연했던 '불교란 무엇인가? 어떻게 배우고, 익히고 실행해야 하는가'를 확실하게 느낄 수 있었으며 마음 속에 불교라는 것을 이제야 그릴 수 있습니다. 그런데 벌써 졸업이라니 실감이 나지 않습니다. 지나간 시간들을 더듬어 보건대 학장스님의 강의 말씀이 주마등처럼 지나가며 그 오묘한 진리의 부처님 말씀이 뇌리를 스칩니다. 생각 속의 종교가

아니라 생활의 종교, 실천의 종교라는 것을 깊이 느끼며 나의 신행
생활은 배운 것으로 그치지 말고 꼭 그 안에서 사고하고 행하도록
다짐해 봅니다. 다소 부족한 것은 경전 연구반에 올라가 더 깊이 있
게 공부하고 느끼도록 할 것입니다. 아무쪼록 이런 귀중한 시간을
허락하신 한량없는 부처님의 가피와 학장스님 이하 강사님들의 노
고에 감사드리며 더욱더 깊이있는 신행생활이 되도록 경주할 것입
니다. 우리 모두 노력하여 다같이 성불합시다.

나 자신을 반성하고 깨달음을 향하여

도일 진병하

　삼보에 귀의하옵고, 구봉산 기슭에 포근히 자리잡은 장엄한 신흥
사 불교대학, 이 곳에 호기심과 두려운 마음으로 입학한 지 어느덧 1
년여 시간이 흘러 벌써 졸업 소감문을 쓰게 되다니 저로서는 감히
생각조차 할 수 없는 일입니다. 솔직히 말씀드린다면 먼저 반성의
글을 써야만 옳다고 봅니다.
　그러나 저에게도 나름대로 이번 불교대학에서 마음 속 깊이 드높
은 깨달음과 좋은 감명을 받았습니다. 그래서 미약하나마 이 번 기
회에 조심스럽게 평생 잊을 수 없는 몇 가지 심정을 정리해 보고자
합니다. 먼저 감명과 느낌에 대하여 적어 봅니다.
　첫 번째, 성보관리를 하는 저로서는 강의 시간에 자주 동참할 수

없는 경우가 있습니다. 이에 학장 주지스님께서 저를 위하여 손수 마이크 소리를 높여 주시면서 조용한 곳에서 강의를 경청하라는 인자하신 말씀을 잊을 수가 없습니다. 기초교리 시간입니다. 선관 스님(기획실장님)께서 불자의 기초교리에 대하여 자세하고 소상히 말씀하여 주실 때 부족한 시간 내에 보다 많은 강의를 하시려고 정성을 다하시면서 짧은 시간을 안타까워하시던 선관 스님의 강의는 너무나 감격스러웠습니다.

두 번째 깨달음에 대하여 적어봅니다. 성지순례 일정이 저의 근무시간과 같았습니다. 학장 주지스님과 선관 스님께서는 저의 근무시간을 어렵게 변경까지 해 주시면서 성지순례에 참여할 수 있도록 배려하여 주신 그 따뜻하신 마음 잊을 수가 없습니다.

성지순례 가는 날입니다. 상원사 가는 길은 산맥이 험준하고 거리는 왕복 12km가 되는 매우 어려운 산악길이었습니다. 학장 주지스님께서는 고무신 차림으로 여섯 시간 동안 산을 오르내리시면서 단한 번도 힘드시는 내색도 없이 오로지 자비하심과 인자하신 모습으로 도리어 저희들을 염려하여 주시던 스님의 그 때 모습은 평생 잊을 수가 없을 것입니다.

세 번째 반성과 바람에 대하여 적어봅니다. 저는 지난 날 어리석음으로 백겁, 천겁 지은 업을 뉘우치면서 지금부터라도 이 몸이 움직일 수 있는 그 순간까지 부처님 도량을 환하게 쓸고 닦아서 이 마음에 티 하나 없이 텅 비울 때까지 하고자 합니다. 이번 신흥사 불교대학(제5기) 법우님께 말씀드리고자 합니다. 졸업 후에도 변함없는 법우로서 또한 불자로서 신흥사 부처님 전에서 자주 뵐 수 있기를 진심으로 바랍니다. 저에게는 이 글이 소중한 글입니다. 이 몸이 멸

할 때까지 마음 속 깊이 남아 있도록 하겠습니다. 그러기 위해서 이 늙은 몸 이른 새벽 두손 모아 합장하고 부처님전에 머리 숙여 절합니다. 신흥사 불교대학의 번영을 위하여 절합니다. 스님의 건강과 안녕을 위하여 절합니다.

평생 불교대학 학생이고 싶다

한정아

불교대학 입학을 망설이다가 '그래 한번 해보자' 하고 마음 먹었던 때가 정말 며칠 전이었던 것 같은데 벌써 1년이라는 시간을 보내고 졸업을 한다고 하니 아쉬운 점이 많지만 어느 사이 나는 많이도 변해 가고 있었다.

불교는 실천 종교라고 늘 말씀해 주시는 스님의 법문에 나는 한없이 작고 실천하기에도 버거운 일이라고 생각했던 것들이 지난 1년의 수업을 토대로 나 자신도 모르는 사이에 실천으로 옮겨가는 것을 보고 감사 드린다.

기계로 만든 로봇도 아마 학장스님처럼 눈코 뜰 새 없는 스케줄대로 한다면 고장이 날 법도 한데 그런 모든 스케줄을 강행하시면서도 항상 우리 5기 학생들에게 애정을 갖고 설법해 주시고 깨우침을 주신 스님께 감사드린다.

그리고 선재 스님의 '불교 식생활 문화' 라는 강의를 듣고 집에서의 식생활을 고쳐야 되겠다는 생각으로 음식에 절약법·이용법을 배우고 작은 힘이지만 실천하려고 많이 노력하고 있다.

1년 동안의 시간은 불교대학 5기 학생이라는 명칭 속에 있었지만 지금 이 시간에 생각하면 죽는 그 순간까지 부처님의 제자로 있게 된 것이 감사하며 평생 불교대학 학생으로 있고 싶은 마음이 간절하다. 언제나 겸손함을 지니고 살 것이다.

얼마나 다행한 일인가

강금자

1973년도에 결혼해서 그 이듬해부터 시어머님을 따라 신흥사에 다니게 되었다. 그 때는 몇 명 안 되는 신도님들과 조그마한 법당에 무슨 때에만 그저 의미없이 다니고 있었다.

날로 날로 번창하는 신흥사에서 주지스님께서 법문하시는 것을 듣기는 하나 무슨 뜻인지도 이해되지도 않고 항상 무속적인 생각으로 부처님께 와서 절이나 하고 기도하고 그렇게 27년을 다녔다. 자연히 오랜 세월 다니면서도 무궁무진한 부처님 법이 이해가 되지 않았는데 불교대학에 입문해서 다니고 보니 이제는 부처님 법이 이해가 되면서 진정한 부처님 법을 알 것 같다. 이제라도 부처님 법을 알게 되고 보니 주지스님께 죄송스럽고 맹목적으로 부처님 앞에 와서 기도한답시고 다녔던 자신이 부끄럽다.

앞으로는 좀더 부처님 법을 따라 열심히 노력해야겠다고 다짐하면서 정말 불교대학에 입문한 것을 다행으로 생각한다.

깨달음, 확신을 가지고 생활하리라

이기원

나 자신만의 좀더 행복한 삶과 괴로움을 잊고자 부처님을 찾아 헤맸던 과거의 어리석음을 후회하면서 좀더 빨리 신흥사 불교대학에 오지 못함을 안타깝게 생각한다.

백천만 겁 동안 만나기 어려운 부처님 법문과 경전의 말씀을 듣고 한량없는 감사한 마음과 탐진치를 벗어나 계속된 참선과 정진으로 깨달음을 얻을 수 있는 확신을 갖고 생활할 것이다.

앞으로 남을 위해 내 이웃을 위해 봉사할 수 있는 한 사람으로 소임을 다할 것을 약속드리며 불교에 입문한 것을 더없이 기쁘게 생각한다.

부처님의 가피로…

허길섭

1년 전 불교대학 입학 공고를 보고 열심히 공부해서 포교사 시험에 대비해야지 했건만 벌써 졸업이라니 생활하면서 공부한다는 것이 얼마나 어려운지 새삼 느껴진다.

5년간 신흥사에 다니면서도 불심이 부족하여 백일기도 입재는 10번 가까이 했으나 회향을 하지 못했다. 불교대학 강의를 받는 중에 불현듯 백일기도를 해야겠다는 각오로 시작하여 백일기도 회향하는 날 기쁜 나머지 스님께 말씀드렸더니 인자하게 웃으시며 "아마 10번 이상 입재했을 걸." 하시며 함께 기뻐하셨다.

매일 새벽 목욕하고 백일 정성 중 80일 되던 날 새벽기도 때 관세음보살님 형상이 나타나 감격한 나머지 창피한 줄도 모르고 흐느껴 울었다. 집사람이 '창피하게 왜 그러냐'며 핀잔을 주었다. 왠지 싫은 말투는 아니고 그저 즐겁기만 하였다. 생각지도 않았는데 큰아들이 대학에 합격하였다. 부처님의 가피로 생각하고 이제 200일째 기도를 하고 있다.

기도하지 않고 불자가 아닌 분들은 다 거짓이라고 할지 모르지만, 백일기도 회향이 거의 가까울 때 큰 학의 날개를 붙들고 못 날게 하는 꿈을 꾸고서, 오십견으로 고생하는 아내의 어깨를 위로 쳐올리며 약사여래 부처님께서 어깨를 다 낫게 해준다고 하며 팔을 빙글 돌린 다음 놓아 준 후 지금은 많이 좋아져서 팔을 움직일 수 있게 되었다. 과연 이것이 부처님의 가피가 아닐까! 이제는 자만하지 않고 더욱더

336

열심히 용맹정진하여 부처님의 가르침을 배우려고 노력할 것이다.

다시 초발심으로 돌아가 정진하리라

한영우

　설레임 속에 시작하였던 불교대학 생활이 어느덧 아쉬움 속에 졸업식을 맞이하였다. 마음 속에 다짐했던 그 작은 약속마저 지키지 못한 것에 대한 뉘우침과 죄책감에 마냥 슬프기만 하다.
　이제 또다시 마음 속의 약속을 세워 우주에 있는 만물을 위해 기도하며 중생들의 귀의를 위해 초석이 되겠다. 지켜질지는 모르겠으나 열심히 노력하겠다. 다시 초발심으로 돌아가 실천하는 불교, 봉사하는 불도를 이루기 위해 정진할 것이다.
　거룩하신 부처님 찬탄하옵고 성불하겠습니다.

불기 2544(2000)년 신흥사 불교대학 제5기

업장에서 벗어나는 졸업

김민정

세상만사 정신 없이 빠르게 변화하고 있다. 그 변화의 물결 속에 급박하게 돌아가는 현실에서 오로지 불변인 불법만이 모든 인간이 편안히 안주할 수 있고 영혼이 탐진치에서 벗어나 지혜롭고 올바르게 살 수 있는 길을 인도하여 주는 등대와 같은 것이라는 걸 알았다.

부처님 법을 올바르게 알고 부처님의 가르침을 생활 속의 지침으로 삼겠노라고 불교대학에 입문하여 불법 배우기 1년, 어느새 졸업이다. 졸업은 끝이 아니고 시작일 뿐이다. 고승과 성현들께서는 평생을 바쳐 고행과 정진으로 배우고 닦아도 끝이 없다 하였거늘 1년이란 찰나 같은 기간 동안에 무엇을 얼마나 배웠을까!

졸업을 맞으면서 못내 아쉬움에 뉘우쳐지지만, 내 마음은 진심으로 부처님 법을 따르고 실행하여 끝없는 기도와 수련 속에서 업장이 소멸되는, 업에서 벗어나는 졸업을 간절하게 발원한다.

이 나이에 불법을 배울 수 있으니
얼마나 행복한가

홍재의

작년 4월 16일 입교한 지가 엊그제 같은데 어느덧 졸업을 하게 되니 한편 아쉽기도 하고 영광스럽게 생각한다.

불교에 입문한 지 오래 되었으나 불교의 참 진리를 모르다가 본 대학에 입교하여 짧은 기간이나마 많은 것을 배웠고, 지난 동안 아무 것도 모르고 불교신자로 처신하였던 것을 후회스럽게 생각한다. 또한 배움에는 연령에 제한이 없으나 내 나이 73세지만 본 대학에 입교할 수 있는 기회가 주어진 것을 감사하게 생각한다.

불법은 광대 오묘하여 항상 스님의 설법을 통하여 배우고 또 배워도 한이 없으나 그럴수록 더 많이 배우고 정진하고자 다짐한다. 또한 저녁예불 및 새벽 4시에 기상하여 아침예불을 드림으로써 맑은 정신과 좋은 기분으로 하루의 일과가 시작되는 것은 건강에도 참 좋고 심신수도에도 참 좋다고 생각된다. 또한 집에서 못하던 108배 참회는 힘은 들었지만 수양도 되고 건강상 매우 유익했다.

끝으로 신흥사 불교대학의 무궁한 발전으로 참다운 불교신자로 육성되기를 부처님께 기원 드리며 그간 수고하신 주지스님을 비롯하여 기타 강사님들께 부처님의 가피 있으시기를 기원 드린다.

인생 항로에 꼭 필요한 길잡이

유재흔

나는 시골에 살기 때문인지 별로 공기나 기타 자연의 신선함에 대한 고마움을 느끼지 못하고 살아왔다. 더욱이 종교에 대해서는 거의 무신론자에 가까웠으니 신흥사에 30여 년 전에 신도등록을 해놓고 1년에 한두 번 절에 올 정도였으니 가히 신심의 척도를 가늠할 수 있지 않겠는가!

그러던 중 1999년 5월 갑자기 지역법회가 구성되면서 나의 신앙생활이 180도로 달라져 월2회 실시하는 일요법회에 개근할 정도로 열심히 나왔으니 나로서는 엄청난 변모를 한 것이다. 더욱이 놀라운 것은 신도로서는 유치원생의 실력으로 감히 대학을 꿈꾸다니…. 그러나 주지스님을 비롯하여 주위 분들의 권유로 신흥사 불교대학 제6기에 입학을 하였고, 오늘 그 1년 과정을 모두 마치고 졸업을 하게 되니 감회가 무량하기 그지없다.

유익하고 인생항로의 꼭 필요한 길잡이가 되는 강의에 깊이 감사드리며 불교는 실천 종교로서 우리가 처해 있는 현 사회에 꼭 필요한 종교임을 이번 불교대학 1년 과정을 통하여 깨달은 바 크다.

내가 너무 힘이 들 때…

송영지

처음 불교대학에 입학한 동기는 나에게 정말 힘이 든 때였다. 너무도 건강하시고 강하셨던 아버지가 갑자기 쓰러지면서 불교에 대해 약간이나마 알게 되었고 어머니와 함께 천도재를 지내게 되었다.

절을 하고 있는데 왠지 모르게 눈물이 펑펑 쏟아졌다. 절을 하다가 힘이 들어서 그랬는지 집안 일 때문에 서러워서 그랬는지 하여튼 너무너무 눈물이 많이 나왔다. 절을 끝내고 나오는 길에 불교대학 6기생을 모집한다는 것을 알게 되어 주저하지도 않고 입학 원서를 썼다.

그 후로 일요법회와 불교대학에 열심히 다녔다. 시간이 가면서 아버지도 점점 나아지고 10개월 만에 직장에 다시 출근도 하게 되어 매우 기뻤다.

내가 너무 힘이 들 때는 부처님 앞에서 아무리 절을 해도 전혀 힘이 들지 않았는데 오늘 새벽에 108참회를 할 때는 꾀가 생겨 혼났다. 앞으로 일요법회나 육바라밀회가 활성화되길 바라고 나에 대한 믿음과 집념으로 절에 열심히 다니겠다.

인생의 근본 문제를 해결하다

김옥임

어느 날 절에 갔다가 선재 스님의 '식생활 문화' 강의를 듣고 나서 불교대학에 입학하게 되어 이제야 불교가 무엇인지 부족하지만 조금씩 깨달아진다.

인류의 최고 진리를 깨달으신 부처님의 가르침으로써 인생의 근본 문제를 해결하여 인간이 바르게 살아갈 길을 제시해 준 종교, 부처님은 너무나도 위대하고 자비하신 분이다. 부처님의 자비하신 행동에 감사하고 불법을 열심히 공부하여 부처님의 뜻을 많이 알고 실천할 것이다. 그리고 무릉계곡과 삼화사의 성지순례는 정말 아름답고 즐거운 수학여행이었다.

앞으로 만나는 사람마다 항상 친절하고 편안한 마음으로 대하고 즐거운 마음으로 봉사하며 살아갈 것이다.

부처님을 섬기는 마음의 자리를 넓혀가며…

최윤경

처음 부모님을 따라 이곳 신흥사 불교대학에 입학했을 때만 해도 어려서부터 불교의 뜻을 알지 못하고 다니던 때와 다름없었다. 하지만 한 달에 두 번씩이나마 불교대학에서 불교에 대한 뜻을 공부하고 스님의 법문을 들으며, 조금씩 마음속에 부처님께 기도를 해야겠다는 생각이 드는 걸 느꼈다.

그렇지만 아직까지도 절실한 마음으로 성실히 기도하고 있지는 않다. 그러나 점차 내 마음 안에 부처님을 섬기는 마음의 자리가 넓혀지도록 기도하는 마음을 가질 것이다.

부모님을 따라 맹목적으로 절에 오던 나에게 조금이나마 불교의 깊은 가르침을 깨우쳐주시고 기도하게 해주신 주지스님께 감사 드리며, 어머니께도 깊은 감사를 드린다.

졸업은 끝이 아니라 시작이라는 의미를 가지고 있듯이 앞으로도 불교의 좋은 가르침을 배우려 노력할 것이다.

불기 2545(2001)년 신흥사 불교대학 제6기

불교는 우리 사회의 길잡이

혜법 이한욱

저는 불자로 입문한 지는 오래되었으나 불교의 근본이념인 깨달음을 구하지 못하고 다만 가정의 만복과 건강이 함께 하길 기원하며 살아왔습니다. 복덕과 지혜를 갖추신 부처님의 가르침을 따르지 못하는 것을 평소 송구스럽게 생각하면서도 다만 농촌에 있다는 이유로 바쁘다 핑계대고 또한 일요일에는 결혼식 등으로 불교대학까지 늦추어왔던 게 사실이었습니다.

그러던 중 신흥사 불교대학 제7기 개강이 있음을 알게 되고는 이제는 모든 일을 뒤로 미루고라도 불교대학에 입교하여 부처님의 가르침을 따르고 불자로서 신념과 긍지를 가지고 불심을 키워보겠다는 마음을 내게 되었습니다. 입교하고 나서 저의 마음은 한결같이 편하고 부끄러움 없는 불자라는 자부심을 다소나마 갖게 되어 다행입니다. 그러나 입교한 지도 엊그제 같은데 벌써 졸업할 날이 얼마 남지 않았으니 너무나도 아쉽습니다.

하지만 또 한편으로는 보람과 영광으로 생각됩니다. 짧은 기간이었지만 불교대학에서 배운 학장 주지스님의 부처님의 생애에 대한 교육과 불교의 근본 사상·근본이념은 깨달음이 없는 분들께 큰 도움이 될 것이라 생각되며, 인생을 살아가는 과정에서 십이연기법, 팔정도는 우리 사회와 밀접한 관계가 있다는 가르침과 선관 스님의 불교의식, 그 외에도 학장스님의 설법은 너무나도 자랑스럽게 생각이 되었습니다.

지난 10월 28일 성지순례는 또 하나의 가치있는 행사였습니다. 성지순례에서 알게 된 선운사, 도솔암, 내소사의 건축 유래는 이루 말할 수 없는 좋은 교육이었으며, 그밖에도 많은 점을 보고 듣고 왔습니다. 그러한 가운데 성지순례로 인하여 제7기 법우님들이 전과 달라진 점을 저는 느낍니다. 무엇이 달라졌을까요?

첫째는 각자 각자의 마음이 화합되고 친근해보이고, 둘째는 서로서로의 인사 방법이 달라졌습니다. 전에는 인사할 때 고개를 숙이고 부끄럽고 쑥스럽게 인사를 했습니다. 그러나 성지순례를 다녀온 후 서로서로 마주보면서 반갑게 친족과 같이 인사하는 것을 보고 성지순례는 반드시 있어야 할 교육이었다고 사료됩니다. 그 외에도 이번 교육으로 많은 깨달음을 얻었습니다.

끝으로 신흥사의 무궁한 발전을 기원 드리며 불교대학의 참된 교육을 바탕으로 참신하고 보람된 마음을 가질 때 모든 업장은 소멸될 것이고 무량공덕을 성취할 것이라 믿으면서 저의 소감을 마칩니다.

그들을 더 나은 자로 받들게 하소서

수명 황의진

나는 천주교 신자였다. 아주 어렸을 때부터 믿었던 종교라 선택의 여지가 없었고 그것을 바꿀 아무런 이유도 없었다. 그러나 나이가 들어가면서 '신의 종교'로는 풀리지 않는 문제들이 쌓여가기 시작했다. 물론 그것이 신의 종들로서 알아서는 안 되는 것이라면, 혹은 신의 사랑은 인간이 생각하고 사유하는 것을 넘어서기에 일개 개인이 품는 의심 따위는 일고의 가치도 없다고 한다면 할 말이 없지만, 신의 종교에서 인간으로서의 나란 존재는 너무나도 무기력하고 무의미한 것으로 느껴졌다. 실생활에 있어서도 그러한 가치관의 상실은 그대로 반영되었다. 인생이란 것이 그저 재물만을 위하여, 행복이란 미명하에 물질적인 풍요만을 추구하며, 허망한 것을 뒤쫓으며 그저 그렇게 살아가야 하는 것인가?

무한경쟁이다 뭐다 하여 주위의 모든 것들은 어떠한 결론만을 추구하며 과정과 그 과정 속에서의 순간 순간의 의미는 진정 무가치한 것인가? 그러한 정신적인 방황이 계속될 때 감로수와도 같은 책을 만나게 되었으니 그 책이 바로 불교란 쓸 데 없는 우상 숭배의 가치 없는 종교쯤으로 여기던 나를 불자로 만들어 버린 현각 스님의 『‘萬行’ 하버드에서 화계사까지』라는 책이었다.

요즈음 TV CF를 보면 "나는 소중하니까요!" 하는 모회사 광고 카피가 눈에 띄는데 이만큼 요즘 사람들은 나의 것, 나 자신의 삶, 나만의 스타일, 나만의 개성 등 ‘나’라는 것을 매우 강조한다. 그렇다면 정작 그 소중한 ‘나’에 대해서 얼마나 알고 있을까? 참 ‘나’를 알고 싶었다.

그것이 계기가 되어 신흥사 불교대학과 인연을 맺게 되었다. 이런 기회를 만나게 되었으니 나 혼자만 좋을 수 없어 처에게 같이 다니길 권했고 등록을 했다. 우리 부부는 합장하며 인사하는 것, 부처님께 삼배 드리는 것이 아직은 어색하고, 수많은 불교용어들, 각종 행사들이 낯설었다.

하지만 불교대학에 다니면서 이런 것들이 하나, 둘 친숙해지고 의미를 조금씩 알게 되니 전에는 몰랐던 과학적이고 합리적인 불교에 놀랐고, 21세기 인류가 안고 있는 문제- 종교적·이념적·민족적인 전쟁, 갈수록 심각해지는 환경오염, 기아, 가치관의 상실에 따른 청소년의 방황, 물질 만능과 정신적인 공황 등등 - 의 해결책 대부분이 이미 불교에 제시되어 있음에 놀랐다.

1080배의 하심, 발우공양에 깃든 절약, 근검, 친환경정신, 소립자 물리학에서 밝혀지는 '색즉시공 공즉시색' 의 진리, 한 치의 오차도 없는 어찌 보면 매정하다고 해야 할, 그렇기에 오늘 이 순간을 정말 열심히 살아야 함을 배운 인과법, 나 혼자만이 아닌 일체 중생- 생명체 이외의 것까지 소홀히 여길 수 없는 연기법 등 배우는 것 하나하나가 보배요, 그런 불교의 매력에 흠씬 취해 갔다. 물론 주지스님의 열정적인 강의도 빼놓을 수 없는 부분이다. 또한 7기 법우님들의 열기도 대단하신데 내게는 아버님, 어머님뻘 되시는 거사님들과 보살님들의 진지한 열의에는 절로 고개가 숙여지고 늘 더 열심히 해야겠다는 다짐을 하게 된다.

그러나 이렇듯 법우님들의 평균연령이 높으신 관계로, 또한 한 달에 두 번밖에 없는 강의 때문에 일반적인 친분(?)을 나누기에는 거리감이 느껴지는 것이 사실이었다. 그런 거리감을 만회할 수 있었던 계기가 바로 성지순례 행사였다.

선운사와 도솔암에서 노보살님들의 엄숙한 기도 모습을 뵈면서 기복신앙에 대한 내 편견이 부끄러웠고, 내소사에서 자신의 삶과 불교에 대한 이야기를 친 누님처럼 자상하게 들려주신 보살님을 뵈면서 삶에 대한 진지함에 숙연해졌고, 사찰 구조에 대해 문외한이던 내게 자세히 설명해 주신 노 거사님을 뵈면서는 지금보다 더 열심히 살아야 함을 가슴 절절히 느낄 수 있어 좋았다. 이런 느낌들은 혼자로서는 엄두도 못 낼 일들이요, 동기 법우님들이 있기에 가능했을 것이다. 물론 성지순례의 순수한 의미도 귀중한 것이었지만 행사 준비를 하며 보여주었던 일체감과 성지순례 후 서로를 챙겨 주시는 모습을 보면 부가적인 가치도 꽤 큰 듯싶다. 하지만 어느 거사님 말씀처럼 이런 행사가 학기 초에 있었다면 공부할 때 서로 도울 수 있어 훨씬 쉬웠을 테고, 서먹한 분위기(?) 덕에 나오길 꺼려하시는 분들이 없지 않았을까 생각도 해본다.

남은 기간을 좀더 알차게 보낼 수 있도록 7기생 법우님들의 하나됨을 기대하며, 언제나 이해하기 쉽게 강의를 해주시는 주지스님과 자상한 선관 스님, 여러 포교사님들, 회장님과 임원님들께 지면으로나마 감사드립니다. 끝으로 달라이라마께서 하신 말씀 중에 개인적으로 좋아하는 한 구절을 들려 드리며 마칠까 합니다. 성불하십시오.

"언제나 내가 누구를 만나든 나를 가장 낮은 존재로 여기며 마음속 깊은 곳으로부터 그들을 더 나은 자로 받들게 하소서."

절이 좋아 절을 찾았다

이상우

작년 한 해는 그 어느 해보다도 바쁘고 보람된 해가 아니었나 생각된다. 그 무엇보다도 불교대학을 무사히 마친 데 대해 기쁘고 감사하는 마음이다.

산이 좋아 산에 오르듯이 절이 좋아 절을 찾게 되었다. 하지만 나 자신에게 너무나 무지했다는 것을 불교대학을 통해 다시 한번 깨달았고, 부처님 말씀이 일상생활을 살아가는 데 정말 필요하다는 사실을 새삼 느꼈다.

그래서 부처님의 가르침 속에 살면 항상 기쁘고 행복한 것임을 믿고 무엇인가 달라져야 되겠다는 다짐도 해보게 되었다. 알면서 실천하지 아니하면 큰 죄악이라 생각하고 복 짓는 마음으로 항상 실천하고 수행하는 불자가 되겠다고 다짐 또 다짐해 본다.

진리의 보고(寶庫)를 발견한 기쁨

왕종만

강의 시간이 한 시간, 두 시간 흐르면서 불교에 대한 호기심과 세상의 부족함을 채울 수 있는 진리가 담겨져 있는 불서들에 대해 알고 싶어 하는 욕구가 점차 강해졌다. 그리고 집에서 집사람과의 대화 내용 또한 불교와 관계 있는 용어와 흐름으로 다가온 듯하다.

어쨌든 과거의 쓸데없는 집착과 욕심들을 버리고 더욱 소중한 것은 다른 곳에 있다는 진리의 보고를 발견한 듯싶다.

졸업을 하면서 전반적인 개요와 나만의 불교에 대한 적응의 틀은 알 듯싶기도 하다. 그리고 더욱 알고 싶은 부분들이 어떠한 것인지 또한 알 듯하다. 이 정도를 1년 동안 깨우쳤다면 나 자신에게는 대단한 발전인 듯싶어 스스로 실소를 머금는다.

죄송한 부분은 얻은 것은 많은데 주는 것은 거의 없다는 것이다. 앞으로 이러한 부분을 위해 관심과 지지가 필요하다고 생각된다. 결론적으로 앞으로의 삶이 보다 나은 질과 가치를 향해 갈 수 있게끔 해준 신흥사에 감사 드린다.

참 불교인이 되는 길을 알았다

장병하

하루에 한번 집에서 기도를 하고 있지만 늘 잡념이 생기고 제대로 염불이 되지 않아서 마음이 편안하지 않을 때마다 불교대학을 다니면서 배웠던 기도의 올바른 자세와 불자가 갖추어야 할 마음가짐, 포교방법론, 불교 식생활 문화 등을 떠올리며 정진하고 있다.

불교대학을 통해서 항상 기도하는 자세와 자신보다는 남을 생각하는 충만한 마음으로 실천하는 참 불교인이 되는 길을 알게 되었다. 어느 것 하나도 우리가 이 세상을 살아가는 데 있어서 적용되지 않는 것이 없는 부처님의 말씀을 따라 실생활에서 항상 실천하며 열심히 기도할 것이다.

아내 가방만 지키다가…

김길선

유치원 어린이처럼 아내의 손에 이끌려 불교대학에 입교한 지 벌써 1년이 지났다.

불교의 교리 및 인사 예절법을 몰라 가끔 신흥사를 찾곤 했던 나는 아내의 가방만 지키는 지킴이 역할이 고작이었으나 오성일 주지스님의 자상하고 구체적인 설명이 주효하여 반야심경 및 천수경을 다 외우지는 못하지만 최소한 불교의 일반적 이론 및 교리, 예절법에 조금 눈이 트인 듯하다.

더구나 1월 4일 주지스님께서 주신 '화두' 라고나 할까, 봄 찾는 심경을 자기 주변에서 찾으라는 지극히 간단하지만 큰 뜻을 항상 가슴에 넣고 가정과 직장에서 유용하게 이용할 수 있게 됨을 크게 감사하며 또한 실천에 옮길 것이다.

불기 2546(2002)년 신흥사 불교대학 제7기

온 세상에 법음 전하고파

원광 김남용

나는 종교가 없는 몸으로 신흥사에 나오면서 불심이 생기기 시작하여서 지금은 스님의 설법을 듣지 못하면 허전하기가 말할 수 없다. 이제 불교대학 일 년 동안 스님 설법을 통해 새롭게 태어난 것 같은 생각이 든다. 그 동안 부처님의 큰 자비와 광명을 모르고 그야말로 세속의 물결에 헤매어 많은 잘못을 행하면서도 그것을 모르고 살았다. 이제부터라도 새 사람으로 살아갈 수 있다는 것이 너무 가슴 벅차고 생활에 걸림이 없는 삶을 살아갈 수 있다는 것이 너무 기쁘고 행복하다.

부처님 법을 하나하나 가슴에 새길 때마다 그 동안 오십 평생을 의미없이 살았다는 것을 절실히 느끼고 앞으로는 부처님 법을 온 세상에 전파하고 가정에서부터 자식 손자 며느리에게까지 부처님 법을 알리고 싶다. 이제 남은 생 동안 부처님을 위하는 일이라면 목숨 바쳐 일할 것을 맹세한다.

끝으로 우리 오성일 큰스님께 감사 드립니다.

불국정토 이루는 그날까지 화이팅!

덕운행 최현미

막연히 생각만 하다가 입학을 하고 불교공부를 시작하니 추상적으로만 생각되던 불교가 마음의 문을 두드렸습니다. 그저 생각없이 왔다갔다 하던 지난 시간이 후회스럽고 진작 불교 대학에 입학했더라면 하는 후회와 더불어 늦게나마 8기에 입학한 것이 다행스럽고 행복했습니다. 불교에 조금씩 눈을 떠가며 나 자신을 돌아보게 되었고, 원망과 후회를 내 마음 그릇의 더러움으로 돌리고, 듣고 돌아서면 잊어버리는 공부지만 배운 대로 살아가려 노력하고 조금이나마 부처님 법대로 행하려 하는 자신을 느끼게 되었습니다.

어디에서나 어느 곳에서나 찬불가와 염불이 나 자신도 모르는 사이에 나오고 마냥 행복한 시간 속에 졸업이라는 순간은 생각도 못했습니다. 꿈결 같은 시간 속에 졸업을 맞이하니 법우님 얼굴도 익히지 못했는데 졸업이라니, 조금 더 시간이 있다면 공부도 열심히 하고 법우님들께도 잘 해드릴 수 있을텐데….

하지만 생각만 하던 백일기도도 불교공부를 하면서 마음을 내었고 끝까지 회향할 수 있을지 걱정하던 제 자신이 부처님 법을 배우면서 변화되어 한없이 기쁘고 행복합니다. 기독교에서 불교로 개종한 것이 정말 이 기쁨 맛보려고 한 것 같아 다행이라 생각합니다.

8기 법우님 한 분도 빠짐없이 계속 정진하고 팔정도를 지키며 같이 걸어가는 데 노력하겠습니다. 끝으로 돌아서면 잊어버리는 저희를 위해 열심히 강의하여 주신 강사님께 감사드리며 신흥사의 기둥

이 될 8기생 모두는 다시 한 번 초발심으로 돌아가 새롭게 팔정도 불
국정토 이루는 그 날까지 화이팅 합시다.

불자로서의 기본을 갖출 수 있는 불교대학

대혜 윤기중

'점심공양 후 2시부터 불교대학 강의가 있다는데…졸립기도 할 것
같고 집에 가기도 바쁘고 1년을 버틸 수 있을까?' 망설이던 끝에 집
사람에게 8기에 입학하자고 제의를 해서 등록을 마치고 첫째 시간
둘째 시간… 벌써 신행실수를 마지막으로 졸업이라니 세월이 빠른
것을 새삼 느낀다. 학장스님의 열강에 힘입어 불교의 기초교리를 배
우는 동안 불자로서의 기본을 갖춰가고 있는 내 모습이 너무도 자랑
스러웠고 불서를 가까이 하는 계기가 되었으며 불서 이외의 책은 재
미가 없어 볼 수 없게 되었다. 학장스님의 "이제 우리 불자들도 교리
를 알고 불교를 믿어야 된다."는 말씀이 가슴 속 깊이 자리잡았고,
짧은 1년의 교육이 끝이 아니고 이제 시작이라는 생각을 갖게 되었
다. 앞으로 더욱 열심히 정진하리라 다짐해본다.

특히 신흥사 불교대학을 다니면서 내가 우리 신흥사의 주인이라는
주인의식을 갖게 된 것이 무엇보다 큰 보람이다. 법우들간의 만남을
통해서 친목과 신행생활을 돈독히 하고 우리 신흥사 발전에 대하여
논의하는 즐거움 또한 대단하다고 생각한다. 앞으로도 신흥사의 주

역으로서의 역할을 다할 수 있도록 최선의 노력을 하리라 부처님 전
에 다짐해 본다.

참 기쁘고 행복하다

정정애

　8기 불교대학에 입학한 지가 엊그제 같은데 벌써 1년이라는 시간
이 흘렀다. 1년 동안 내가 과연 불교공부, 아니 절에 대한 예법, 불법
을 얼마나 알고 행하였는지 반성하는 시간이 된다. 부모님, 형제분
들이 독실한 신도였기에 나도 모르게 신심이 생겨 신흥사에 온 지도
10년, 그 동안 마음이 괴로울 때나 가족들과 함께 바람쐬러 바닷가
가다 가끔 들리곤 했었는데 불교대학 8기를 계기로 이렇게 공부가
끝나고 졸업식을 앞두니 아쉬움이 먼저 스쳐 지나간다. 좀더 열심히
모든 공부에 열중하였더라면 더 만족했을텐데….
　깊이 참회하며 앞으로 경전공부에 관심을 갖고 첫째, 셋째 일요법
회도 꼭 참석하고 봉사활동도 적극적으로 참여해서 이제 나도 신흥
사의 한 불자로서 부끄러움이 없게 해야겠다.
　그리고 무엇보다 반가운 것은 많은 보살님들과 가까워질 수 있었
고 앞으로 기쁜 마음으로 절에 올 수 있다는 것이 참 기쁘고 행복하
다. 끝으로 주지스님, 총무스님, 강사님들의 노고에 감사드립니다.
임원진들께도 감사드립니다. 앞으로도 많은 인도 바랍니다.

자랑스러운 불자가 되기 위해
기도하고 실천하리라

김명숙

마냥 신흥사에 오면 마음이 편안해지고 좋아서 불공만 잠깐 드리고 가곤 했었는데 지난 해 3월 자원봉사 하시는 보살님 덕분으로 망설임 끝에 불교대학에 입학했다.

불교 공부는 그 자체만으로도 좋았다. 또한 설악산 성지순례, 팔공산 방생 등 안면이 많은 법우님들과 같이 하는 행사가 참 뜻깊었고 다시 한번 꼭 가고 싶다. 요즘엔 남편을 비롯해 우리 가족 모두 불교대학에 입학하기를 기원하는 기도를 열심히 하고 있다.

졸업이라니 아쉬운 마음이 간절하지만 8기생 법우님들과 다시 경전연구반에서 공부할 수 있어 그나마 위안이 된다. 불교대학의 졸업생다운 자랑스런 불자가 되기 위해 열심히 기도하고 실천할 것이다.

아니 이 집은 불교 붐이 일었나?

한정아

부처님의 가피가 항상 함께 하였기에 남편과 함께 불교대학을 졸업할 수 있었다.

절에 간다면 차 태워다 주고 데려가던 남편이 불교대학 입학 후 불
교서적을 많이 탐독하고 읽은 내용을 나는 물론이고 주위 사람들에
게까지 열심히도 이야기해 준다. '아니 이 집은 불교 붐이 일었나'
할 정도로 주지스님께서 법문해 주신 내용을 나는 잊어버리는데 남
편은 어느 사이 그 법문을 남들에게 모두 이야기했다.

　엄마가 아이를 갖고 10개월을 뱃속에서부터 태교를 시작하여 태
어나면 온갖 정성을 들여 키워서 그 자식이 잘 될 수 있도록 간절한
마음으로 기도하듯 주지스님께서는 우리들을 그러한 심정으로 보셨
을 것이다.

　주지스님의 기도와 선재 스님의 뱃속에까지 와 닿는 음식문화 강
의, 그리고 보이지 않게 그러나 느낄 수 있는 총무스님의 세심한 배
려를 무기로 삼고 열심히 살아갈 것이다.

　졸업 후에도 부처님께서 실망하시지 않도록 정진할 것이며 우리를
가르쳐주신 모든 분들께 누가 되지 않는 불자가 될 것을 다짐한다.

고통과 절망 속에 위로가 되어준 불교대학

이상분

어느 날 우연히 신흥사 도량에 왔다가 한눈에 도량이 너무나 아름
답고 맘에 들어서 생각도 않고 불교대학에 접수하였다. 신흥사가 나
에겐 낯설고 어설픈 것들이 많았지만 불교가 무엇인지 왜 부처님에

게 절하고 기도해야 하는지 알고 싶어서 선뜻 발을 들여놓았다.

그 동안 세상살이에 자신 있었고 자만심으로 뭉쳐져 있던 나에게 고통과 절망이 시작되었을 때 불교대학은 많은 위로가 되어주었다. 나 자신이 지금껏 얼마나 자만과 아집 속에 살았는지 절실히 깨닫고 깊이 깊이 뉘우치게 되었다.

지금은 차분히 내 마음자리를 닦고 겸손한 마음을 가지려고 항상 관세음보살님을 찾으며 노력하고 있다. 항상 감사하는 마음으로 열심히 살 것이다.

스님 말씀이 법이다

박정미

일요법회가 끝난 후 아이들과 같이 수업을 받아야 하는 부분이 어려웠다. 처음엔 개구쟁이 아들은 그 시간을 보내느라 주차장 언덕에서 잔디 썰매를 타 잔디를 아예 민둥산으로 만들어 버리기도 했지만 나중에는 일요일이면 교재 챙기고 수업내용을 자기들이 검토하고 강사님이 누구냐는 등 아이들도 불교대학 학생이 되어버렸다.

처음 입학한다고 할 때 왜 꼭 해야만 하느냐는 식으로 물어오기에 "우리 식구는 스님 말씀이 법인데, 스님이 입학하라 하시니 이건 무조건이다."라고 단호히 대답했을 때, 고개를 끄덕이며 말없이 수긍하고 불평 없이 잘 지내준 아이들이 기특하고 고맙다.

　많은 법우님들과 공부하면서 나의 모자람도 발견하고 배울 점도 많아 다시 한번 불자로서의 자신을 되돌아보게 된다. 정말 세월은 빠르고 수행은 급한데 어찌 하루 24시간을 기도하지 않고 아까운 세월을 보낼 수 있을까! 기도는 열심히 한다고 해도 늘 미흡하다는 생각이 든다. 그래도 전생에 복이 너무 많아 이렇게 큰 불법 안에서 성스러우신 스님의 가르침을 받아 평생을 살 수 있다는 게 감당하기조차 버거운 기쁨이다.

　아이들 또한 어느 재벌가에서 태어난 것보다 부처님 품안에서 부처님의 가르침을 받아 살 것을 생각하니 다른 유산이 필요 없는 듯하다. 아이들은 자라고 나는 늙으면서 신심을 더욱더 키워 다음 생에 또다시 부처님 법을, 우리 스님을 다시 만나 뵙기를 간절히 기원한다.

그 무엇과도 비교할 수 없는 후원자

전경환

　지난 1년 참으로 금방 지나가 버렸다. 아쉬운 점은 늘 시작할 때의 마음을 끝까지 유지할 수 있었으면 하는 것이었는데 모자란 것만 생각난다.

　불교대학에 입학하면서 불교신문과 불교서적을 자연히 접하다보니 좀더 많은 것을 알게 되었지만 그럴수록 더욱 모르는 것이 많아지는 것 같다.

아이들에게도 너무나 고맙다. 우리 식구는 일요일에는 반드시 절에 갔다 와야 한다는 마음에 아이들이 먼저 준비를 한다. 그리고 교회에 다니는 직장동료들도 '이제 저 친구는 정말 불자 같다'고 부러운 눈으로 우리 식구들과 나를 대한다. 왜냐하면 모든 것이 우리가 바라는 대로 이루어졌기 때문이다.

그 동안 너무나 많은 변화가 생겼고, 늘 힘들 때마다 부처님을 생각하면 힘이 솟는 일은 나에게는 그 무엇과도 비교할 수 없는 후원자이다. 믿음으로 일하는 자유인이 되었다. 무슨 일을 하든 관세음보살님께서 옆에서 위에서 늘 지켜보신다는 생각만 하면 못할 것이 없다.

이타정신의 진정한 승화를 위하여…

최병두

신흥사 불교대학에 입학하여 강의를 들은 지 벌써 1년이 지났다. 불교의 목적이 자타일시성불(自他一時成佛)에 있다는 것은 불교를 조금만 아는 불자라면 다 아는 사실이다. 생의 윤회를 벗어나 해탈하고 성불하여 뭇 중생을 구제한다면 이는 아미타 신앙의 근간인 서방정토 극락세계를 현실 속에서 실천한다는 의미다. 가난해서 걱정하고 병을 앓아 고통을 느끼고 전쟁 때문에 인간성을 상실해가는 요즘의 세태에서 성불의 참뜻은 우리 폐부 깊숙이 다가온다.

그렇지만 견성성불이 얼마나 어려운 일인가. 욕망 때문에 번뇌하고 좌절하는 사람들이 얼마나 많은가. 그렇기 때문에 세존께서 이 세상에 나투시어 처음으로 일성을 여신 '천상천하 유아독존'이라는 이 한 마디는 세존께서 걸으시게 될 길을 이미 예감하신 것이라 하겠다.

말을 바꾸어서 기복신앙의 한 형태로서 불교를 해석하는 사람도 이따금씩 보게 되는 바 불교의 발전을 위해서는 보시정신, 이타정신의 진정한 승화만이 붓다, 성불, 무상정등정각의 보편화를 이루겠다 하겠다.

신심을 더 내라고 입학시켜 주시다

박영준

신흥사에 다닌 지는 오래 됐다. 그러나 불심이 약해서인지 불교대학 8기에 와서야 입학을 하게 되었다. 처음엔 '조금 늦었구나' 생각했는데, 졸업을 하면서 생각해보니 늦었지만 8기에나마 들어온 것이 너무 잘한 것 같다.

한 달에 두 번이지만 그 두 번이 무척이나 기다려지는 즐거운 날이었다. 나는 남한테 표현을 잘 못하는 성격인지라 법우님들과 잘 어울리지는 못했지만 서울의 박미희 보살님의 적극성과 부처님을 향한 마음을 보며 나 자신이 부끄러워 '나는 도대체 무엇인가. 내가 더 오래 다녔는데 왜 나는 그런 신심이 없을까, 아니 신심을 못 낼까.' 생각하다, '그래 내가 신심을 더 내라고 부처님께서 나를 8기에 입학시켜서 박미희 보살님을 만나게 했구나.' 하는 생각이 드니 나도 모르게 신심이 나는 것을 느꼈다.

우리 8기생들은 하나같이 모두 재주도 많고 인상도 좋다. 나는 8기생이 되고 나서 숫자도 8자가 제일 좋게 느껴진다. 모쪼록 우리 8기, 8정도가 앞으로 많은 발전을 해서 신흥사에 많은 이로움을 주는 길로 가길 부처님께 발원 드린다.

배움을 깊이 깊이 뿌리내리리라

박미희

꿈같이 1년이 지났다. 불자라면서 부처님께 절하는 것밖에 몰랐던 내가 이제는 여법하게 부처님께 예를 갖출 수 있게 되었다는 것이 조금은 자랑스럽기까지 하다.

욕심도 조금 생겼다. 더 공부를 해야겠다는 욕심. 불교대학을 통해 배운 지식들은 내 기도 생활에 큰 원동력이 되기도 한 듯하다. 왜 절을 해야 하는지, 왜 기도를 해야 하는지 알아가면서 하는 신행 생활은 더욱 나 자신에게 자신감과 힘이 된 것이다.

부처님의 하염없는 가피를 받으며 정말 부처님 전에 복 많이 짓고 부처님 시봉 잘하겠다고 매일 아침저녁으로 기도하며 발원해 왔다. 지금도 그렇게 발원하고 있지만 불교대학의 1년 과정을 마치며 이제는 더욱 열심히 공부해서 정말 생활 속에 실천하여 그 발원을 기필코 이루겠다고 다짐한다.

이제 첫발을 내디뎠다. 그리고 여기에서의 이 배움을 토대로 깊이깊이 뿌리내리겠다. 부처님 가르침대로 행하며 살겠다.

많은 분들에게 감사 드린다. 큰스님, 강사스님들, 그리고 포교사님들, 또 1년을 같이 보냈던 8기 도반들 모두에게 감사 드린다. 불법승 삼보에 귀의하오며 부처님 전에 합장 삼배하옵니다.

바다 같은 마음으로 살고 싶다

김미희

입학하던 날이 엊그제 같은데 벌써 졸업이니 참 빠르게 1년이 가버린 것 같다. 시간을 내서 불교대학에 입학하자고 남편에게 설득하고, 같이 다닌 것이 참 잘했다는 생각이 든다. 늘 바쁘게 집과 직장을 왔다 갔다 하며 자기 자신의 내면을 살피지 못하고 허둥대며 살다가 불교대학에 나오면서 참 많은 것을 느끼게 되었다.

스님과의 인연, 법우님들과의 인연, 강사님들과의 인연 등 모든 인연들이 너무나 소중하고 감사했다. 법문과 강의 내용 외에도 만나는 그 자체만으로도 가슴 속 깊이 행복한 마음을 느낄 수가 있었고 정신적인 풍요로움이 얼마나 감사한지 모른다.

내 일상의 생활에서 바쁘고 짜증내고 조바심 내던 마음들이 감사한 마음으로, 내 위주가 아니고 주변을 더 배려할 수 있는 마음으로 바다가 깨끗하고 더러운 물을 가리지 않고 다 수용하듯이 그렇게 다 받아들일 수 있는 큰 마음으로 살아가고 싶다. 이런 마음들이 불교대학을 다니며 바뀌어진 내 마음인 것 같다. 졸업을 하면서 부처님과 스님, 강사님, 법우님들 모든 분들께 감사 드리며 부처님 일에 더욱 몸과 마음을 함께 하게 되길 발원한다.

나를 되돌아보는 생활을 하게 되었다

남도영

불교는 마음 편하게 구속 없이 생활할 수 있다는 점이 좋아 가까운 절에 다니기 시작했다. 법당에 올라가 보니 절을 하고 기도집을 독송하고 있는데 무엇을 어떻게 해야 할지 몰라 어리둥절하며 옆 사람이 하는 대로 따라만 해야 했다.

절에 가서 나의 잘못을 용서 구하고 싶은데 내가 하고 싶은 대로 할 수 없어 어떻게 배워볼까 궁금했는데 신흥사 불교대학이 있다고 하여 자격이 필요한가 했더니 마음만 있으면 누구나 학생신분이 될 수 있다 하여 정말 고맙고 감사했다.

1년 동안 열심히 배워 기도하는 자세로 살아야 겠다고 생각하고 부처님 말씀을 되새기며 말과 행동을 조심스럽게 자제하며 늘 반성하고 되돌아보는 생활을 하고 있다.

그 동안 불교대학에서 배운 덕분에 어느 절에 가더라도 당황하지 않고 어느 문으로 들어가야 할지 망설이지 않고, 절은 어떻게 해야 할지 옆 사람을 안 봐도 예의를 갖출 수 있다는 것이 내 마음을 편하게 해준다. 정말 고맙고 감사합니다.

이 자리에 있게 해준 어머니께 감사 드리며…

고승덕

벌써 1년이라는 시간이 흘러 불교대학 졸업까지 왔다. 처음 시작할 때는 과연 내가 끝까지 할 수 있을까 걱정하면서도 나 자신과의 약속을 지키기 위해 마음을 굳게 먹었다.

새롭게 듣고 보고 느낀 '불교', 지금 생각은 졸업이 중요한 것이 아니라 앞으로가 더 중요하고 그 동안 가지고 있던 관심과 열정보다 더 많은 노력이 필요할 것 같다. 지금 이 순간 이 곳에 있게 해주신 어머니께 감사 드린다.

나의 삶이 힘들고 어렵고 고단해도 항상 마음 속에 부처님을 생각하며 마음을 가다듬고 정진하는 자세로 사회생활과 함께 회사 경영에 임하겠다. 또한 앞으로 많은 노력과 끊임없는 정진을 통하여 열심히 수행생활을 할 것이며 불교대학에서 배운 많은 것들을 실천과 함께 부족한 것이 있으면 다시 배운다는 생각으로 임하겠다.

불교대학 발전을 위해 힘이 되고 싶다

한상우

1년 전 부처님의 가르침을 배워 어엿한 불자로서 바른 삶을 살아가고자 서원하며 벅찬 환희심으로 불교대학에 입학한 지가 엊그제 같은데, 덕 높으신 학장스님을 비롯하여 강사스님들, 포교사님들의 훌륭하신 가르침이 계셨기에 이제 어엿한 불자가 되어 오늘 벅찬 마음으로 소감문을 쓰게 되었다.

모든 면에서 부족한 나에게 8기 회장이라는 중책을 맡겨주셔서, 나로서는 무척이나 벅찬 한 해를 보내지 않았나 생각한다.

소중한 인연으로 만나 배움을 같이 했던 우리들은 더욱 더 우정과 신심을 돈독히 하여 팔정도로 거듭나 신흥사와 불교대학의 발전을 위하여 미력이나마 힘이 되고자 한다.

지혜로운 삶을 위하여…

민부영

아무 것도 모르고 시작했으나, 불교대학을 다니면서 많은 생활의 변화를 가져오며 모든 것을 순조롭게 풀어나가는 지혜로운 생활을 배웠다.

아마도 불교를 처음으로 접하는 사람이나, 혹은 친구 또는 가족을 따라 절에 처음 왔을 때 서먹서먹한 것은 사실일 것이다. 그러나 불교대학에서 기초이론부터 배운 내용들이 나를 자유롭게 불교에 친숙하게 인도하여 주어서 무리 없이 신행 생활을 할 수 있었다.

이제 8기를 졸업하면서 지난 1년의 아름다운 추억은 내 삶의 가장 소중한 기억으로 먼 훗날까지 아름답게 간직하려고 한다. 또 한편으로는 다음 9기를 위하여 무엇을 해야 할까 하는 화두를 들게 되는데, 먼 길을 돌아가지 않고 바르게 항상 예를 갖춘 신흥사 불교 대학인이 되도록 조금이나마 보탬이 될 수 있게끔 노력하겠다.

불기 2547(2003)년 신흥사 불교대학 제8기

불교를 상세하고 재미있게 배웠다

조선기

불교에 대해 문외한이었던 나에게 아주 쉽고도 상세하고 재미있게 배웠던 한 해였다. 처음에 입학을 할 때 마음은 졸업을 할 수 있을까 하는 의구심도 있었다. 하지만 절에 와서 스님의 말씀을 듣고 나면 마음이 편해지고, 하나같이 우리 일상 생활과 관계 있는 비유를 들어 어찌나 재미있게 설명하시는지 너무너무 좋았다.

아직도 깊은 불심도 없고, 불교 지식도 많이 부족하다. 불교대학을 졸업하고 나면 더 많은 불교 서적을 읽어서 불교 지식을 쌓아야겠다. 불교대학을 졸업할 때까지 같이 공부해 주고 같이 행동해준 집사람도 고맙다.

회상해 보건대 선재 스님, 일명 스님 등 강사님들도 인상깊다. 모두 다시 보고싶다. 1년 동안 같이 공부하고 많은 것을 가르쳐준 법우님들도 고맙고 생각난다.

예전부터 졸업은 시작을 의미한다고 했다. 불교대학을 졸업하고 나서부터의 정진이 진정한 정진이 아닐까 한다. 모르고 공부하는 것보다 알고 공부하면 좀더 빨리 배울 수 있을 것이라 생각하고 열심히 정진할 것이다. 관세음보살

나에게 바른 정신과 삶의 의욕을 준
신흥사 불교대학

박운섭

신흥사 불교대학을 입학한 지가 엊그제 같은데 벌써 졸업을 한다는 아쉬움과 설레임이 교차한다. 그 동안 이끌어주신 고마운 학장스님, 총무스님, 포교사님 등 많은 스승님 법우님들께 엎드려 고마움을 표한다. 나는 불교대학에 처음으로 입문하여 불교를 접하게 되었으며 아무 것도 모르는 내가 스승님과 9기 법우님들 덕분에 무사히 졸업하게 되었다.

우리는 나이를 먹을 수록 변화하는 모습을 보게 된다. 그것은 나이도 세월도 그 어느 것 하나 기다려 주지는 않는다는 것이다. 그러면서도 우리는 지금 이 시간을 아무 의미 없이 보내는 경우가 많은 것 같다. 신흥사 불교대학은 그 시간을 알차게 보낼 수 있는 대안을 마련해 주었고 나에게는 인생에 대한 삶의 미래를 제시해준 고마운 불교대학이다.

그리고 여러 법우님들을 만나 더불어 살아가는 삶에 대해서 생각하게 되었고 더욱이 법우님들의 친절 덕분에 내 삶에서도 행복과 감사함이 몸으로 실천되는 것 같았다.

나를 낳아주신 분은 우리 부모님이시지만 나의 바른 정신과 삶에 의욕을 준 것은 신흥사 불교대학이다. 앞으로 신흥사 불교대학에 더욱 많은 불자님들이 오셔서 눈에 띄는 성장을 이루고 새로운 삶을 개척하길 바란다.

24살에 어느 지식보다 더 값진
마음의 지혜를 얻으며…

박선영

개나리 피고 꽃향기 가득한 봄날에 입학한 지가 얼마 되지 않은 것 같은데 벌써 졸업이라니 세월의 무상함을 느낀다.

내 나이 24살 인생의 중요한 시점에 있어서 신흥사 불교대학은 너무나도 나에게 많은 것을 가르쳐 주고 깨닫게 하였으며, 앞으로 어떻게 살아가는 것이 현명하고 지혜롭게 살아가는 길인지를 분명히 알게 해주었다. 초등학교, 중학교, 대학교를 졸업하면서 얻은 지식보다 나는 신흥사 불교대학에 다니면서 더 많은 마음의 지식을 얻은 것 같다. 좀더 여유로워지고 좀더 욕심을 버리고 좀더 나보다 못한 사람들에게 베풀고… 많은 깨달음을 얻은 만큼 내 위치에서 열심히 공부하며 꼭 실천에 옮기도록 해야겠다.

이제 곧 있을 유학 길에 많이 부담도 되고 걱정도 되지만 항상 부처님 가르침을 마음에 새기며 열심히 정진하고 공부해서 훗날 나도 신흥사에서 여러 보살님들처럼 남을 위해 베풀며 살고 싶다. 그리고 여러 보살님 거사님들과 정이 많이 들었는데 아쉽다. 하지만 좋은 인연으로 만난 만큼 항상 열심히 기도 정진하여 모든 가정에 화목과 복된 일로만 가득 차셨으면 좋겠다.

그리고 주지스님, 총무스님, 선재 스님, 여러 포교사분들께도 너무나 훌륭한 가르침을 주셔서 감사 드린다. 나도 열심히 가르침을 배운 만큼 꼭 그 가르침을 새겨 받아 여자 포교사에 도전하고 싶다. 그런데 여자 포교사도 있는지는 모르겠다. 하지만 꼭 여자 포교사로서 나도 신흥사 불교대학 강단에서 강의할 수 있는 날까지 정진하고 또 정진할 것이다. 마지막으로 불심이 생길 수 있도록 이끌어주신 어머니께 감사 드리며 나같이 젊은 학생들도 많이 다녔으면 좋겠다. 분명 너무나 좋은 가르침을 많이 들을 수 있을 것이다.

부처님의 커다란 선물

박진영

　신흥사에는 행사 때마다 엄마를 따라 다녔다. 하지만 불교대학은 나와는 상관없는 나이 지긋한 어른들만 다니는 학교라고 생각되었다. 동생의 유학과 함께 뜻깊은 추억을 만들고, 바람직한 생활과 불교에 대해 더 깊게 알고자 불교대학에 들어오게 되었다. 그런데 어느덧 눈 깜짝할 사이 1년이 지나 졸업이라니… 실감나지 않는다.

　힘든 일정 속에서도 열심히 강의해 주신 주지스님께 감사 드린다. 선재 스님의 음식은 약이라는 깨달음의 '식의 생활'과 선관 스님의 '불교에 관한 예의, 행동' 강의, 나에게는 큰 보탬이 되었다. 감사 드린다. 포교사님들의 불교에 관한 이론 설명 또한 감사 드린다. 불교대학에 다니기 위해 첫째, 셋째 일요일마다 절에서 하루 종일 생활하니 내 집처럼 편안하고 보살님들, 거사님들 모두 가족같이 친근했다.

　절에 대해 알고자 하시는 분, 신흥사 가족이 되시고 싶은 분들은 불교대학에 다니시는 게 큰 도움이 될 것 같다. 많은 지식도 얻고 마음도 편안해지고 하는 일마다 모두 잘 되기 때문이다. 불교대학에 다니면서 불심도 더 생기고 포교도 열심히 하게 되었다. 이번 9기 불교대학은 부부끼리 다니시는 분이 많아 너무 보기 좋았다. 우리 아빠도 다니셨으면 정말 좋았을텐데… 하지만 일일출가일 때 끈질긴 설득에 나오셔서 계를 받고 법명을 받으셨다. 우리 아빠를 포교한 것이 우리 가족에겐 큰 졸업선물을 부처님께서 주신 것 같다.

남자 친구가 생기면 같이 절에 다니고 싶다. 내 나이 40쯤에 남편과 같이 또 불교대학을 다녀 더 깊은 지식을 얻고, 꼭! 마야부인을 하고 싶다. 이번엔 나이가 안 되었지만 스님! 저한테 기회 주실 거죠? 히히 더 열심히 정진하겠습니다.

한국 불교의 미래가 보인다

최복자

신흥사 불교대학 공부를 하면서 느낀 점은?

우리 불교도 미래가 보인다는 점이다.

절은 많지만 어린이와 청소년들의 포교에는 등을 돌리고 있는 실정이다. 하지만 신흥사 큰스님처럼 청소년 포교에 온갖 정성을 다 바치시는 것을 보고 본보기가 되어 많은 스님들께서도 청소년 포교에 마음을 내주실 거라 믿는다. 교회는 십자가만 내걸면 어린이 · 중

등부·고등부 예배를 보고 있는데 우리 불교는 어떠한가? 학교에서
도 종교를 물으면 불교신자는 소수에 불과하다고 들었다.

허나 신흥사만은 도시에 자리한 것도 아니고 시골에서 이렇게 큰
포교를 할 수 있다는 게 정말 놀라운 일이다. 신흥사 불교대학은 불
자들에게 절에 가서 그냥 절만 하고 오는 게 다가 아니라는 것을 일
러주고, 부처님 일대기, 경전공부, 사찰예절까지도 가르쳐 주시어
어떻게 보면 완전한 불자들을 배출해 내는 기관이라고도 할 수 있
다. 나는 많은 불교 대학에서 공부해 보았지만 신흥사처럼 체계적인
불교대학은 아니었다. 신흥사 큰스님처럼 어린이 청소년 장년 포교
에 노력하신다면 한국 불교의 미래가 밝으리라 생각된다.

나도 언제 불교대학에 들어 갈 수 있을까?

권송순

신흥사와 인연을 맺은 세월은 10년이 넘었지만 이제야 9기 졸업
을 하게 되었다. 항상 절에 와서 습관적으로 법문 듣고 공양하고 집
에 가는 일이 고작이었다. 6기, 7기, 8기에 입학을 하려고 하면 일이
생겨 틀어지곤 했다. 졸업하시는 거사님, 보살님을 보면 부러운 마
음이 가득했다. 나는 언제 불교대학에 들어 갈 수 있을까, 하면서 그
마음 달래기 위해 도서관에 가서 불교경전을 많이 읽었다. 그런데
보면 볼수록 어렵고 이해가 잘 안 되고 무엇인가 허전한 마음 끊임

없이 일어났다.

불교대학 꿈까지 꿀 정도로 입학을 하고 싶던 중 마음을 내었다. '나 입학할 거야 불교대학' 이라는 계획을 세워놓고 가족에게 설명하고 시어른께 설명하고 일년 달력 가져다 놓고 결석 안 하고 다닐 수 있도록 집안 대소사 정리하고 우리 거사에게 계획을 보여주었더니, 미리 입학 축하 한다고 했다. 너무 행복했다.

내가 10년이 넘도록 9기에 졸업하는 이유가 '내가 아니면 안 돼.' 하는 집안 일에 대한 집착에서 벗어나지 못하고 마음을 내지 못했기 때문이다. 부처님의 끊임없는 믿음의 계기를 저버리고 헤매고 다녔다. 참회와 기쁜 마음으로 삼보에 귀의하옵고, 기쁜 마음으로! 믿음의 주춧돌이 되고 싶고 작은 발원으로 씨앗을 깊게 심고 싶었다. 그 마음을 내자 만사형통이었다. 마음이 항상 부자이고, 모든 일에 활력소가 되고, 용서하는 마음, 배려하는 마음, 육체와 정신이 건강해졌다. 내가 9기에 개근으로 졸업하게 된 것을 부처님께 감사 드리고 학장스님, 총무스님, 힘써 주신 포교사님께 감사 드리며 우리 가족 모두에게 감사 드린다.

아무리 불교경전을 읽어도 잘 모르겠더니 불교대학에 들어와서 학장스님의 강의를 듣고 나서 경전을 보니 그림처럼 비디오처럼 이해가 잘 됐다. 일년 동안 많은 법문, 교리, 부처님의 일대기를 배우고 나니 너무너무 행복하고 나의 몸 속에 있는 찌꺼기가 다 없어지는 느낌이다. 중생은 업으로 태어나고, 보살은 원력으로 태어나듯이 우리 불자님 (9기에 졸업하시는) 모두 항상 행복하시고 가정마다 가피가 가득하시길 기원하며 일체유심조하면 살 길이 밝음이라는 것을 알려드리고 싶다.

바른 길로 이끌어주신 스님께 감사 드린다

김현순

어린 날, 일찍이 혼자되신 어머님께서는 모두 잠든 깊은 밤과 조용한 새벽 일찍, 초하루 보름이면 정성 들여 공양을 올리고 정갈한 모습으로 단정히 앉아 '옴마니 반메훔'을 지극한 마음으로 염송하시는 걸 보면서 자랐으니, 불교는 내겐 모태신앙으로 친숙해져 있었다.

그러나 어머니께서 일찍 세상을 떠나시고 무엇에 쫓기듯 살아가기에 바빴고, 많은 방황 끝에야 부처님 도량을 찾았다. 예절이나 교리도 모른 채… 그러던 중 힘든 시기에 다행히 신흥사를 찾게 되었고, 큰스님께서는 문턱을 낮추시어 상담에서 기도까지 어려움을 극복할 수 있도록 지혜로써 길을 밝혀주셨다. 더불어 불교대학 9기에 입학하여 체계적인 불교예절, 교리공부를 강의와 법문 속에서 차츰 불교를 알게 되었고, 인과의 법칙 '선인선과 악인악과' '불이법'에 조금씩 눈뜨면서 부정에서 긍정으로 참회하게 되었다.

불교대학에 다니면서 마음의 안정과 위안을 얻게 되었으니, 신흥사와의 인연은 부처님의 크신 가피인가 싶다. 더욱 발심, 포교하며 불자로서의 긍지와 자부심을 갖고 정진할 것임을 스스로 다짐하며 "모든 시작은 기도로써 시작되고 기도로써 수행하며 기도로써 극복하여라, 또한 한 순간도 기도의 일념을 쉬지 말라." 하신 큰스님께 힘입어 확신에 찬 기도로써 어려움을 극복할 수 있었다. 바른 길로 이끌어 주신 향도자이신 큰스님께 진심으로 감사 드린다.

우리 참으로 인연을 잘 맺었다!

김현숙

유적지마다 유명 사찰들이 많다. 그저 남의 눈치를 보며 부처님께 절을 했다. 남편이 우리 한번 제대로 배워 불심을 심어 보자 하여 두 손을 맞잡고 인연을 따라 입문한 곳이 신흥사이고 9기 불교대학생이 되었다. 매월 첫째, 셋째 주면 우리 부부는 부지런을 떨었다. 신흥사 오는 길 가에는 개나리꽃, 패랭이꽃, 망초꽃, 코스모스, 이름 모를 꽃들이 계절마다 우리 부부의 발길을 가볍고 즐겁게 인도해주었다.

스님의 첫 법문을 듣고 우리 참으로 인연을 잘 맺은 것 같다며 환한 미소를 교환했는데 벌써 1년이란 세월이 지나갔고 우리 부부의 명칭도 거사님과 보살님으로 바뀌었다. 아니 나도 모르게 부처님 앞에 서면 합장을 하게 되었으며 3천배의 의미도 배웠다. 이것이 1년이란 불교대학을 지내면서 작은 불심이 나의 마음속에 뿌리를 내린 것이 아닌가 자문한다.

바로 어제는 불교대학 마지막 밤을 보냈다. 신흥사의 밤은 깊어갔고 우리 법우님들의 얼굴 하나하나가 보름달처럼 피어 오를 때 주변에 반짝이는 별들은 법우님들의 가슴 속 깊은 곳 하나하나를 비추어 주고 있었다. 졸업이란 단어는 항상 들어도 슬픈 단어인 듯하지만 구선회라는 친목단체로 다시 만나 서로를! 꽃피울 것 같다. 이제 10기생 후배들이 생기니 나는 선배가 된다. 열심히 정진하여 후배들에게 모범이 되는 불자가 되어보리라 다짐한다.

내 인생에 가장 보람 있는 한 해

고순영

먼저 부처님께 감사드린다. 부처님 감사합니다. 어느덧 일년이라는 시간이 지나갔다. 지난 한 해는 내가 살아온 날 중에 가장 보람 있는 한 해였다. 불교에 입문하여 불교대학에 입학한 것이 어제 같은데 벌써 1년이 되었다.

주지스님께 두손 모아 감사드린다. 부족한 게 많은 우리 형제 자매에게 따뜻한 사랑으로 감싸주셔서 감사하다. 그리고 9기생 법우님들과 회장님, 임원님들도 참으로 수고하셨다. 감사 드린다. 불교 공부를 배우다 보니 모르고 있던 것을 참 많이 배우게 되었다. 불자라면 불교대학에 꼭 다니면서 체계적으로 불교 공부를 배워야겠다고 생각했다.

부처님은 거룩하신 분, 모든 불자님들도 불교 공부하시어 성불하시길, 주지스님 항상 건강하시어 우리 불자들에게 많은 법문 설해주시길, 불자들에게 희망과 용기를 주시길 기원 드린다.

나는 행복하다

김순복

신흥사에 다닌 지는 오래 되었다. 하지만 20년 가까이 일요일과 공휴일을 제외한 모든 날을 학생들 레슨에만 묶여 있다보니 특별한 날 몇 시간 동안 신흥사에 머무는 것이 전부였다. 그러나 따뜻한 봄날 어느 보살님의 권유로 불교대학에 입학하게 되었고, 또 동계 수련회도 참석하여 수계를 받고 법명도 가지게 되었다.

2003년 한 해가 꿈같이 지나갔다. 무엇보다 감사한 일은 내가 부처님 앞에서 찬불가를 반주하는 일이다. 절에 와서 부처님 앞에 설 때마다 항상 부끄러웠다. 하지만 요즘은 기쁘다. 혼자만의 생각이겠지만 부처님께서 나를 예전보다는 더욱 많이 사랑하실 것 같은 착각(?)을 하기 때문이다. 그리고 행복해 진다.

이제 겨우 뒤집기를 했지만…

김수자

일 년 전 3월 16일 처음 신흥사에 오던 날은 잔칫날 같았다. 불교대학 8기 졸업식이며 일일수련대회 날이었기 때문이다. 처음 접한 신흥사라는 절에 와서 부처님 앞에서 절도 제대로 하지 못하고 가슴이 두근거리곤 했는데 그 날 9기 불교대학에 입학하고 철없이 마냥 기쁘고 즐겁기만 했다. 공덕심보살님의 권유와 큰스님께서 하신 말씀이 불교대학 입학한 것만으로도 큰 복이라고 하셨는데 나는 참으로 복이 많은 것 같다. 생각해보면 좋은 도량에서 덕 높으신 큰스님을 존경하며 스님의 법문을 듣게 된 것만으로도 얼마나 복된 일인가. 큰스님의 법문을 듣고 나면 피곤함이 없어진다. 고된 삶도 절에 와서 오늘 하루만큼은 모든 것이 공으로 돌아간 듯 편안하고 온갖 번뇌도 맑은 하늘처럼 밝아지는 듯했다.

특히 진공 거사님께서 함께 불교대학에 입학해주시어서 정말 기뻤다. 큰스님의 법문을 듣고 잘 몰라서 되물어보면 차분히 답을 주시는 진공 거사님께 감사 드린다. 절의 예법도 모르면서 불교대학에서 공부한 것이 나에게 크나큰 힘과 용기를 주었다. 아직 배움은 한이 없이 많지만 그래도 절에 왜 가느냐고 물으면 절에는 절을 하러 가고 절은 참회를 위해서 한다고 말할 수가 있다.

여름수련회 때 내 인생에 처음 천팔십 배 절을 하고는 큰스님께 무한한 감사를 드리며 눈물을 흘렸던 기억이 난다. 그날 날아갈 듯한 몸과 마음을 발견했다. 불교대학은 나에게 큰 자부심을 심어줬다. 아직 아기가 태어나서 겨우 뒤집기를 했지만 나는 꼭 기고 앉아서 걸을 수 있도록 노력할 것이다. 걸을 수 있을 때는 법문도 뜻을 알고 들을 수 있을 거라고 믿으면서….

부처님의 가피가 신흥사와 불교 9기 학생동문과 우리 가족 모두 모두에게 충만하길 바란다. 끝으로 큰스님께 무한한 감사를 드린다. 부처님께서 신흥사로 인도해 주셨으니 참된 불자가 되기 위해 노력할 것이다.

자재하는 힘이 생겼다

김영화

불교대학에 입학한 지도 어언 1년이 지났다. 그 동안 마음속에 불심은 있었어도 선뜻 신심이 우러나지 않아 건성으로 절에 다녔다고 해도 과언이 아니다. 다행히 무슨 인연으로 우리 신흥사에 다니는 동안은 너무나 깊은 불심이 생겨 살아가는 삶의 활력소가 생겼다. 예전에는 기도를 하고 싶어도 하는 법을 몰라 못 했었는데 다행히 기도법과 불교의 교리를 조금씩 알고 나니까 모든 행동에 책임을 질 줄 알고 자재하는 힘이 생겼다. 그 좋은 부처님 법을 모르고 살아온 시간들이 아쉽기만 하다.

앞으로 더욱더 불심을 발휘하여 훌륭하신 학장님과 여러 강사님들의 말씀을 교훈으로 삼아 열심히 가치 있는 삶을 살 것이다. 또한 부처님의 말씀을 따라 더욱더 정진하여 공부에 전념할 것이다. 여러 법우님들과 어울리는 시간도 즐거웠고 앞으로는 구선회라는 신행단체에 참여하여 열심히 봉사할 것을 다짐한다. 그리고 아무 탈 없이 졸업을 하게 되어서 부처님께 깊이 감사 드린다.

부처님 해바라기가 될 것이다

현명희

무지한 세월을 그냥 보내다 절이라고 찾아가서 아무 것도 모르고 부처님 뵙고 절만 하고 다녔다. 부처님 법을 배우고 수련회에 처음 참석했을 때 가슴이 두근거렸다. 수계식을 할 때, 그 감동과 흐르는 눈물을 주체할 수 없었다. 본의 아니게 지은 업장을 자꾸 참회하는 마음을 갖게 되었고, 가족들을 포교하여 불교대학에 다니게 하는 소망을 가져본다. 졸업 후에도 열심히 공부하고 봉사활동도 열심히 할 것이다. 바른 신심을 가지고 노력하는 영원한 불자가 되어 항상 부처님을 바라보는 해바라기가 될 것이다.

내가 대견스러운 이유

이봉남

가슴 설레이며 기다려온 오늘이다. 새벽 4시 세상이 모두 잠들어 있는 듯 고요한 시간, 사찰의 새벽 종소리는 나의 온 신경 하나하나를 경건하게 만든다. 어떻게 내가 오늘 같은 이 성스러운 곳에 동참할 수 있는 특별함이 주어졌을까. 내가 대견스럽다.

절은 부처님 오신 날만 가는 곳이라 여겼었다. 하지만 오늘 이 자리는 이런 내 생각을 바꾸어 준 계기가 되었다. 아니 신흥사와 인연이 맺어지는 순간부터 절은 자주 오고 싶은 곳이 되었다. 불교대학에서 받은 교육은 철이 들면서 받은 어떠한 교육과도 비교가 되지 않는 감명 그 자체였다. 강의를 듣고 문을 나설 때마다 내가 살아온 시간들을 되돌아보았다. 모든 게 욕심에서 비롯된 나의 어리석음에 대해 많은 반성을 하였다.

그 동안 좋은 자식, 착한 아내, 훌륭한 어머니가 되도록 노력하였다. 하지만 나이가 먹어 어른이 되었지 정신세계는 어린애였던 것 같았는데, 내 자신이 이제 조금은 성숙된 어른이 된 것 같다. 불교대학을 졸업한 불자답게 앞으로의 생활, 부끄럽지 않게 살 것을 결심해본다.

이제 자신있게 권할 수 있다

이성순

작년 이맘 때 입학하면서 별일 없이 잘 다닐 수 있을까 걱정을 많이 했는데 무사히 졸업을 하게 되어서 매우 기쁘다. 이웃의 권유로 1년에 2~3번 절에 다니다가 김현순 보살님을 통해서 신흥사 다닌 지 5년이 넘었다. 절에 대한 예법이나 법도에 대해서 아는 것이 없었는데 불교대학에 들어와서 예절은 물론이고 기도는 왜 해야 하는지도 조금은 알 수 있게 되었다.

전에는 절에 다녀도 아는 바가 없어서 주위 사람들에게 자신 있게 절에 다닌다는 얘기를 하지 않았는데, 지금은 주위 사람들에게 왜 절에 다녀야 하는지, 절에 다니니 이런 점이 참 좋더라 하고 자신 있게 말할 수 있다.

특히 눈에 띄게 변한 것이 있다면 무척이나 힘든 결혼생활이었는 데 지금은 큰 갈등 없이 힘들지만 잘 견디고 있고, 가정이 전보다 분위기나 모든 면에서 좋아지고 있다는 것을 느끼고 있다. 항상 부처님이 옆에 계신다 생각하니 아무리 어려운 일이 닥쳐와도 두려움 없이 잘 헤쳐나갈 수 있는 마음이 든다. 한 가지 소원이 있다면 남편도 앞으로는 좀 깨달아서 좀더 건강한 삶을 살았으면 한다.

세상 사는 지혜를 알게 되었다

전용옥

1년 전 항상 시간에 쫓겨 허덕이기에 갈등하였다. 과연 내가 불교 대학을 무사히 졸업할 수 있을까. 그 때 친구가 회비까지 내주며 해보라고 해서 얼떨결에 입학하였다. 그리고 매월 첫째 셋째 일요일이면 가슴이 설레였다. 덕높으신 스님과 도반들을 만나 정말 좋은 강의를 듣는 것이 일주일의 고단함과 스트레스가 확 풀렸다. 친구에게 정말 고마웠다. 신흥사를 알게 해준 친구, 불교를 알게 해준 친구, 깨달음과 세상 사는 지혜를 알게 해준 친구, 너무도 고맙다.

몇 년 전 처음 신흥사에 왔을 때 가슴 설레이는 기쁨을 느꼈다. 또한 스님을 뵙는 것만으로도 행복했다. 그러나 그것이 다는 아니라는 것을 어렴풋하게나마 느꼈는데, 이제 신흥사 불교대학을 졸업하고 어엿한 구선회의 일원이 된다니 스스로도 대견스럽다. 지금은 초심 불자들에게 한마디라도 설명할 수 있다는 게 가슴 벅차도록 기쁘다.

지금까지 살아오면서 배운 것보다 지난 일년 동안 배운 것이 더 큰 것 같다. 발우공양을 하면서 인간의 욕심이 얼마나 무섭고 헛된 것인지도 알았고, 고3인 아들에게 절에 왔다 가는 날이면 공부도 열심히 해야 하지만 어떻게 살아야 하는지가 더 중요하다고 설명을 해주기도 한다.

절에 오는 것이 설레인다

윤성수

종교를 갖고 있지 않았는데 동생의 도움으로 불교대학에 입학할 수 있었다. 짧은 기간이었지만 많은 것을 느꼈고, 불교를 나의 종교로 삼게 되었다. 처음 강의를 들을 때는 낯선 용어들과 어려운 내용 때문에 힘들었는데, 지금은 어느 정도 강의를 재미있게 들을 수 있게 되었다. 이제는 절에 오는 것이 너무 설레이고 내 마음을 편안하게 다스릴 수 있게 되었다.

하나씩 익혀나가는 기쁨

김광포

입학 초만 해도 분위기가 어색하기만 하고, 기초지식이 없기에 실수하는 일이 많았다. 그러나 시작이 반이라는 속담과 이것도 무슨 인연이 되었기에 이런 기회가 왔구나 하고 부지런히 따라다녔는데, 그 동안 정말 많이 배운 것 같다.

어렵고 멀게만 느껴졌던 불교에 대한 선입견도 많이 풀리고, 불교 역사 및 경전공부, 사찰예법 등을 하나씩 익혀 나가면서 참 기뻤다. 특히 학장스님의 법문과 경전 강의는 알아듣기 쉽고, 우리들의 실제 생활에 그대로 스며들었다. 다른 절에 가서 가끔 법문을 들을 때와는 판이하게 틀리었다. 그 때는 불교용어도 알아듣기 힘들었으나 본 대학에서는 달랐다. 청강하는 도반들의 건전하고 지성스런 분위기가 너무도 좋았다. 참으로 뜻깊고 자랑스런 불교대학을 시작으로 앞으로 더욱더 정진할 것을 부처님께 지극히 발원드린다.

부처님 앞에 서면 마음이 편안하다

양병률

아내가 신흥사에 다니기에 내 차로 데려다 주는 기사 노릇을 하다가 식당에서 밥도 먹어보고, 아내가 불교대학에 다닐 땐 가끔 불교 강의를 듣다가 본의 아니게 제 9기 불교대학에 들어왔다.

불교대학에서 불교기본교리를 배우게 되어 생활의 체질이라 할까, 모양새에 많은 변화가 생겼다. 불교교리를 모르고 무조건 와서 부처님께 절하고 강의를 듣고 하면서 자신도 모르는 사이에 부처님께 3번만 절하던 것이 10번에서 100번, 그 이상으로 바뀌어 가고 있었으며 부처님 앞에 서면 마음이 편안해져 가고 있으며 어느새 첫째 일요일과 셋째 일요일이 기다려진다.

조금 더 시간이 가면 부처님과 대화도 할 수 있겠다는 자신감도 갖게 되었다. 아무튼 나 자신을 지키기 위해서라도 무조건 조금 더 자주 절에 나오면서 나를 키우고 다듬어 보아야겠다.

친구 따라 강남 갔더니…

전길자

친구 따라 강남 간다고 했던가. 벌써 졸업이라니 감개무량하다. 우리 시댁은 착실한 기독교 집안이다. 늘 시어머니는 "셋째야, 너만 교회에 나가면 좋을텐데" 하시며 기독교도가 되기를 바라고 계시지만 그 때마다 대답을 피해왔다. 그러다 시어머니가 돌아가시고 난 뒤 뭔가 마음이 편치 않았다. 결단을 내리지 못하고 많은 세월이 흘렀다.

시아주버님 49재 때 온 식구가 모였는데 그 때 불교를 믿겠다고 말하자, 남편이 더 좋아하며 찬성하였다. 시댁에는 장로 두 분, 권사, 집사가 여러 분 있는데도 반대하는 사람이 없었다. 내가 가족이 모인 가운데 그런 말을 한 것은 주위 사람들 중 종교간의 갈등으로 마음 고생을 하는 사람을 여럿 보았기 때문이다.

그 뒤 절에 오는 날이면 친구와 같이 교외에 소풍 오는 기분으로 와서 부처님께 기도하고, 불교대학 다니면서 늘 기쁜 마음으로 일상 생활을 하다보니 기쁜 일만 일어나고 있다. 사소한 일로 부자지간에 거리가 생겨 마음속 상처로 늘 근심 걱정이 있었는데 부처님께 일구월심 기도하고부터는 점차 오해가 풀려 화목한 가정이 되었다. 그리고 막내아들도 직장에서 승진이 되어 만족한 직장생활을 하고 있다. 이 모든 것이 대자대비 부처님의 가피가 아니고 무엇일까.

우울증이 없어지다

김궁자

신흥사에 온 지 2년, 불교대학 8기, 9기 연속 졸업을 하니 친척들이 일년에 한 번씩 불교대학을 졸업하느냐고 놀릴 때도 있다. 하지만 나는 불교대학에서 배우는 것이 좋고 이제는 내 집에 가는 느낌으로 절에 다니는 게 좋아서 2년 연속 공부를 하게 된 것이다.

신흥사에 다니면서 우울증도 없어지고, 이웃을 생각할 줄도 알게 되고, 마음의 안정을 찾을 수 있게 되었다. 졸업 후에는 봉사활동도

하고 불교공부도 더 열심히 할 것이다.

신흥사에 들어서면 착한 마음이 된다

김경란

신흥사 오기 전에는 무종교였다. 마음은 항상 절에 나가야 되겠다는 생각을 하고 있으면서도 실천에 옮기지 못하고 있던 중 신흥사 불교대학 신입생 모집 광고를 보고 마음먹고 접수를 하였다.

그런데 한 달에 두 번 나오는 것인데도 생각과 달리 신경이 쓰였다. 일요일이면 다른 데로 놀러 가자는 유혹도 많았다. 하지만 마음 자세가 중요했다. 신흥사에 가리라 다짐하고 열심히 다녔다. 일단 신흥사에 들어서면 머리도 맑아지고 좋은 생각만 하려고 노력하고 착한 마음을 먹게 된다. 신흥사에 오게 된 것은 내 인생에서 정말 잘한 일이라고 생각한다. 이제부터는 일요법회에도 꼭 참석할 것을 다짐해본다.

이제 마음이 따뜻하다

양근녀

나는 항상 외로웠다. 다른 사람이 보기에는 늘 잘 웃고 말도 잘하고 재미있다는 얘기를 많이 들었지만 결혼해서 시댁식구와 종교가 같지 않아서 많은 갈등이 있었다. 시댁 식구들은 모두 장로교인들이다. 시큰댁, 시작은댁 사촌들 모두 예수 믿는 사람들 틈에서 갈등을 겪은 적이 많다. '개종을 해야 하나, 아니면 이대로 나와 인류의 영원한 스승이신 부처님을 믿고 따라야 하나?' 가족의 화목 때문에 종교에 회의를 가진 적도 있었다.

그러나 이제 나는 당당히 말한다. 시댁 행사에 늦어도 오늘은 절에 가는 날이라서 늦었다고 떳떳하게 밝힌다. 이제 내게는 새로운 가족이 생겼다. 주지스님 이하 여러 스님들, 절에 오면 우리 9기생을 비롯하여 많은 보살님, 처사님 모두가 반갑고 아껴주신다. 정말로 감사한 일이다.

이제 마음이 따뜻하다. 내가 힘들고 즐거울 때 같이 할 수 있는 분들이 옆에 계시다는 것이 행복하다. 또한 받는 것보다 주는 것을 배웠다. 보시의 즐거움을 조금은 알게 되었다. 사랑하면 행복해지는 것을 알았다. 때로는 많이도 미워했던 내 남편 이제 조금씩 이해하고 사랑하려 한다. 우리의 인연이 전생 아닌 그 억겁의 좋은 인연 나쁜 인연이 얽히어서 지금의 연을 맺은 것을 알았다.

불교를 믿고부터 내 주변을 사랑하고 보듬어 안으려 노력하고 있다. 욕심 하나 버리면 그만큼 가볍고 즐거운 것을 알았다. 그렇다고 아직까진 욕심을 다 버리지는 못했지만… 단지 노력할 것이다. 절에 열심히 나와서 스님 법문 열심히 듣고 아직 못 배운 진리의 말씀 더 듣고 더 많이 실천할 수 있도록 정진 또 정진할 것이다. 나는 정말 행복하다.

불기 2548(2004)년 신흥사 불교대학 제9기

세상에서 제일 행복한 사람들의 이야기

초판 인쇄 2004년 5월 19일
초판 발행 2004년 5월 22일

편저자 오성일
펴낸이 박상근(至弘)

펴낸곳 불광출판부
서울시 송파구 석촌동 160-1

등록번호 제1-183호(1979. 10. 10.)

대표전화 420-3200
편 집 부 420-3300
전   송 420-3400

ISBN 89-7479-953-7
www.bulkwang.org
E-mail:webmaster@bulkwang.org

값 9,500원